신주 사마천 사기 11

육국연표

진초지제월표

한흥이래제후왕연표

이 책은 롯데장학재단의 지원을 받아 번역, 출간되었습니다.

신주 사마천 사기 11 /
육국연표·진초지제월표·한흥이래제후왕연표

초판 1쇄 인쇄 2021년 4월 15일
초판 1쇄 발행 2021년 4월 30일

지은이 (본문) 사마천
(삼가주석) 배인·사마정·장수절
번역 및 신주 한가람역사문화연구소 사기연구실

펴낸이 이덕일
펴낸곳 한가람역사문화연구소

등록번호 제2019-000147호
주소 서울특별시 종로구 김상옥로17 대호빌딩 신관 305호
전화 02) 711-1379
팩스 02) 704-1390
이메일 hgr4012@naver.com

ISBN 979-11-90777-18-6 94910

값은 뒤표지에 있습니다.

세계 최초
삼가주석
완역

신주
사마천
사기

육국연표
진초지제월표
한흥이래제후왕연표

지은이
본문_ 사마천
삼가주석_ 배인·사마정·장수절
번역 및 신주
한가람역사문화연구소 사기연구실

한가람역사문화연구소

차
례

新註史記

사기 제17권 史記卷十七

한흥이래제후왕연표 漢興以來諸侯王年表

원 사료는 중화서국中華書局 발행의 《사기》와 영인본 《백납본사기百衲本史記》를 기본으로 삼고, 인터넷 사료로는 대만 중앙연구원 역사어언연구소歷史語言硏究所에서 제공하는 한적전자문헌 자료고漢籍電子文獻資料庫의 《사기》를 참조했다.

일러두기

❶ 표의 구조는 사마천의 원래 표를 그대로 재현하기는 어려워 최대한 그 의도를 반영하여 구현했다.

❷ 한글 번역문 아래 한문 원문을 실어 쉽게 대조할 수 있게 했다.

❸ 신주를 실어 우리 연구진의 새로운 해석을 달았다.

❹ 신주는 《사기》 본기, 세가, 열전은 물론 《한서》〈표〉와 《사기지의》, 《고본죽서기년》 등을 참고했다.

❺ 사기 분문뿐만 아니라 삼가주석도 필요할 경우 신주를 달았다.

❻ 직역을 원칙으로 삼고 의역은 최대한 피했다.

《사기》〈표〉에 관하여

《사기史記》〈표表〉는 역사가로서 사마천의 독창적인 발상이 높게 평가되어왔다. 모두 10편으로 〈삼대세표三代世表〉, 〈십이제후연표十二諸侯年表〉, 〈육국연표六國年表〉, 〈진초지제월표秦楚之際月表〉, 〈한흥이래제후왕연표漢興以來諸侯王年表〉, 〈고조공신후자연표高祖功臣侯者年表〉, 〈혜경간후자연표惠景閒侯者年表〉, 〈건원이래후자연표建元已來侯者年表〉, 〈건원이래왕자후자연표建元已來王子侯者年表〉, 〈한흥이래장상명신연표漢興以來將相名臣年表〉가 그것이며 '10표'라고도 한다.

10표를 분류하면 크게 둘로 나눌 수 있다. 하나는 사건을 위주로 분류한 사건 연표이고, 다른 하나는 인물 연표이다. 사마천이 중국사의 시조라고 설정한 황제부터 하夏·은殷·주周 삼대를 거쳐 춘추·전국시대 및 진秦과 한漢 나라에서 있었던 중요 사건과 인물을 수록했다.

《사기》의 마지막 130권은 지은이의 말이라고 할 수 있는 '태사공자서'이다. 이 글에서 사마천은 자신이 사기 각 편을 지은 이유에 대해 간략하게 서술했다. "시대를 함께해도 세대가 다르므로 연차年差가 분명하지 않아서 '10표十表'를 지었다."

10표에는 오제를 필두로 여러 나라에서 있었던 주요 사건과 인물의 즉위, 폐위, 전쟁, 사망 등에 관한 연대가 담겼다. 이런 표가 존재하지 않았던 시대에 사마천이 이를 작성하면서 가장 고심했던 것은 아마도 무엇을 기준으로 삼느냐 하는 것이었을 것이다.

한나라가 수립된 이후에는 한나라를 중심으로 하면 되지만 수많은 나라가 병립하고 있던 시대에는 어느 나라를 기준으로 표를 작성하느냐가 문제였다. 주나라는 명목만 남아 있을 뿐 여러 봉건제국이 중원을 나누어 실질적으로 통치하고 있던 시대를 어느 기준으로 볼 것인가의 문제였다. 사마천이 〈삼대세표〉 다음의 〈십이제후연표〉와 〈육국연표〉를 작성할 때 기준으로 삼은 것은 주周나라의 연호였다. 그다음으로 비록 강대국은 아니었지만 노魯나라의 연대기를 중시했다.

여기에는 두 가지 이유가 있는 것으로 보인다. 하나는 제후가 아니었음에도 사마천이 반열을 높였던 공자가 주나라를 정통으로 삼았다는 것에서 시사 받았을 것이다. 또한 진秦이 중원을 제패한 후 수많은 역사사료를 훼손한 바람에 공자가 편찬한 《춘추》 및 그 주석서들인 《춘추좌전》·《춘추공양전》·《춘추곡량전》 등의 연대를 참고할 수밖에 없었을 것이다. 《춘추》는 공자의 고국이었던 노魯나라 연대를 중심으로 서술했으므로 사마천도 노나라 연대기를 중요시하지 않을 수 없었을 것이다.

사마천이 《춘추》에서 많은 시사를 받았다고 해서 《춘추》의 체제를 그대로 따른 것은 아니다. 공자의 《춘추》와 그 주석서들은 노나라의 연대기를 기준으로 다른 나라의 사건들을 기록하면서 다른 나라들에 대해서는 어느 정도 축소하거나 생략할 수밖에 없었다. 사마천은 주나라의 연호를 기준으로 삼되 노나라 연대기로 보완함으로써 다른 나라들에 관한 사항도 빠뜨리지 않을 수 있었다.

10표 중에는 연표가 아닌 월표月表도 있는데, 〈진초지제월표〉가 그것이다. 중원을 통일한 진나라가 서기전 209년 초나라 진섭陳涉의 봉기에 의해서 무너지기 시작해서 초나라 항우가 일어섰다가 서기전 202년 한나라 유방의 승리로 끝나는 7년간의 사건과 인물에 대해서 연표가 아닌 월표를 작성한 것이다. 시기는 짧지만 수많은 사람과 인물이 명멸한 시기를 월별로 일목요연하게 만들었다.

〈한흥이래고조공신연표〉는 서기전 206년, 한 고조 원년을 기준으로 삼아서 서술했고, 이후 〈혜경간후자연표〉나 〈건원이래후자연표〉 등은 분봉 받은 봉국의 이름을 가장 먼저 기재하고 그 아래에 연대순으로 봉국을 계승한 사람들의 이름과 봉국에 관련된 사건들을 적고 있다. 이런 방식으로 수많은 사건과 수많은 사람을 기록하면서도 통일성을 유지할 수 있었다.

〈표〉의 의미와 가치에 대해서는 《이십이사차기二十二史箚記》의 저자 청나라의 조익趙翼(1727~1814)이 잘 평가했다.

"《사기》에서 10표를 지은 것은 주나라 보첩에서 비롯했는데, 본기·열전과 서로 넣고 뺀 것이 있다. 무릇 열후·장상·삼공·구경 중에서 그 공적과 이름이 드러난 자는 이미 그를 위해 열전을 만들었지만, 그밖에 대신으로 허물도 없고 공적도 없는 자를 열전을 만들자니 다 만들 수도 없고, 그렇다고 완전히 없애서도 안 되어 곧 표에다 그것을 기록했다. 사서를 짓는 체재로 이보다 큰 것이 없다."

오제五帝부터 한나라 때까지 수많은 인물들 중에서 열전을 따로 서술할 만큼 중요한 인물은 아니지만 무시할 수도 없는 수많은 인물들을 〈표〉라는 형식에 압축해서 수록했다는 것이다.

그런데 《사기》 〈표〉에 기록된 일시와 《사기》의 다른 편에 기록된 일시가 서로 다른 경우가 있다. 이를 사마천의 오류로 보는 시각도 있지만 사마천이 원 자료에 따라 〈본기〉, 〈세가〉, 〈열전〉 등을 작성하고 〈표〉는 자신이 따로 연구한 사실을 기록했을 가능성도 있으므로 어느 것이 옳은지 쉽게 단정할 수 없다.

《사기》〈표〉에는 수많은 인물과 사건이 서술되어 있으므로 선뜻 이해하기가 쉽지 않다. 〈표〉를 이해하기 위해서는 《사기》의 다른 분야, 즉 〈본기〉·〈세가〉·〈열전〉에 대해 어느 정도 알고 있어야 한다. 아무리 《사기》에 밝은 사람이라도 헷갈릴 수밖에 없는 많은 인물과 사건을 일목요연하게 정리한 이 〈표〉를 보고 찬탄하지 않을 사람은 없을 것이다. 필자들이 〈표〉를 번역하면서 느낀 공통적인 심정은 이를 작성한 사마천의 고심과 노고는 비단 역사나 고전 분야를 떠나 공부하는 모든 사람이 본받아야 할 모범임에 틀림없다는 사실이다. 수많은 인물과 사건을 서로 모순되지 않게 통일성을 유지하며 서술하는 것은 쉽지 않은 일이기 때문이다.

〈십이제후연표〉나 〈육국연표〉를 세로나 가로로 읽으면 각국에서 발생한 일들을 한눈에 알 수 있으면서 같은 해에 각국에서 발생했던 사건들에 대해서도 한눈에 알 수 있다. 여기에 삼가주석이 적절하게 주석을 달고 있으므로 《사기》의 다른 분야에 대한 이해가 선행된다면 이 〈표〉만 봐도 《사기》 전체를 본 효과를 얻을 수 있을 것이다.

〈한흥이래장상명신연표〉를 보면 한나라가 일어선 이후 발생한 각종 전쟁을 한눈에 알 수 있다. 이를 통해 한나라는 서기전 112년에 남월南越과 싸웠고, 서기전 111년에는 동월東越과 싸웠고, 서기전 109년에는 (고)조선朝鮮과 싸웠다는 사실을 알 수 있다. 이 전쟁에 대해서 사마천은 "모두 남월을 패배시켰다[皆破南越]", "모두 동월을 패배시켰다[皆破東越]"라고 썼지만 조선에 대해서는 "조선을 공격했다[擊朝鮮]"라고만 써서 그 승패를 기록하지 않았다.

또한 〈건원이래후자연표〉를 보면 조선과 전쟁하는 과정에서 항복한 조선 출신 장상들이 모두 제후로 봉해진 반면 조선과 전쟁에 나섰던 한나라 장수들은 아무도 제후로 봉해지지 않았다는 사실을 알 수 있다. 이는 사마천이 〈조선열전〉 마지막의 '태사공은 말한다'에서 조선과 전쟁에 나섰던 "양군兩軍이 모두 욕을 당하고 아무도 제후로 봉함을 받지 못했다."고 평한 사실과 연관성이 있다. 조한전쟁朝漢戰爭의 결과에 대한 사마천의 인식의 일단을 여기에서도 엿볼 수 있다. 그뿐만 아니라 기幾 땅에 제후로 봉해졌던 우거왕의 아들 장각張陥이 한나라에 반기를 들다가 사형당하고 기국이 없어진 사실도 알 수 있다.

《사기》〈표〉는 사마천이 천하사의 수많은 인물과 사건을 한눈에 알아볼 수 있게 작성한 파노라마다. 다만 그 파노라마는 《사기》의 다른 분야에 대한 일정한 이해를 가진 사람만이 조망할 수 있는 세계이기도 하다.

사기 제15권 史記卷十五

육국연표 六國年表

육국연표 들어가기

　　〈육국연표〉는 진秦, 위魏, 한韓, 조趙, 초楚, 연燕, 제齊 일곱 나라의 연표다. 육국은 주周나라와 진秦나라를 제외한 나라의 명칭이다. 앞의 〈십이제후연표〉가 '춘추시대'의 연표라면 〈육국연표〉는 그 뒤를 이은 '전국시대'의 연표라고 볼 수 있다. 이 연표 역시 주나라를 중심으로 주원왕 원년(서기전 476)부터 시작했으나 그 끝은 진秦 2세 3년(서기전 207)에 맞추었다. 주나라는 난왕赧王 59년(서기전 256)에 이미 멸망했으므로 주나라를 기준으로 〈육국연표〉를 끝낼 수 없었다.

　　육국시대, 즉 전국시대에 들어가면 주나라는 천자라는 이름만 남아 있을 뿐 왕실은 거의 존재조차 없었고, 서쪽의 진秦이 최강자로 등극하게 된다. 그래서 사마천이 주나라 다음으로 진나라를 배치한 것처럼 이 표의 중심은 진이다. 굳이 6국이라 표현한 것은 〈십이제후연표〉에서 노나라를 중심으로 12국을 나타낸 것처럼 진秦을 중심으로 나머지 6국을 나타냈기 때문이다.

　　춘추시대 말기에 하북의 강자였던 진晉이 조趙, 위魏, 한韓 세 나라로 쪼개지고 기존에 있던 진秦, 제齊, 초楚, 연燕 나라와 함께 이른바 '전국칠웅'의 시대가 열린다.

　　서쪽에 한동안 웅크려있던 진나라가 헌공 이후로 강력해지고 소양왕이 무려 56년을 집권하면서 사방을 정복해서 그의 말기에는 진나라가 나머지 여섯 나라를 합친 것만큼 커지면서 통일의 기운이 싹트게 된다. 장평대전長

平大戰(서기전 262~260)에서 진나라가 조나라를 꺾은 후에는 어느 국가도 진나라와 단독으로 맞설 수 없었기 때문에 합종이니 연횡이니 하는 계책들이 나왔지만 마침내 진왕 영정嬴政이 전국을 통일하고 시황제가 되었다. 하지만 진나라는 통일과정에서 시행한 철권통치를 유지하다가 짧은 생을 마감하고 역사의 뒤안길로 사라졌으며, 유방과 항우의 쟁패를 거쳐 한나라가 탄생하게 된다.

〈육국연표〉라고 해서 진나라와 육국만 기록한 것은 아니다. 진晉·위衛는 위魏에 부속시켰고, 정鄭은 한韓에, 노魯·채蔡는 초楚에, 송宋은 제齊에, 중산中山은 조趙에 부속시켜 설명하였으므로 이른 나라에 대한 내용도 부수적으로 나타냈다. 이 표는 대만의 《신역사기》에서 말하는 것처럼 실제 전국戰國과 진조秦朝 두 시기의 연표라고 볼 수 있다.

┌───┐
│ 사기 제15권 육국연표 제3   │
│ 史記卷十五 六國年表第三   │
└───┘

색은 6국은 위·한·조·초·연·제이며, 진나라를 합치면 모두 7국이고 '칠웅'이라고 부른다.

六國 魏韓趙楚燕齊 并秦凡七國 號曰七雄

태사공이 말한다

태사공이 《진기》^①를 읽다가, 견융이 유왕을 무너뜨리자 주나라가 동쪽 낙읍으로 천도하고, 진나라 양공이 처음으로 제후에 봉해졌는데 서치西畤를 세우고 상제를 섬김으로써 도를 넘어 제사하는 모습을 보여주었다^②고 생각했다. 《예기》에서 '천자는 하늘과 땅에 제사하고 제후는 그의 봉역 안에서 명산과 대천에 제사한다.'라고 했다.

太史公讀秦記^① 至犬戎敗幽王 周東徙洛邑 秦襄公始封爲諸侯 作西畤用事上帝 僭端見矣^② 禮曰 天子祭天地 諸侯祭其域內名山大川

① 秦記진기

[색은] 곧 진나라 사기史記이다. 그러므로 아래에서 이르기를 진나라에서 시서詩書를 불태우고 제후들의 역사기록에 대해 심하게 힐란했다. 그래서 오직 진기만 남게 되었으나 또한 일과 월을 기재하지 않았다.'라는 것이 이것이다.

即秦國之史記也 故下云 秦燒詩書 諸侯史記尤甚 獨有秦記 又不載日月 是也

② 僭端見矣참단견의

신주 진나라는 제후국이므로 상제에게 제사하지 못한다. 그런데 그 이치를 침범했으므로 정도를 넘어섰다고 일컬은 것이다.

당시 진秦나라는 융적의 풍속이 뒤섞여 포악함을 앞세우고 인의를 뒤로하며, 지위가 번신의 위치에 있었는데도 (천자만 지내는) 교사郊祀를 지냈으니① 군자들이 걱정했다. 진문공秦文公이 농隴을 넘어 이적들을 물리치고 진창의 보배를 높였으며 기岐와 옹雍 사이를 경영하기에 이르렀다. 그리고 목공이 정사를 닦고 동쪽으로 마침내 하수에 이르렀으니, 제환공 및 진문공晉文公과 같은 중국의 후백(제후)들과 어깨를 나란히 하게 되었다.

今秦雜戎翟之俗 先暴戾 後仁義 位在藩臣而臚於郊祀① 君子懼焉 及文公踰隴 攘夷狄 尊陳寶 營岐雍之閒 而穆公修政 東竟至河 則與齊桓晉文中國侯伯侔矣

① 臚於郊祀려어교사

색은 살피건대 '여臚'는 펼친다는 뜻이다. 《이아》의 글에서 나왔다. 이때 진나라는 제후인데 천자가 하는 교사를 지낸다는 것은 실제로 참람한 것을 말한 것이며, 노나라 계씨季氏가 태산에서 여제旅祭를 지낸 것과 같은 것이다.

案 臚字訓陳也 出爾雅文 以言秦是諸侯而陳天子郊祀 實僭也 猶季氏旅於泰山然

정의 臚는 발음이 '여旅'이고 제사의 이름이다. 또 '여旅'는 펼친다는 뜻이다.

臚作 臚 音旅 祭名 又旅 陳也

이후로 배신陪臣(천자의 신하)들이 정치의 실권을 쥐고, 대부들이 세습하여 녹을 먹고, 6경은 진晉나라의 권력을 멋대로 하고, 정벌하고 회맹할 때는 위엄이 제후보다 더했다. 제나라 전상田常이 간공簡公을 살해하고 제나라 재상이 되어도 제후들은 안일하게 여기고 토벌하지 않았으며, 모든 천하 안에서 전쟁의 공로만을 다투었다. 끝내 진晉나라는 삼국(한韓·위魏·조趙)으로 갈라졌고, 전화田和는 또한 제나라를 멸하고 이를 소유했다. 육국의 흥성이 이로부터 시작되었다. 이들이 힘쓰는 것은 군사력을 강화하고 적국을 병탄하는 데 있었으니, 음모와 사기술을 써서 합종과 연횡의 단장설長短說이 일어났다. 이에 왕명을 사칭한 제후들이 벌떼처럼 출현하여 맹세를 하고도 믿지 않았다. 비록 인질을 두고 부절을 갈라 가졌어도 오히려 약속을 지키지 않았다.

是後陪臣執政 大夫世祿 六卿擅晉權 征伐會盟 威重於諸侯 及田常殺簡公而相齊國 諸侯晏然弗討 海內爭於戰功矣 三國終之卒分晉 田和亦滅齊而有之 六國之盛自此始 務在彊兵并敵 謀詐用而從衡短長之說起 矯稱蠭出誓盟不信 雖置質剖符猶不能約束也

진秦나라는 처음에는 작은 나라로서 멀리 떨어져 있어 중국에서는 빈객으로 대우해 융적과 견주었다. 헌공獻公 이후에 이르러서는 항상 제후들 가운데에서 앞서게 되었다. 진나라의 덕의를 논한다면 노나라나 위衛나라의 포악함만도 못했다. 진나라의 군사를 헤아려 본다면 삼진(한韓·위魏·조趙)의 강성함만도 못했다. 그러나 끝내 천하를 겸병했으니 반드시 험준하고 견고하며 편한 형세의 이점 때문이 아니라 대개 하늘이 도운 바일 것이다.

누가 말하기를 '동방은 사물이 생겨 시작하는 곳이고, 서방은 사물이 성숙하는 곳이다.'라고 했다. 대저 일을 시작하는 자는 반드시 동남쪽에서 하고 공로와 실적을 거두는 자는 항상 서북쪽에서 한다. 그러므로 우임금은 서강西羌①에서 일어났고, 탕임금은 박亳②에서 일어났으며, 주나라 왕들은 풍豊과 호鎬에서 은나라를 정벌했다. 진나라 제왕들은 옹주를 이용해 일어났고, 한나라가 일어난 것은 촉蜀과 한漢(한중)부터였다.

秦始小國僻遠 諸夏賓之 比於戎翟 至獻公之後常雄諸侯 論秦之德義不如魯衛之暴戾者 量秦之兵不如三晉之彊也 然卒並天下 非必險固便形埶利也 蓋若天所助焉

或曰 東方物所始生 西方物之成孰 夫作事者必於東南 收功實者常於西北故禹興於西羌① 湯起於亳② 周之王也以豊鎬伐殷 秦之帝用雍州興 漢之興自蜀漢

① 禹興於西羌우흥어서강

집해 황보밀이 말했다. "맹자가 일컫기를 '우禹는 석뉴에서 태어나서 서이 사람이라고 한다. 전傳에 우임금은 서강에서 출생했다.'라고 한 것이 이 것이다."

皇甫謐曰 孟子稱禹生石紐 西夷人也 傳曰 禹生自西羌 是也

정의 우임금은 무주 문천현에서 태어났는데, 본래 염방국冄駹國이며 모두 서강이다.

禹生於茂州汶川縣 本冄駹國 皆西羌

② 亳박

집해 서광이 말했다. "경조 두현에 박정이 있다."

徐廣曰 京兆杜縣有亳亭

신주 서광이 말한 박정은 탕임금이 도읍한 박이 아니다. 탕의 도읍 박은 수수睢水 부근으로 춘추시대 송나라 도읍에 가깝다.

진나라는 뜻을 얻고 나서 천하에 있는 《시경》과 《상서》를 불살랐는데 제후들의 사기史記(역사 기록)에 대해서는 더욱 심하게 하였으니, 이유는 그들을 나무라고 헐뜯는 내용이 들어있었기 때문이다. 《시경》과 《상서》를 다시 볼 수 있었던 것은 민간에 많이 감추어져 있어서였다. 그러나 사기史記는 유독 주나라 왕실에만 감추어져 있었던 터라 없어져 버렸다. 아까워라, 아까워라! 오직 《진기》만 있을 뿐인데, 또 날과 달이 기재되어 있지 않으며 그 문장은 간략하고 충분하지 않았다. 그러나 전국시대 권력의 변화에 관한 것 또한 자못 채록할 만한 것이 있으니 어찌 상고시대의 기록만 필요한 것이겠는가?

진나라가 천하를 빼앗음에 포악함이 많았지만, 세상이 달라지도록 변화시키는 데 기여한 공도 컸다.[1] 전傳에 이르기를 '후세의 왕을 본받는다'라고 했는데 무슨 뜻이겠는가? 그것은 (후세가) 자신과 가까워서 풍속의 변화가 서로 비슷하니 그 의론議論이 비천하다고 해도 실행하기가 쉽기 때문이다.[2] 학자들은 들은 바에 이끌려 진나라가 제왕의 지위에 있은 지 얼마 되지 않은 것만 보고 그 끝마치고 시작하는 것을 살피지도 않고 통틀어 비웃으며[3] 감히 말하지 않았으니 이것은 귀로 음식을 먹는 것과 다름이 없다.[4] 슬프구나!

秦旣得意 燒天下詩書 諸侯史記尤甚 爲其有所刺譏也 詩書所以復見者 多藏人家 而史記獨藏周室 以故滅 惜哉 惜哉 獨有秦記 又不載日月 其文略不具 然戰國之權變亦有可頗采者 何必上古

秦取天下多暴 然世異變 成功大[1] 傳曰 法後王 何也 以其近己而俗變相類 議卑而易行也[2] 學者牽於所聞 見秦在帝位日淺 不察其終始 因擧而笑之[3] 不敢道 此與以耳食無異[4] 悲夫

① 成功大 성공대

[색은] 인군人君이 법을 제정하여 마땅히 시대의 다름을 따라서 정치를 개혁하면, 그 성공이 커진다는 말이다.

以言人君制法 當隨時代之異而變易其政 則其成功大

② 俗變相類 議卑而易行也 속변상류 의비이이행야

[정의] 易는 '이[以豉反]'로 발음한다. 후왕後王은 근대의 왕이다. 법이 자기와 연접하여 세속의 변화가 서로 비슷하게 미친다. 그러므로 의논할 일이 적어 인식과 행동이 쉬울 따름이기 때문이다.

易 以豉反 後王 近代之王 法與己連接世俗之變及相類也 故議卑淺而易識行耳

③ 擧 거

[색은] 거擧는 '통틀어'와 같다.

擧猶皆也

④ 此與以耳食無異 차여이이식무이

[색은] 살피건대, 속세에서 학문하는 자가 아는 것이 얕아도 진나라를 들어서 비웃는데, 귀로 듣기만 하고 맛을 알 수 없는 것과 같은 것이다.

案 言俗學淺識 擧而笑秦 此猶耳食不能知味也

나는 이에 《진기》를 토대로 《춘추》의 뒤를 이어서 주나라 원왕元王부터 시작해① 6국의 시사時事(때와 사건)를 표로 만들었는데, 진2세까지 총 270년으로 여러 흥망의 단서를 들은 바대로 저술했다. 후에 군자가 있어 열람해 보리라.

余於是因秦記 踵春秋之後 起周元王① 表六國時事 迄二世 凡二百七十年 著諸所聞興壞之端 後有君子 以覽觀焉

① 起周元王기주원왕

[색은] 살펴건대, 이 표는 주나라 원왕 원년에서 시작했는데, 《춘추》는 원왕 8년에서 끝났다.

案 此表起周元王元年 春秋迄元王八年

전국시대 연표

서기전 **476**	주周	주나라 원왕 원년 周元王元年
		[집해] 서광은 "을축년이다."라고 하고 황보밀은 "원년은 계유년이고, 28년 경자에 붕어했다."라고 했다. 徐廣曰 乙丑 皇甫謐曰 元年癸酉 二十八年庚子崩 [색은] 원왕의 이름은 인仁인데, 《세본》에 이름은 적赤이며, 경왕의 아들이다. 8년에 붕어했고, 아들 정왕 개介가 섰다. 元王名仁 系本名赤 敬王子 八年崩 子定王介立也 [신주] 〈십이제후연표〉 말미에 보듯이, 이때는 경왕 44년이다. 황보밀은 후한 때 사람이며, 표에서 황보밀이라고 한 것은 그가 지은 《제왕세기》를 가리킨다. 서기전 476년은 간지로 따져 을축년이 맞다. 황보밀이 '원년은 계유년이고, 28년 경자년에 붕어했다.'라고 한 말은 원래 《제왕세기》에는 나오지 않는데 주석자가 헤아려서 삽입한 것이다. 아울러 《제왕세기》 기록을 잘못된 것으로 보는 견해도 있다.
	진秦	진나라 여공공 원년 秦厲共公元年
		[색은] 도공의 아들이다. 34년에 죽었고, 아들 조공이 섰다. 悼公子 三十四年卒 子躁公立
	위魏	위나라 헌자. 위衛출공 첩 후원년 魏獻子 衞出公輒後元年
		[색은] 21년, 계부 검이 출공을 쫓아내고 스스로 즉위하니 도공이다. 二十一年 季父黔逐出公而自立 曰悼公也 [신주] 색은 주석의 21년이란 출공의 이전 재위 13년과 이때부터 재위 8년을 합친 기간을 말한다.

한韓	한나라 선자 韓宜子
조趙	조나라 간자 42년 趙簡子 四十二 색은 〈조세가〉에서는 간자의 이름은 앙鞅이고, 문자 무武의 손자이며, 경숙 성成의 아들이라 한다. 案 系家簡子名鞅 文子武之孫 景叔成之子也 색은 살피건대, 조간자는 진경공晉頃公 9년에 즉위했는데, 경공은 14년에 죽고 정공이 섰으며, 정공은 다음해 37년에 죽었으니, 이 해는 조간자가 재위한 지 42년이 된다. 또 출공 17년에 이르러 죽었으니 재위기간은 60년이다. 案 簡子以頃公九年在位 頃公十四年卒而定公立 定公明年三十七年卒 是四十二爲簡子在位之年 又至出公十七年卒 在位六十年也 신주 정공은 37년이고 조간자 재위는 42년이라는 견해도 있다.
초楚	초나라 혜왕 장 13년. 오나라가 초나라를 쳤다. 楚惠王章十三年 吳伐我 집해 서광은 말했다. "또한 노나라 애공哀公 19년이다." 徐廣曰 亦魯哀公十九年 색은 (혜왕은) 57년에 죽었다. 五十七年卒
연燕	연나라 헌공 17년 燕獻公十七年 색은 28년에 죽었다. 二十八年卒 신주 〈연소공세가〉 기록과 《기년》 등의 다른 기록을 비교하면, 차이가 많고 특히 시호가 같은 군주가 2~3명인 경우가 많아 사마천이 북연과 남연을 뒤섞어 기록한 게 아닌가 하는 의심이 든다.
제齊	제나라 평공 오 5년 齊平公驁五年 색은 25년에 죽었다. 이상은 모두 원왕 원년에 해당한다. 二十五年卒 已上當並元王元年

서기전 **475**	주周	원왕 2년 二
	진秦	여공공 2년. 촉 사람이 와서 선물을 바쳤다. 二 蜀人來賂
	위魏	진晉나라 정공이 죽었다. 晉定公卒 색은 《세본》에 정공의 이름은 '오午'이다. 系本定公名午
	한韓	
	조趙	간자 43년 四十三 신주 양자襄子 원년이다. 노애공 20년이기도 하다.
	초楚	혜왕 14년. 월나라가 오나라를 포위하자 오나라가 원망했다. 十四 越圍吳 吳怨
	연燕	헌공 18년 十八
	제齊	평공 6년 六
서기전 **474**	주周	원왕 3년 三
	진秦	여공공 3년 三
	위魏	진나라 출공 착 원년 晉出公錯元年 색은 《세본》에 이름은 '착鑿'이다. 系本名鑿
	한韓	

조趙	간자 44년 四十四	
초楚	혜왕 15년 十五	
연燕	헌공 19년 十九	
제齊	평공 7년. 월나라 사람이 처음 왔다. 七 越人始來	

서기전 **473**	주周	원왕 4년 四
	진秦	여공공 4년 四
	위魏	
	한韓	
	조趙	간자 45년 四十五
	초楚	혜왕 16년. 월나라가 오나라를 멸했다. 十六 越滅吳
	연燕	헌공 20년 二十
	제齊	평공 8년 八

서기전 **472**	주周	원왕 5년 五
	진秦	여공공 5년. 초나라 사람이 와서 선물을 바쳤다. 五 楚人來賂
	위魏	
	한韓	

조趙	간자 46년 四十六	
초楚	혜왕 17년. 채나라 경후가 죽었다. 十七 蔡景侯卒	
	색은 살피건대 '경景' 자는 잘못이고, 성후成侯라고 써야 합당하다. 서광은 판별하지 않고, 곧 '어떤 판본에는 성成이라고 썼다.'라고 했다. 살피건대 경후는 성후의 고조부다. 案 景字誤 合作成侯 徐廣不辨 即言或作成 案 景侯即成侯之高祖父也	
연燕	헌공 21년 二十一	
제齊	평공 9년. 진의 지백(지백요)이 제나라로 쳐들어와서 어지럽혔다. 九 晉知伯瑤來伐我	
서기전 **471**	주周	원왕 6년 六
	진秦	여공공 6년. 의거 사자가 와서 선물을 바쳤다. 면저 종족이 도와줄 것을 빌었다. 六 義渠來賂 縣諸乞援
		집해 《음의》에서 말한다. "援을 다른 판본에는 '爰'이라 했다. 音義曰 援一作爰
	위魏	
	한韓	
	조趙	간자 47년 四十七
	초楚	혜왕 18년. 채나라 성후 원년 十八 蔡聲侯元年
		색은 이름은 '산産'이고, 성후의 아들이다. 名産 成侯之子
	연燕	헌공 22년 二十二

	제齊	평공 10년 十
서기전 **470**	주周	원왕 7년 七
	진秦	여공공 7년. 혜성이 나타났다. 七 彗星見
	위魏	위衛출공이 주연을 열었는데, 대부가 신발을 벗지 않자 출공이 노하였다. 이에 곧바로 출공을 공격했는데 출공이 송나라로 달아났다. 衛出公飮 大夫不解襪 公怒 卽攻公 公奔宋
	한韓	
	조趙	간자 48년 四十八
	초楚	혜왕 19년. 왕자 영이 진으로 달아났다. 十九 王子英奔秦
	연燕	헌공 23년 二十三
	제齊	평공 11년 十一
서기전 **469**	주周	원왕 8년 八
	진秦	여공공 8년 八
	위魏	**신주** 위衛출공은 이 해에 복귀를 시도하다 실패하고 월나라로 달아나서 4년 뒤에 죽는다. 이때가 출공 8년이다.
	한韓	
	조趙	간자 49년 四十九
	초楚	혜왕 20년 二十

연燕	헌공 24년 二十四	
제齊	평공 12년 十二	

서기전 **468**	주周	정왕 원년 定王元年 집해 서광이 말했다. "계유년이며, 《좌전》은 이곳에서 끝난다." 황보밀이 말했다. "정정왕 원년은 계해이며, 10년 임신년에 붕어했다." 徐廣曰 癸酉 左傳盡此 皇甫謐曰 貞定王元年癸亥 十年壬申崩 색은 정왕의 이름은 '개介'이다. 28년에 붕어했다. 名介 二十八年崩
	진秦	여공공 9년 九
	위魏	
	한韓	
	조趙	간자 50년 五十
	초楚	혜왕 21년 二十一
	연燕	헌공 25년 二十五
	제齊	평공 13년 十三

서기전 **467**	주周	정왕 2년 二
	진秦	여공공 10년. 서장이 병사를 거느리고 위魏나라 성을 함락했다. 혜성이 나타났다. 十 庶長將兵拔魏城 彗星見 집해 《음의》에 '발拔'(함락)을 다른 판본에는 '포捕'(사로잡음)라고 했다. 音義拔一作捕

위魏		
한韓		
조趙	간자 51년 五十一	
초楚	혜왕 22년. 노나라 애공이 죽었다. 二十二 魯哀公卒 색은 《세본》에서는 이름은 '장蔣'이다. 系本名蔣	
연燕	헌공 26년 二十六	
제齊	평공 14년 十四	

서기전 **466**	주周	정왕 3년 三
	진秦	여공공 11년 十一
	위魏	
	한韓	
	조趙	간자 52년 五十二
	초楚	혜왕 23년. 노나라 도공 원년. 삼환이 승리하여 노나라는 작은 제후와 같았다. 二十三 魯悼公元年 三桓勝 魯如小侯 색은 노도공의 이름이 《세본》에는 '녕寧'이다. 魯悼公 系本名寧 신주 도공 원년은 1년 전이며, 〈노주공세가〉에는 초나라 간왕簡王 원년(서기전 431)까지 37년 재위했다고 한다.
	연燕	헌공 27년 二十七

	제齊	평공 15년 十五
서기전 **465**	주周	정왕 4년 四
	진秦	여공공 12년 十二
	위魏	
	한韓	
	조趙	간자 53년 五十三
	초楚	혜왕 24년 二十四
	연燕	헌공 28년 二十八
	제齊	평공 16년 十六
서기전 **464**	주周	정왕 5년 五
	진秦	여공공 13년 十三
	위魏	
	한韓	지백이 정나라를 치자 사환자가 제나라에 가서 구원을 청했다. 知伯伐鄭 駟桓子如齊求救 　신주　《사기지의》에 따르면, 《좌전》에 노애공 27년이니, 주나라 정정왕 원년(서기전 468)이라 했다. 《기년》의 기록도 같다.
	조趙	간자 54년. 지백이 간자에게 일러 태자 양자를 폐하라고 하자 양자가 지백을 원망했다. 五十四 知伯謂簡子 欲廢太子襄子 襄子怨知伯

		신주 이때는 조양자 시절이다. 정나라 침입 과정에서 지백이 조양자에게 험한 말을 하여 틈이 생겼다.
	초楚	혜왕 25년 二十五
	연燕	연나라 효공 원년 燕孝公元年
	제齊	평공 17년. 정나라를 구원하자, 진晉나라 군사가 물러났다. 중항 문자가 전상에게 "이제야 (내가 제나라로) 도망온 까닭을 알겠습니다."라고 했다. 十七 救鄭 晉師去 中行文子謂田常 乃今知所以亡
서기전 **463**	주周	정왕 6년 六
	진秦	여공공 14년. 진과 초 나라 사람이 와서 선물을 바쳤다. 十四 晉人楚人來賂
	위魏	
	한韓	정나라 성공이 죽었다. 鄭聲公卒 색은 성공의 이름은 '승勝'이고, 헌공의 아들이다. 37년에 죽고 아들 애공 이易가 섰다. 8년, 살해당하고 아우 축丑이 섰으니 공공이다. 聲公名勝 獻公子也 三十七年卒 子哀公易立 八年殺 弟丑立 爲共公 신주 〈십이제후연표〉에는 38년 재위한 것으로 나온다.
	조趙	간자 55년 五十五
	초楚	혜왕 26년 二十六
	연燕	효공 2년 二
	제齊	평공 18년 十八

서기전 **462**	주周	정왕 7년 七
	진秦	여공공 15년 十五
	위魏	
	한韓	정나라 애공 원년 鄭哀公元年
	조趙	간자 56년 五十六
	초楚	혜왕 27년 二十七
	연燕	효공 3년 三
	제齊	평공 19년 十九
서기전 **461**	주周	정왕 8년 八
	진秦	여공공 16년. 하수 옆에 해자를 팠다. 대려를 쳤다. 방희성을 보수했다. 十六 塹阿旁 伐大荔 補龐戲城 **신주** 아방阿旁이 아니라 〈진본기〉에는 하방河旁(하수 주변)이라고 나온다.
	위魏	
	한韓	
	조趙	간자 57년 五十七
	초楚	혜왕 28년 二十八
	연燕	효공 4년 四

	제齊	평공 20년 二十	
서기전 **460**	주周	정왕 9년 九	
	진秦	여공공 17년 十七	
	위魏		
	한韓		
	조趙	간자 58년 五十八	
	초楚	혜왕 29년 二十九	
	연燕	효공 5년 五	
	제齊	평공 21년 二十一	
서기전 **459**	주周	정왕 10년 十	
	진秦	여공공 18년 十八	
	위魏		
	한韓		
	조趙	간자 59년 五十九	
	초楚	혜왕 30년 三十	

신주 《기년》에는 이 해에 월왕 구천이 죽었다고 한다.

	연燕	효공 6년 六
	제齊	평공 22년 二十二
서기전 **458**	주周	정왕 11년 十一
	진秦	여공공 19년 十九
	위魏	
	한韓	
	조趙	간자 60년 六十
	초楚	혜왕 31년 三十一
	연燕	효공 7년 七
	제齊	평공 23년 二十三
서기전 **457**	주周	정왕 12년 十二
	진秦	여공공 20년. 여공공이 군사를 거느리고 면저와 싸웠다. 二十 公將師與縣諸戰
	위魏	
	한韓	
	조趙	양자 원년. 아직 상복을 벗지 않은 채 하옥산에 올라 대왕代王을 유인해서 쇠국자로 대왕을 쳐서 죽였다. 백로의 아들 주周를 봉하여 대의 성군으로 삼았다. 襄子元年 未除服 登夏屋 誘代王 以金斗殺代王 封伯魯子周爲代成君

		색은 (양자의) 이름은 무휼無恤이며, 삼경이 (한·위와 함께) 진양에서 지백을 무찌르고 그 땅을 나누어 비로소 삼진을 영유했다. 名無恤 三卿敗智伯晉陽 分其地 始有三晉也
	초楚	혜왕 32년. 채나라 성후가 죽었다. 三十二 蔡聲侯卒 색은 아들 원후가 즉위했다. 子元侯立
	연燕	효공 8년 八
	제齊	평공 24년 二十四
서기전 **456**	주周	정왕 13년 十三
	진秦	여공공 21년 二十一
	위魏	진나라 애공 기 원년 晉哀公忌元年 정의 〈연표〉에서 진출공 착錯은 18년, 진애공 기忌는 2년, 진의공 교驕는 즉위하고 17년에 죽었다고 한다. 《세본》에서는 소공은 환자桓子 옹雝을 낳고, 옹은 기를 낳았으며, 기는 의공 교를 낳았다고 한다. 〈진세가〉에서는 진출공 17년, 진애공 교 18년이고, 의공은 없다. 살피건대 출공은 길에서 죽었고, 지백이 이에 소공의 증손 교를 세워 진군으로 삼았으니 이 사람이 애공이다. 애공의 할아버지는 옹雝인데, 진소공의 막내아들이며 대자戴子라고 불렸고 기를 낳았다. 기는 지백과 잘 지냈지만 일찍 죽었다. 그러므로 지백이 진晉을 병합하려고 했지만 아직 감히 그러지 못했기에 기의 아들 교를 세워 군주로 삼았다. 세 곳의 근거가 다르니 어떤 게 옳은지 모르겠다. 表云晉出公錯十八年 晉哀公忌二年 晉懿公驕立十七年而卒 世本云昭公生桓子雝 雝生忌 忌生懿公驕 家云晉出公十七年 晉哀公驕十八年 而無懿公 案 出公道死 智伯乃立昭公曾孫驕爲晉君 是爲哀公 哀公大父雝 晉昭公少子 號戴子 生忌 忌善智伯 欲并晉 未敢 乃立忌子驕爲君 據三處不同 未知孰是

한韓		
조趙	양자 2년 二	
초楚	혜왕 33년. 채나라 원후 원년 三十三 蔡元侯元年	
연燕	효공 9년 九	
제齊	평공 25년 二十五	
서기전 **455**	주周	정왕 14년 十四
	진秦	여공공 22년 二十二
	위魏	위나라 도공 검 원년 衛悼公黔元年 신주 위도공 원년을 정왕 원년으로 보는 견해도 있다. 사마천이 위출공의 전기前期 재위 13년을 빼지 않는 착오를 했기 때문이다. 이에 따르면 도공의 말년은 서기전 454년이 된다.
	한韓	
	조趙	양자 3년 三
	초楚	혜왕 34년 三十四
	연燕	효공 10년 十
	제齊	제나라 선공 취잡 원년 齊宣公就匝元年 집해 본래 '적積'이라고 썼다.

		本作積
		색은 '적積'은 평공의 아들이고, 재위 51년이었으며, 아들 강공 '대貸'가 섰다.
		積 平公子 立五十一年 子康公貸立
서기전 **454**	주周	정왕 15년 十五
	진秦	여공공 23년 二十三
	위魏	신주 456년 정의 주석에 따르면, 여기에 '晉懿公驕元年(진晉 나라 의공 교 원년)'이란 원문이 있어야 한다. 후대 《사기》에 그것이 모두 탈락했다고 《사기지 의》에서 지적했다.
	한韓	
	조趙	양자 4년. 지백과 더불어 범과 중항 땅을 나누었다. 四 與智伯分范中行地 신주 〈진세가〉에는 진출공 17년(서기전 458)으로 나온다.
	초楚	혜왕 35년 三十五
	연燕	효공 11년 十一
	제齊	선공 2년 二
서기전 **453**	주周	정왕 16년 十六
	진秦	여공공 24년 二十四
	위魏	위나라 환자가 진양에서 지백을 무찔렀다. 魏桓子敗智伯于晉陽 색은 환자의 이름은 '구駒'이다. 桓子名駒

한韓	한나라 강자가 진양에서 지백을 무찔렀다. 韓康子敗智伯于晉陽 색은 강자의 이름은 '호虎'이다. 康子名虎	
조趙	양자 5년. 양자가 진양에서 지백을 무찌르고 위나라, 한나라와 더불어 그 땅을 셋으로 나누었다. 五 襄子敗智伯晉陽 與魏韓三分其地 신주 조양자 기년은 23년이며, 이때부터 실질적으로 전국시대가 시작되었다고 보는 견해도 있다.	
초楚	혜왕 36년 三十六	
연燕	효공 12년 十二	
제齊	선공 3년 三	

서기전 **452**		
	주周	정왕 17년 十七
	진秦	여공공 25년. 진 대부 지개가 그 읍의 사람을 거느리고 도망쳐 왔다. 二十五 晉大夫智開率其邑人來奔
	위魏	
	한韓	
	조趙	양자 6년 六
	초楚	혜왕 37년 三十七
	연燕	효공 13년 十三

	제齊	선공 4년 四
서기전 **451**	주周	정왕 18년 十八
	진秦	여공공 26년. 좌서장이 남정에 성벽을 쌓았다. 二十六 左庶長城南鄭
	위魏	
	한韓	
	조趙	양자 7년 七
	초楚	혜왕 38년 三十八
	연燕	효공 14년 十四
	제齊	선공 5년. 송나라 경공이 죽었다. 五 宋景公卒

집해 서광이 말했다. "《좌전》을 살피건대, 경공이 죽을 때 나이는 99세에 이르렀다.

徐廣曰 案左傳景公死至此九十九年

색은 살피건대, 〈송세가〉에 경공은 원공의 아들이며, 이름은 두만이다. 이미 〈십이제후연표〉에서 보았다. 서광이 '《좌전》을 살피건대, 경공이 죽을 때 나이는 99세에 이르렀다.'라고 말한 것은 잘못이다. 경공은 재위 64년에 죽었고 공자 특特이 태자를 죽이고 스스로 즉위했으며 소공昭公이라 불렀다. 전소공前昭公 저구杵臼와 또 다섯 군주를 지나 대략 90년 떨어져 있으므로 잘못이다. 소공은 47년 재위했고, (이후) 도공 구購가 섰다.

案 系家景公 元公子 名頭曼 已見十二諸侯表 徐廣云案左傳景公卒至此九十九年 謬矣 景公立六十四年卒 公子特殺太子自立 號昭公 與前昭公杵臼又歷五君 相去略九十年 故誤也 昭公立四十七年 悼公購立

신주 《좌전》의 기록 등을 참고하면 경공 48년, 소공 66년이다.

서기전 **450**	주周	정왕 19년 十九
	진秦	여공공 27년 二十七
	위魏	위衛나라 경공 원년 衛敬公元年 [색은] 도공 검의 아들이다. 悼公黔之子也 [신주] 원년은 진군秦君 여공공 24년(서기전 453)이라는 견해도 있다. 《사기지의》에는 정왕 5년이라 하고 《고본죽서기년집증》에도 도공의 재위를 5년이라 하여, 사마천이 출공의 전13년을 빼지 않은 기록에 맞추었다.
	한韓	
	조趙	양자 8년 八
	초楚	혜왕 39년. 채나라 후侯 제 원년 三十九 蔡侯齊元年
	연燕	효공 15년 十五
	제齊	선공 6년. 송나라 소공 원년 六 宋昭公元年 [신주] 소공 원년은 주나라 정왕 원년(서기전 468)이라는 견해도 있다.
서기전 **449**	주周	정왕 20년 二十
	진秦	여공공 28년. 월나라 사람이 와서 여인을 맞이했다. 二十八 越人來迎女
	위魏	
	한韓	
	조趙	양자 9년 九

	초楚	혜왕 40년 四十
	연燕	연나라 성공 원년 燕成公元年
	제齊	선공 7년 七
서기전 **448**	주周	정왕 21년 二十一
	진秦	여공공 29년. 진晉 대부 지관이 그 읍의 사람들을 거느리고 도망 쳐 왔다. 二十九 晉大夫智寬率其邑人來奔
	위魏	
	한韓	
	조趙	양자 10년 十
	초楚	혜왕 41년 四十一
	연燕	성공 2년 二
	제齊	선공 8년 八
서기전 **447**	주周	정왕 22년 二十二
	진秦	여공공 30년 三十
	위魏	
	한韓	

조趙	양자 11년 十一	
초楚	혜왕 42년. 초나라가 채나라를 멸했다. 四十二 楚滅蔡	
연燕	성공 3년 三	
제齊	선공 9년 九	
서기전 **446**	주周	정왕 23년 二十三
	진秦	여공공 31년 三十一
	위魏	
	한韓	
	조趙	양자 12년 十二
	초楚	혜왕 43년 四十三
	연燕	성공 4년 四
	제齊	선공 10년 十
서기전 **445**	주周	정왕 24년 二十四
	진秦	여공공 32년 三十二
	위魏	
	한韓	

	조趙	양자 13년 十三
	초楚	혜왕 44년. 기나라를 멸했다. 기나라는 하나라 후손이다. 四十四 滅杞 杞 夏之後
	연燕	성공 5년 五
	제齊	선공 11년 十一
서기전 **444**	주周	정왕 25년 二十五
	진秦	여공공 33년. 의거를 치고 그 왕을 사로잡았다. 三十三 伐義渠 虜其王
	위魏	
	한韓	
	조趙	양자 14년 十四
	초楚	혜왕 45년 四十五
	연燕	성공 6년 六
	제齊	선공 12년 十二
서기전 **443**	주周	정왕 26년 二十六
	진秦	여공공 34년. 일식이 있어 낮이 어두컴컴하여 별이 보였다. 三十四 日蝕 晝晦 星見
	위魏	
	한韓	

	조趙	양자 15년 十五
	초楚	혜왕 46년 四十六
	연燕	성공 7년 七
	제齊	선공 13년 十三
서기전 **442**	주周	정왕 27년 二十七
	진秦	진나라 조공 원년 秦躁公元年
	위魏	
	한韓	
	조趙	양자 16년 十六
	초楚	혜왕 47년 四十七
	연燕	성공 8년 八
	제齊	선공 14년 十四
서기전 **441**	주周	정왕 28년 二十八
	진秦	조공 2년. 남정에서 반란이 일어났다. 二 南鄭反
	위魏	
	한韓	

조趙	양자 17년 十七	
초楚	혜왕 48년 四十八	
연燕	성공 9년 九	
제齊	선공 15년 十五	
서기전 **440**	주周	고왕 원년 考王元年 집해 서광이 말했다. "신축년이다." 徐廣曰 辛丑
	진秦	조공 3년 三
	위魏	
	한韓	
	조趙	양자 18년 十八
	초楚	혜왕 49년 四十九
	연燕	성공 10년 十
	제齊	선공 16년 十六
서기전 **439**	주周	고왕 2년 二
	진秦	조공 4년 四

위魏		
한韓		
조趙	양자 19년 十九	
초楚	혜왕 50년 五十	
연燕	성공 11년 十一	
제齊	선공 17년 十七	
서기전 **438**	주周	고왕 3년 三
	진秦	조공 5년 五
	위魏	
	한韓	
	조趙	양자 20년 二十
	초楚	혜왕 51년 五十一
	연燕	성공 12년 十二
	제齊	선공 18년 十八
서기전 **437**	주周	고왕 4년 四
	진秦	조공 6년 六

	위魏	진晉나라 유공 류 원년. 한나라와 위나라에 복종했다. 晉幽公柳元年 服韓魏 신주 진秦조공 10년(서기전 433)이라는 견해도 있다.
	한韓	
	조趙	양자 21년 二十一
	초楚	혜왕 52년 五十二
	연燕	성공 13년 十三
	제齊	선공 19년 十九
서기전 **436**	주周	고왕 5년 五
	진秦	조공 7년 七
	위魏	
	한韓	
	조趙	양자 22년 二十二
	초楚	혜왕 53년 五十三
	연燕	성공 14년 十四
	제齊	선공 20년 二十
서기전 **435**	주周	고왕 6년 六

진秦	조공 8년. 6월에 비와 눈이 내렸다. 일식과 월식이 있었다. 八 六月 雨雪 日月蝕	
위魏		
한韓		
조趙	양자 23년 二十三	
초楚	혜왕 54년 五十四	
연燕	성공 15년 十五	
제齊	선공 21년 二十一	
서기전 **434**	주周	고왕 7년 七
	진秦	조공 9년 九
	위魏	
	한韓	
	조趙	양자 24년 二十四
	초楚	혜왕 55년 五十五
	연燕	성공 16년 十六
	제齊	선공 22년 二十二

서기전 433	주周	고왕 8년 八
	진秦	조공 10년 十
	위魏	
	한韓	
	조趙	양자 25년 二十五
	초楚	혜왕 56년 五十六
	연燕	연나라 민공 원년 燕湣公元年
	제齊	선공 23년 二十三
서기전 432	주周	고왕 9년 九
	진秦	조공 11년 十一
	위魏	
	한韓	
	조趙	양자 26년 二十六
	초楚	혜왕 57년 五十七
	연燕	민공 2년 二
	제齊	선공 24년 二十四

서기전 431	주周	고왕 10년 十
	진秦	조공 12년 十二
	위魏	위나라 소공 원년 衛昭公元年 **신주** 서기전 434년이라는 견해도 있다.
	한韓	
	조趙	양자 27년 二十七
	초楚	초나라 간왕 중 원년. 거나라를 멸했다. 楚簡王仲元年 滅莒
	연燕	민공 3년 三
	제齊	선공 25년 二十五
서기전 430	주周	고왕 11년 十一
	진秦	조공 13년. 의거가 진나라를 쳐서 위양까지 침공했다. 十三 義渠伐秦 侵至渭陽
	위魏	
	한韓	
	조趙	양자 28년 二十八
	초楚	간왕 2년 二
	연燕	민공 4년 四

	제齊	선공 26년 二十六
서기전 **429**	주周	고왕 12년 十二
	진秦	조공 14년 十四
	위魏	
	한韓	
	조趙	양자 29년 二十九
	초楚	간왕 3년. 노나라 도공이 죽었다. 三 魯悼公卒 　신주　노도공 재위는 37년이니 초간왕 원년(서기전 431)이라는 견해도 있다.
	연燕	민공 5년 五
	제齊	선공 27년 二十七
서기전 **428**	주周	고왕 13년 十三
	진秦	진나라 회공 원년. 영공을 낳았다. 秦懷公元年 生靈公 　신주　영공은 회공의 손자다.
	위魏	
	한韓	
	조趙	양자 30년 三十

초楚	간왕 4년. 노나라 원공 원년 四 魯元公元年 **신주** 〈노주공세가〉에는 노원공 원년은 초간왕 2년이다.
연燕	민공 6년 六
제齊	선공 28년 二十八

서기전 **427**	주周	고왕 14년 十四
	진秦	회공 2년 二
	위魏	
	한韓	
	조趙	양자 31년 三十一
	초楚	간왕 5년 五
	연燕	민공 7년 七
	제齊	선공 29년 二十九

서기전 **426**	주周	고왕 15년 十五
	진秦	회공 3년 三
	위魏	
	한韓	

조趙	양자 32년 三十二	
초楚	간왕 6년 六	
연燕	민공 8년 八	
제齊	선공 30년 三十	

서기전 **425**	주周	위열왕 원년 威烈王元年 집해 서광이 말했다. "병진년이다." 徐廣曰 丙辰 색은 이름은 '오午'이고 고왕의 아들이다. 名午 考王子
	진秦	회공 4년. 서장 조鼂가 회공을 시해했다. 태자는 젊어서 죽었으므로 대신들은 태자의 아들을 세워 영공으로 삼았다. 四 庶長鼂殺懷公 太子蚤死 大臣立太子之子 爲靈公
	위魏	위나라 도공 미 원년 衞悼公亹元年 신주 도공이 아니라 회공懷公을 잘못 쓴 것이며, 회공 원년은 진秦회공 원년(서기전 428)과 같다.
	한韓	
	조趙	양자 33년. 양자가 죽었다. 三十三 襄子卒 신주 양자 무휼의 재위기간은 51년(서기전 475~425)이다.
	초楚	간왕 7년 七
	연燕	민공 9년 九

	제齊	선공 31년 三十一
서기전 424	주周	위열왕 2년 二
	진秦	진나라 영공 원년. 헌공을 낳았다. 秦靈公元年 生獻公
	위魏	위나라 문후 사 원년 魏文侯斯元年 색은 무후 격擊을 낳았다. 生武侯擊也 신주 문후 원년은 진군 여공공 32년(서기전 455)이다.
	한韓	한나라 무자 원년 韓武子元年 색은 무자 계장啟章은 경후 건虔을 낳았다. 武子啟章生景侯虔
	조趙	조나라 환자 원년 趙桓子元年 색은 환자 가嘉는 양자의 아우다. 원년에 죽었고, 다음해 나라 사람들이 함께 양자의 아들 헌후 만晩을 세웠다. 桓子嘉 襄子弟也 元年卒 明年國人共立襄子子獻侯浣也
	초楚	간왕 8년 八
	연燕	민공 10년 十
	제齊	선공 32년 三十二
서기전 423	주周	위열왕 3년 三

진秦	영공 2년 二	
위魏	문후 2년 二	
한韓	무자 2년. 정나라 유공 원년. 한나라가 그를 죽였다. 二 鄭幽公元年 韓殺之 신주 서기전 455년에 정공공鄭共公 원년을 빠뜨렸다. 또 유공 원년은 1년 앞선 서기전 424년이다. 이때는 수공繻公 원년이다.	
조趙	조나라 헌후 원년 趙獻侯元年	
초楚	간왕 9년 九	
연燕	민공 11년 十一	
제齊	선공 33년 三十三	

서기전 **422**	주周	위열왕 4년 四
	진秦	영공 3년. 상치와 하치(제사터)를 만들었다. 三 作上下時
	위魏	문후 3년 三
	한韓	무자 3년. 정나라가 유공의 아들을 세웠으니 수공 원년이다. 三 鄭立幽公子 爲繻公 元年 신주 정나라 수공 2년이라는 견해도 있다.
	조趙	헌후 2년 二
	초楚	간왕 10년 十

	연燕	민공 12년 十二
	제齊	선공 34년 三十四
서기전 **421**	주周	위열왕 5년 五
	진秦	영공 4년 四
	위魏	문후 4년 四
	한韓	무자 4년 四
	조趙	헌후 3년 三
	초楚	간왕 11년 十一
	연燕	민공 13년 十三
	제齊	선공 35년 三十五
서기전 **420**	주周	위열왕 6년 六
	진秦	영공 5년 五
	위魏	문후 5년. 위나라가 진晉나라 유공을 죽이고, 그 아우 지止를 세웠다. 五 魏誅晉幽公 立其弟止 **신주** 〈진세가〉 기록으로 따지면 이때 유공 18년이지만, 《기년》에 따라 수정한 기년으로 하면 재위가 22년이어서 말년이 서기전 416년이다. 기년이 4년

		앞당겨 기록된 탓이다. 아울러 〈진세가〉에는 아들 열공 지를 세웠다고 하여 여기와 다르다. 그리고 유공은 위문후가 살해한 것이 아니라 〈진세가〉에는 도적이, 《좌전》에는 부인이 살해했다고 하며 위문후가 수습하고 열공을 세웠다고 한다.
	한韓	무자 5년 五
	조趙	헌후 4년 四
	초楚	간왕 12년 十二
	연燕	민공 14년 十四
	제齊	선공 36년 三十六
서기전 **419**	주周	위열왕 7년 七
	진秦	영공 6년 六
	위魏	문후 6년. 진晉나라 열공 지 원년. 위나라가 소량에 성을 쌓았다. 六 晉烈公止元年 魏城少梁 신주 진열공 원년은 서기전 415년이라는 견해도 있다.
	한韓	무자 6년 六
	조趙	헌후 5년 五
	초楚	간왕 13년 十三
	연燕	민공 15년 十五

	제齊	선공 37년 三十七
서기전 **418**	주周	위열왕 8년 八
	진秦	영공 7년. 위나라와 소량에서 싸웠다. 七 與魏戰少梁
	위魏	문후 7년 七
	한韓	무자 7년 七
	조趙	헌후 6년 六
	초楚	간왕 14년 十四
	연燕	민공 16년 十六
	제齊	선공 38년 三十八
서기전 **417**	주周	위열왕 9년 九
	진秦	영공 8년. 하수 가에 성과 해자를 만들었다. 처음으로 군주君主를 하백에게 시집보냈다. 八 城塹河瀕 初以君主妻河 색은 처음으로 이 연도에 다른 여자를 취해 군주를 삼았다고 일컫는 말이며, 군주는 공주公主와 같다. 처하妻河란 하백에게 시집보낸다는 말이므로, 위나라 풍속 중 하백을 위하여 부인을 얻어 주는 것과는 같으나 대개 그 전해 온 풍속이 이 일과는 차이가 있었던 까닭으로 처음이라고 이른 것이다. 謂初以此年取他女爲君主 君主猶公主也 妻河 謂嫁之河伯 故魏俗猶爲河伯取婦 蓋其遺風 殊異其事 故云初

위魏	문후 8년. 다시 소량에 성을 쌓았다. 八 復城少梁	
한韓	무자 8년 八	
조趙	헌후 7년 七	
초楚	간왕 15년 十五	
연燕	민공 17년 十七	
제齊	선공 39년 三十九	
서기전 **416**	주周	위열왕 10년 十
	진秦	영공 9년 九
	위魏	문후 9년 九
	한韓	무자 9년 九
	조趙	헌후 8년 八
	초楚	간왕 16년 十六
	연燕	민공 18년 十八
	제齊	선공 40년 四十

서기전 415	주周	위열왕 11년 十一
	진秦	영공 10년. 방龐을 보수하고, 적고籍姑에 성을 쌓았다. 영공이 죽었고, 그의 계부 도자가 즉위했는데 이 사람이 간공이다. 十 補龐 城籍姑 靈公卒 立其季父悼子 是爲簡公 색은 살피건대, 방龐과 적고籍姑는 모두 성읍 이름이다. 보補란 수리하는 것이니 방을 수리하고 적고에 성을 쌓았다는 말이다. 案 龐及籍姑皆城邑之名 補者 修也 謂修龐而城籍姑也 신주 〈진본기〉에는 영공 13년이라고 기록되어 있다.
	위魏	문후 10년 十
	한韓	무자 10년 十
	조趙	헌후 9년 九
	초楚	간왕 17년 十七
	연燕	민공 19년 十九
	제齊	선공 41년 四十一
서기전 414	주周	위열왕 12년 十二
	진秦	진나라 간공 원년 秦簡公元年
	위魏	문후 11년. 위衞나라 신공 원년 十一 衞慎公元年 신주 위衞 신공 원년은 3년 앞당겨 서기전 417년이라는 견해도 있다.
	한韓	무자 11년 十一

조趙	헌후 10년. 중산국 무공이 처음 섰다. 十 中山武公初立	
	집해 서광이 말했다. "주나라 정왕의 손자이며, 서주 환공의 아들이다." 徐廣曰 周定王之孫 西周桓公之子 신주 《사기지의》의 저자 양옥승은 중산국을 서주의 후손이라 하는 것은 터무니없고 백적白狄의 무리라고 했다. 아울러 후대의 인식도 적적狄이나 융戎의 무리라고 한다.	
초楚	간왕 18년 十八	
연燕	민공 20년 二十	
제齊	선공 42년 四十二	

서기전 **413**	주周	위열왕 13년 十三
	진秦	간공 2년. 진晉나라와 싸웠고 정하에서 무찔렀다. 二 與晉戰 敗鄭下
	위魏	문후 12년 十二
	한韓	무자 12년 十二
	조趙	헌후 11년 . 十一
	초楚	간왕 19년 十九
	연燕	민공 21년 二十一
	제齊	선공 43년. 진晉을 쳐서 황성을 함락하고 양호를 포위했다. 四十三 伐晉 毀黃城 圍陽狐

서기전 **412**	주周	위열왕 14년 十四
	진秦	간공 3년 三
	위魏	문후 13년. 공자 격擊이 번방을 포위하고 그 백성들을 쫓아냈다. 十三 公子擊圍繁龐 出其民
	한韓	무자 13년 十三
	조趙	헌후 12년 十二
	초楚	간왕 20년 二十
	연燕	민공 22년 二十二
	제齊	선공 44년. 노나라, 거나라 및 안양을 정벌했다. 四十四 伐魯莒及 安陽 **신주** 〈전경중완세가〉에는 '伐魯葛及安陵(노나라, 갈나라 및 안릉을 정벌했다)'라고 했다.
서기전 **411**	주周	위열왕 15년 十五
	진秦	간공 4년 四
	위魏	문후 14년 十四
	한韓	무자 14년 十四
	조趙	헌후 13년. 평읍에 성을 쌓았다. 十三 城平邑

	초楚	간왕 21년 二十一
	연燕	민공 23년 二十三
	제齊	선공 45년. 노나라를 쳐서 도都를 빼앗았다. 四十五 伐魯 取都 집해 서광이 말했다. "〈전경중완세가〉에는 성 하나를 빼앗았다고 한다." 徐廣曰 世家云取一城
서기전 **410**	주周	위열왕 16년 十六
	진秦	간공 5년. 일식이 있었다. 五 日蝕
	위魏	문후 15년 十五
	한韓	무자 15년 十五
	조趙	헌후 14년 十四
	초楚	간왕 22년 二十二
	연燕	민공 24년 二十四
	제齊	선공 46년 四十六
서기전 **409**	주周	위열왕 17년 十七
	진秦	간공 6년. 처음으로 관리들에게 검을 차도록 했다. 六 初令吏帶劍

위魏	문후 16년. 진秦나라를 치고 임진과 원리에 성을 쌓았다. 十六 伐秦 築臨晉元里	
한韓	무자 16년 十六	
조趙	헌후 15년 十五	
초楚	간왕 23년 二十三	
연燕	민공 25년 二十五	
제齊	선공 47년 四十七	

서기전 **408**	주周	위열왕 18년 十八
	진秦	간공 7년. 낙수를 파고 중천에 성을 쌓았다. 처음으로 벼를 조세로 걷었다. 七 塹洛 城重泉 初租禾 신주 〈진본기〉에는 낙수와 중천의 기사는 간공 6년에 있다고 나온다.
	위魏	문후 17년. 격擊이 중산을 수비했다. 진秦나라를 치고 정鄭나라에 이르렀다가 돌아와 낙음과 합양에 축성했다. 十七 擊守中山 伐秦至鄭 還築洛陰合陽 집해 서광이 말했다. "일설에는 송宋과 중산을 치고 합양合陽을 설치했다고 한다. 〈위세가〉에서는 진秦을 공격하고 정鄭에 이르렀다가 돌아왔으며, 낙음과 합양에 축성했다고 한다." 徐廣曰 一云擊宋中山 置合陽 世家云攻秦 至鄭而還 築雒陰合陽 신주 《사기지의》에 따르면, 음은 곧 '邰'이며 《금본죽서기년》과 《수경주》에 '분음汾陰'이라 한 것은 잘못이라 한다. 그의 말대로 낙음과 합양은 오늘날 하서지방인 섬서성에 있으며 분음은 하동인 산서성에 있기 때문이다.
	한韓	한나라 경후 건 원년. 정나라를 치고, 옹구를 빼앗았다. 정나라가 경京에 성을 쌓았다. 韓景侯虔元年 伐鄭 取雍丘 鄭城京

	조趙	조나라 열후 적 원년. 위魏가 태자를 시켜 중산을 쳤다. 趙烈侯籍元年 魏使太子伐中山
	초楚	간왕 24년. 간왕이 죽었다. 二十四 簡王卒
	연燕	민공 26년 二十六
	제齊	선공 48년. 노나라 성郕을 빼앗았다. 四十八 取魯郕
서기전 **407**	주周	위열왕 19년 十九
	진秦	간공 8년 八
	위魏	문후 18년. 문후가 자하子夏에게 경학을 전수받았다. 단간목段干木의 마을을 지나면서 항상 예를 표했다. 十八 文侯受經子夏 過段干木之閭常式 **신주** 〈위세가〉에는 25년과 26년 사이에 이 기사가 나온다. 《사기지의》에 따르면 자하 나이가 공자보다 44세 적다고 한다. 그를 감안하면, 이때 자하는 101세가 되므로 불가능한 얘기다. 자하 문하생에게 배웠다고 볼 수 있고 그도 아니면 후대에 지어낸 얘기가 채록되었다고 봐야 한다.
	한韓	경후 2년. 정나라가 부서에서 한나라를 무찔렀다. 二 鄭敗韓于負黍
	조趙	열후 2년 二
	초楚	초나라 성왕 당 원년. 노나라 목공 원년 楚聲王當元年 魯穆公元年 **신주** 〈노주공세가〉에서 노목공 원년은 초간왕 23년(서기전 409)이다.
	연燕	민공 27년 二十七

	제齊	선공 49년. 정나라와 서성에서 회합했다. 위衞 나라를 쳐서 관冊을 빼앗았다. 四十九 與鄭會于西城 伐衞 取冊 색은 冊의 발음은 '관館'이다. 音館
서기전 **406**	주周	위열왕 20년 二十
	진秦	간공 9년 九
	위魏	문후 19년 十九
	한韓	경후 3년 三
	조趙	열후 3년 三
	초楚	성왕 2년 二
	연燕	민공 28년 二十八
	제齊	선공 50년 五十
서기전 **405**	주周	위열왕 21년 二十一
	진秦	간공 10년 十
	위魏	문후 20년. 재상될 사람을 뽑으려 하자 이극과 적황이 경쟁했다. 二十 卜相 李克翟璜爭
	한韓	경후 4년 四

조趙	열후 4년 四	
초楚	성왕 3년 三	
연燕	민공 29년 二十九	
제齊	선공 51년. 전회가 늠구에서 반역했다. 五十一 田會以廩丘反	

서기전 **404**	주周	위열왕 22년 二十二
	진秦	간공 11년 十一
	위魏	문후 21년 二十一
	한韓	경후 5년 五
	조趙	열후 5년 五
	초楚	성왕 4년 四
	연燕	민공 30년 三十
	제齊	제나라 강공 대 원년 齊康公貸元年 **신주** 제나라 실권자 전씨 도자悼子가 전년에 죽고 이어 전화田和가 집정한다. 따라서 전화 원년이기도 하다.

서기전 **403**	주周	위열왕 23년. 구정이 진동했다. 二十三 九鼎震

진秦	간공 12년 十二	
위魏	문후 22년. 처음으로 제후가 되었다. 二十二 初爲侯	
한韓	경후 6년. 처음으로 제후가 되었다. 六 初爲侯	
조趙	열후 6년. 처음으로 제후가 되었다. 六 初爲侯	
초楚	성왕 5년. 위·한·조가 처음으로 제후의 반열에 오르게 되었다. 五 魏韓趙始列爲諸侯	
연燕	민공 31년 三十一	
제齊	강공 2년. 송나라 도공 원년 二 宋悼公元年 신주 송도공 원년은 서기전 402년으로 보기도 하는데, 《기년》에 따르면 18년 재위한다. 〈송미자세가〉에는 8년 재위라 했으나, '十' 자가 탈자 된 것으로 보기도 한다.	

서기전 **402**	주周	위열왕 24년 二十四
	진秦	간공 13년 十三
	위魏	문후 23년 二十三
	한韓	경후 7년 七
	조趙	열후 7년. 열후는 음악을 좋아하여 노래하는 자들에게 밭을 내려주려고 했는데 서월이 인의로써 권하자 이내 그만두었다. 七 烈侯好音 欲賜歌者田 徐越侍以仁義 乃止

	초楚	성왕 6년. 도적이 성왕을 죽였다. 六 盜殺聲王
	연燕	연나라 희공 원년 燕釐公元年
	제齊	강공 3년 三
서기전 **401**	주周	안왕 원년 安王元年 [집해] 서광이 말했다. "경진년이다." 徐廣曰 庚辰
	진秦	간공 14년. 위나라를 쳐서 양호에 이르렀다. 十四 伐魏 至陽狐
	위魏	문후 24년. 진나라가 위나라를 쳐서 양호에 이르렀다. 二十四 秦伐我 至陽狐
	한韓	경후 8년 八
	조趙	열후 8년 八
	초楚	초나라 도왕 류 원년 楚悼王類元年
	연燕	희공 2년 二
	제齊	강공 4년 四
서기전 **400**	주周	안왕 2년 二
	진秦	간공 15년 十五

	위魏	문후 25년. 태자 앵罃이 태어났다. 二十五 太子罃生
	한韓	경후 9년. 정나라가 (한나라) 양적을 포위했다. 九 鄭圍陽翟
	조趙	열후 9년 九
	초楚	도왕 2년. 삼진三晉이 쳐들어와서 승구에 이르렀다. 二 三晉來伐我 至乘丘
	연燕	희공 3년 三
	제齊	강공 5년 五
서기전 **399**	주周	안왕 3년. 왕자 정이 진晉으로 달아났다. 三 王子定奔晉
	진秦	진나라 혜공 원년 秦惠公元年 [색은] 간공의 아들인데, 역사에 이름이 없다. 簡公子 史無名 [신주] 앞서 진秦에 혜공이 있었는데, 물론 한 나라에 시호가 같은 군주가 더러 존재하기는 하더라도 100년이란 짧은 기간에 다시 혜공이라 시호한 것은 어딘가 어색하다. 아마 《기년》에 나오는 경공敬公을 잘못 쓴 것이 아닌가 한다.
	위魏	문후 26년. 괵산이 무너져서 하수가 막혔다. 二十六 虢山崩 壅河
	한韓	한나라 열후 원년 韓烈侯元年 [색은] 이름은 '취取'다. 《세본》에서는 '무후武侯'라고 했다. 名取 系本作武侯也
	조趙	조나라 무공 원년 趙武公元年

	신주	《사기지의》에서 말한다. "무공의 이름은 빠졌으며 역사에서 먼저 이름을 잃었다. 그러나 무공 앞에 열후이고 무공의 뒤가 경후인데, 무공 홀로 '공'이라 불러 온당하지 못하다. 《한서》〈고금인표〉에 《사기》를 거듭하여 잘못했고, 《대기》에는 '무후武侯'라 했으니 옳다." 《기년》에는 조나라 무공이나 무후의 기록이 없다. 《사기》에서 9년에 죽었다고 하는 열후가 《기년》에는 열후 14년이란 기록도 나오며, 〈위세가〉 색은 주석에 인용되어 있다. 현대 《중국역사기년표》에는 무공을 인정하지 않고 생략한다.
	초楚	도왕 3년. 유관楡關을 정나라에 돌려주었다. 三 歸楡關于鄭
	연燕	희공 4년 四
	제齊	강공 6년 六
서기전 **398**	주周	안왕 4년 四
	진秦	혜공 2년 二
	위魏	문후 27년 二十七
	한韓	열후 2년. 정나라에서 그 재상 사자양을 죽였다. 二 鄭殺其相駟子陽 신주 정나라 군주 재위가 1년씩 밀려 기록된 관계로 이때는 1년 앞서 서기전 399년으로 보기도 한다.
	조趙	무공 2년 二
	초楚	도왕 4년. 정나라 군사를 무찌르고 정나라를 포위했다. 정나라 사람이 사자양을 죽였다. 四 敗鄭師 圍鄭 鄭人殺子陽
	연燕	희공 5년 五

	제齊	강공 7년 七
서기전 **397**	주周	안왕 5년 五
	진秦	혜공 3년. 일식이 있었다. 三 日蝕
	위魏	문후 28년 二十八
	한韓	열후 3년. 3월, 도적(섭정聶政)이 한나라 재상 협루를 죽였다. 三 三月 盜殺韓相俠累 　집해　서광이 말했다. "협루를 다른 판본에는 '법기法其'라고 한다." 徐廣曰 一作法其 　신주　어떤 판본에는 앞부분에 '鄭殺其君'이 있다. 정나라 군주 수공이 살해된 것은 이 해가 맞다. 정나라 군주 재위가 1년씩 밀려 기록된 탓이라는 견해도 있다.
	조趙	무공 3년 三
	초楚	도왕 5년 五
	연燕	희공 6년 六
	제齊	강공 8년 八
서기전 **396**	주周	안왕 6년 六
	진秦	혜공 4년 四
	위魏	문후 29년 二十九

한韓	열후 4년. 정나라 재상 사자양의 무리가 그 군주 수공을 죽였다. 四 鄭相子陽之徒殺其君繻公	
	신주 어떤 판본에는 1년 전에 있었던 일로 되어 있으며, 이때는 강공康公 원년이다.	
조趙	무공 4년 四	
초楚	도왕 6년 六	
연燕	희공 7년 七	
제齊	강공 9년 九	

서기전 **395**	주周	안왕 7년 七
	진秦	혜공 5년. 면저를 정벌했다. 五 伐緜諸
	위魏	문후 30년 三十
	한韓	열후 5년. 정나라 강공 원년 五 鄭康公元年
	조趙	무공 5년 五
	초楚	도왕 7년 七
	연燕	희공 8년 八
	제齊	강공 10년. 송나라 휴공 원년 十 宋休公元年

		신주 시호법에 '休'는 없지만, 휴공 원년은 전임 도공을 이은 서기전 384년이 되어야 한다. 도공이 서기전 385년에 한나라의 공격으로 죽기 때문이다.
서기전 **394**	주周	안왕 8년 八
	진秦	혜공 6년 六
	위魏	문후 31년 三十一
	한韓	열후 6년. 노나라를 구원했다. 정나라 부서에서 반란이 일어났다. 六 救魯 鄭負黍反
	조趙	무공 6년 六
	초楚	도왕 8년 八
	연燕	희공 9년 九
	제齊	강공 11년. 노나라를 쳐서 최 땅을 빼앗았다. 十一 伐魯 取最
서기전 **393**	주周	안왕 9년 九
	진秦	혜공 7년 七
	위魏	문후 32년. 정나라를 치고 산조에 성을 쌓았다. 三十二 伐鄭 城酸棗
	한韓	열후 7년 七
	조趙	무공 7년 七

초楚	도왕 9년. 한나라를 치고 부서를 빼앗았다. 九 伐韓 取負黍	
연燕	희공 10년 十	
제齊	강공 12년 十二	

서기전 **392**	주周	안왕 10년 十
	진秦	혜공 8년 八
	위魏	문후 33년. 진晉나라 효공 경傾 원년이다. 三十三 晉孝公傾元年 신주 《기년》에는 효공이 아니라 환공桓公이라 하는데, 같은 군주를 가리킨다.
	한韓	열후 8년 八
	조趙	무공 8년 八
	초楚	도왕 10년 十
	연燕	희공 11년 十一
	제齊	강공 13년 十三

서기전 **391**	주周	안왕 11년 十一
	진秦	혜공 9년. 한나라 의양을 치고 6개 읍을 빼앗았다. 九 伐韓宜陽 取六邑

위魏	문후 34년 三十四	
한韓	열후 9년. 진나라가 의양을 치고 6개 읍을 빼앗았다. 九 秦伐宜陽 取六邑	
조趙	무공 9년 九	
초楚	도왕 11년 十一	
연燕	희공 12년 十二	
제齊	강공 14년 十四	

서기전 **390**	주周	안왕 12년 十二
	진秦	혜공 10년. 진晉(위나라)과 무성에서 싸웠다. 섬陝에 현을 설치했다. 十 與晉戰武城 縣陝
	위魏	문후 35년. 제나라가 위나라 양릉을 빼앗았다. 三十五 齊伐取襄陵
	한韓	열후 10년 十
	조趙	무공 10년 十
	초楚	도왕 12년 十二
	연燕	희공 13년 十三
	제齊	강공 15년. 노나라가 제나라를 평륙에서 무찔렀다. 十五 魯敗我平陸

서기전 **389**	주周	안왕 13년 十三
	진秦	혜공 11년. 태자가 태어났다. 十一 太子生 **신주** 〈진본기〉에는 혜공 12년이다.
	위魏	문후 36년. 진나라가 음진에 침입했다. 三十六 秦侵陰晉
	한韓	열후 11년 十一
	조趙	무공 11년 十一
	초楚	도왕 13년 十三
	연燕	희공 14년 十四
	제齊	강공 16년. 진晉·위衛와 탁택에서 회합했다. 十六 與晉衛會濁澤 **신주** 〈전경중완세가〉에는 전화田和가 제후가 되길 원하여 두 나라와 회동한 것이고 강공 19년에 마침내 전화가 제후가 되었다고 나오므로 이 일은 제강공 18년(서기전 387)에 있어야 한다. 〈전경중완세가〉 색은 주석에 사마정이 설명해 놓았다.
서기전 **388**	주周	안왕 14년 十四
	진秦	혜공 12년 十二
	위魏	문후 37년 三十七
	한韓	열후 12년 十二

	조趙	무공 12년 十二
	초楚	도왕 14년 十四
	연燕	희공 15년 十五
	제齊	강공 17년 十七
서기전 **387**	주周	안왕 15년 十五
	진秦	혜공 13년. 촉이 진秦나라 남정을 빼앗았다. 十三 蜀取我南鄭
	위魏	문후 38년 三十八
	한韓	열후 13년 十三
	조趙	무공 13년 十三
	초楚	도왕 15년 十五
	연燕	희공 16년 十六
	제齊	강공 18년 十八
서기전 **386**	주周	안왕 16년 十六
	진秦	진나라 출공 원년 秦出公元年

		색은 혜공의 아들이다. 惠公子
	위魏	위나라 무후 원년. 한단을 습격하였으나 패했다. 魏武侯元年 襲邯鄲 敗焉 색은 무후의 이름은 '격擊'이다. 名擊 신주 원년은 서기전 395년으로 보는 견해도 있다.
	한韓	한나라 문후 원년 韓文侯元年
	조趙	조나라 경후 원년. 무공의 아들 조朝가 난을 일으켰다가 위나라로 달아났다. 趙敬侯元年 武公子朝作亂 奔魏
	초楚	도왕 16년 十六
	연燕	희공 17년 十七
	제齊	강공 19년. 전상의 증손 전화가 처음으로 제후의 반열에 오르게 되었다. 강공을 해상으로 옮기고 성 하나를 식읍으로 주었다. 十九 田常曾孫田和始列爲諸侯 遷康公海上 食一城 색은 전화는 전상의 증손인데, 2년에 또한 태공이라 호칭했다. 和 田常曾孫 二年 亦號太公
서기전 **385**	주周	안왕 17년 十七
	진秦	출공 2년. 서장 개改가 영공의 태자를 맞이하여 헌공으로 세웠다. 출공을 죽였다. 二 庶長改迎靈公太子 立爲獻公 誅出公
	위魏	무후 2년. 안읍과 왕원에 성을 쌓았다. 二 城安邑王垣
	한韓	문후 2년. 정나라를 쳐서 양성을 빼앗았다. 송나라를 쳐서 팽성에 이르러 송나라 군주를 잡았다.

		二 伐鄭 取陽城 伐宋 到彭城 執宋君 신주 이때 잡힌 송나라 군주가 도공悼公이다. 《기년》을 중심으로 각종 기록을 검토하여 수정한 송나라 연표와 맞아 떨어진다.
	조趙	경후 2년 二
	초楚	도왕 17년 十七
	연燕	희공 18년 十八
	제齊	강공 20년. 노나라를 쳐서 깨뜨렸다. 전화가 죽었다. 二十 伐魯 破之 田和卒 신주 전화 몰년은 다음해이고 후계는 환공桓公 오午가 아니라 후작 섬剡이었다. 사마천이 섬의 기록을 빠뜨렸는데, 그러다 보니 전씨 제나라 초기 기년이 잘못되었다고 보는 견해도 있다.
서기전 **384**	주周	안왕 18년 十八
	진秦	진나라 헌공 원년 秦獻公元年 색은 이름은 '사습師隰'이고, 영공의 태자다. 名師隰 靈公太子
	위魏	무후 3년 三
	한韓	문후 3년 三
	조趙	경후 3년 三
	초楚	도왕 18년 十八

	연燕	희공 19년 十九
	제齊	강공 21년. 전화의 아들 환공 오가 즉위했다. 二十一 田和子桓公午立
서기전 **383**	주周	안왕 19년 十九
	진秦	헌공 2년. 역양에 성을 쌓았다. 二 城櫟陽
	위魏	무후 4년 四
	한韓	문후 4년 四
	조趙	경후 4년. 위나라가 토대에서 조나라를 무찔렀다. 四 魏敗我兔臺 색은 兔는 '토[土故反]'로 발음한다. 글자 또한 '菟'로 쓰기도 한다. 兔 土故反 字亦作菟
	초楚	도왕 19년 十九
	연燕	희공 20년 二十
	제齊	강공 22년 二十二
서기전 **382**	주周	안왕 20년 二十
	진秦	헌공 3년. 일식이 있어 낮이 어두웠다. 三 日蝕 晝晦
	위魏	무후 5년 五

한韓	문후 5년 五	
조趙	경후 5년 五	
초楚	도왕 20년 二十	
연燕	희공 21년 二十一	
제齊	강공 23년 二十三	
서기전 **381**	주周	안왕 21년 二十一
	진秦	헌공 4년. 효공이 태어났다. 四 孝公生
	위魏	무후 6년 六
	한韓	문후 6년 六
	조趙	경후 6년 六
	초楚	도왕 21년 二十一
	연燕	희공 22년 二十二
	제齊	강공 24년 二十四
서기전 **380**	주周	안왕 22년 二十二

진秦	헌공 5년 五	
위魏	무후 7년. 제나라를 쳐서 상구에 이르렀다. 七 伐齊 至桑丘	
한韓	문후 7년. 제나라를 쳐서 상구에 이르렀다. 정나라가 진晉을 무찔렀다. 七 伐齊 至桑丘 鄭敗晉	
조趙	경후 7년. 제나라를 쳐서 상구에 이르렀다. 七 伐齊 至桑丘	
초楚	초나라 숙왕 장 원년 楚肅王臧元年	
연燕	희공 23년 二十三	
제齊	강공 25년. 연나라를 쳐서 상구를 빼앗았다. 二十五 伐燕 取桑丘	
서기전 379	주周	안왕 23년 二十三
	진秦	헌공 6년. 처음으로 포, 남전, 선명지에 현을 설치했다. 六 初縣蒲藍田善明氏
	위魏	무후 8년 八
	한韓	문후 8년 八
	조趙	경후 8년. 위衛를 습격했으나 이기지 못했다. 八 襲衛 不克
	초楚	숙왕 2년 二
	연燕	희공 24년 二十四

	제齊	강공 26년. 강공이 죽자 전씨가 마침내 제나라를 병합하여 소유했다. 태공망의 후손은 제사가 끊어졌다. 二十六 康公卒 田氏遂并齊而有之 太公望之後絕祀
서기전 **378**	주周	안왕 24년 二十四
	진秦	헌공 7년 七
	위魏	무후 9년. 적翟이 회澮 땅에서 위나라를 무찔렀다. 제나라를 쳐서 영구에 이르렀다. 九 翟敗我澮 伐齊 至靈丘
	한韓	문후 9년. 제나라를 쳐서 영구에 이르렀다. 九 伐齊 至靈丘
	조趙	경후 9년. 제나라를 쳐서 영구에 이르렀다. 九 伐齊 至靈丘
	초楚	숙왕 3년 三
	연燕	희공 25년 二十五
	제齊	제나라 위왕 인 원년. 전상부터 위왕에 이르렀으며 위왕이 비로소 제나라를 천하에 강국으로 만들었다. 齊威王因元年 自田常至威王 威王始以齊彊天下 **신주** 이때를 제후 섬剡 7년으로, 위왕 원년은 서기전 356년으로 보는 견해도 있다.
서기전 **377**	주周	안왕 25년 二十五
	진秦	헌공 8년 八
	위魏	무후 10년. 진晉나라 정공 구주 원년 十 晉靜公俱酒元年

		신주 진효공(환공)을 이은 명목상의 군주로 정확한 원년은 모른다. 수정된 기년으로 따져도 효공(환공)은 적어도 20년을 재위했다. 《기년》에서는 이후로 진나라 사적이 없다.
	한韓	문후 10년 十
	조趙	경후 10년 十
	초楚	숙왕 4년. 촉이 초나라 자방茲方 땅을 쳤다. 四 蜀伐我茲方
	연燕	희공 26년 二十六
	제齊	위왕 2년 二
서기전 **376**	주周	안왕 26년 二十六
	진秦	헌공 9년 九
	위魏	무후 11년. 위·한·조가 진晉을 멸하자 후사가 끊어져 없어졌다. 十一 魏韓趙滅晉 絶無後 **신주** 수정된 기년으로 환공(효공) 13년이다. 진나라는 명목상의 군주로만 있었고 완전히 끊어진 것은 몇십 년 지난 후다. 이렇게 보면 이 해는 위무후 20년이다.
	한韓	한나라 애후 원년. 진晉국을 나누었다. 韓哀侯元年 分晉國
	조趙	경후 11년. 진晉국을 나누었다. 十一 分晉國
	초楚	숙왕 5년. 노나라 공공 원년 五 魯共公元年

연燕	희공 27년 二十七	
제齊	위왕 3년. 삼진이 그 군주를 멸했다. 三 三晉滅其君 신주 제후 섬剡 8년으로 보는 견해도 있다.	
서기전 **375**	주周	열왕 원년 烈王元年 집해 서광이 말했다. "병오년이다." 徐廣曰 丙午
	진秦	헌공 10년. 일식이 있었다. 十 日蝕
	위魏	무후 12년 十二
	한韓	애후 2년. 정나라를 멸했다. 정鄭 강공이 20년에 멸망하고 후사가 없었다. 二 滅鄭 康公二十年滅 無後 신주 정나라가 망한 것은 한나라 애후 원년(서기전 376)이고, 이는 정나라 기년이 1년씩 밀려 기록된 탓이라고 보는 견해도 있다.
	조趙	경후 12년 十二
	초楚	숙왕 6년 六
	연燕	희공 28년 二十八
	제齊	위왕 4년 四
서기전 **374**	주周	열왕 2년 二

진秦	헌공 11년. 역양에 현을 설치했다. 十一 縣櫟陽 신주 이 해는 제환후(환공) 원년이라는 견해도 있다.
위魏	무후 13년 十三
한韓	애후 3년 三
조趙	조나라 성후 원년 趙成侯元年
초楚	숙왕 7년 七
연燕	희공 29년 二十九
제齊	위왕 5년 五
서기전 **373**	주周	열왕 3년 三
	진秦	헌공 12년 十二
	위魏	무후 14년 十四
	한韓	애후 4년 四
	조趙	성후 2년 二
	초楚	숙왕 8년 八
	연燕	희공 30년. 제나라를 임고에서 무찔렀다. 三十 敗齊林孤

	제齊	위왕 6년. 노나라가 양관으로 쳐들어왔다. 진晉나라가 쳐들어와 전릉에 이르렀다. 六 魯伐入陽關 晉伐到鱄陵
		색은 유씨는 鱄의 발음은 '심[屬沈反]'이고 또 '전專'이라 했다. 劉氏鱄音屬沈反 又音專 신주 이때 진나라는 위나라를 말하며 위무후 22년이다.
서기전 **372**	주周	열왕 4년 四
	진秦	헌공 13년 十三
	위魏	무후 15년. 위衛나라 성공 원년. 조나라를 북린에서 무찔렀다. 十五 衛聲公元年 敗趙北藺 신주 위성공 원년은 3년 앞으로 옮겨 375년이라는 견해도 있다.
	한韓	애후 5년 五
	조趙	성후 3년. 위衛나라를 쳐서 도회와 변두리 73곳을 빼앗았다. 위魏 나라가 북린에서 조나라를 무찔렀다. 三 伐衛 取都鄙七十三 魏敗我藺
	초楚	숙왕 9년 九
	연燕	연나라 환공 원년 燕桓公元年
	제齊	위왕 7년. 송나라 벽공 원년 七 宋辟公元年 색은 辟의 발음은 '벽壁'이다. 벽공의 이름은 벽병辟兵이고, 척성剔成을 낳 았다. 살피건대, 송나라 후대는 미약하여 군주가 죽어도 반드시 시호가 있지 않으며 벽병은 그 이름이고 척성이 그런 것과 같다. 辟音壁 辟公名辟兵 生剔成 案 宋後微弱 君薨未必有論 辟兵其名也 猶剔 成然也

		《기년》을 중심으로 각종 기록을 고찰하면, 이는 송나라 환후桓侯로 원년은 서기전 361년이다. 전임 휴공이 재위 23년이니 계산하면 서기전 361년이 원년이 된다.
서기전 **371**	주周	열왕 5년 五
	진秦	헌공 14년 十四
	위魏	무후 16년. 초나라를 쳐서 노양을 빼앗았다. 十六 伐楚 取魯陽
	한韓	애후 6년. 한엄이 그 군주를 죽였다. 六 韓嚴殺其君 신주 애후는 재위 3년(서기전 374)에 살해당했으며, 한의후는 그 해를 원년으로 삼았다는 견해도 있다.
	조趙	성후 4년 四
	초楚	숙왕 10년. 위나라가 노양을 빼앗았다. 十 魏取我魯陽
	연燕	환공 2년 二
	제齊	위왕 8년 八
서기전 **370**	주周	열왕 6년 六 집해 서광이 말했다. "제나라 위왕이 주나라에 조회했다." 徐廣曰 齊威王朝周 신주 서광이 '제나라 위왕'이라 한 것은 제나라 군주를 말한 것이다. 사마천 기록대로 이때를 제위왕 시절이라 여긴 탓이다.
	진秦	헌공 15년 十五

	위魏	혜왕 원년 惠王元年 **신주** 《기년》을 중심으로 각종 기록을 고찰하여 혜왕 원년을 서기전 369년 이라고도 한다.
	한韓	장후 원년 莊侯元年 **색은** 〈한세가〉에는 '의후'라 했고, 《세본》에는 없다. 系家作懿侯 系本無
	조趙	성후 5년. 견甄에서 제나라를 쳤다. 위魏나라가 회懷에서 조나라 를 무찔렀다. 五 伐齊于甄 魏敗我懷
	초楚	숙왕 11년 十一
	연燕	환공 3년 三
	제齊	위왕 9년. 조나라가 제나라의 견을 쳤다. 九 趙伐我甄
서기전 **369**	주周	열왕 7년 七
	진秦	헌공 16년. 백성에게 큰 질병이 돌았다. 일식이 있었다. 十六 民大疫 日蝕
	위魏	혜왕 2년. 마릉에서 한나라를 무찔렀다. 二 敗韓馬陵
	한韓	장후 2년. 위나라가 한나라를 마릉에서 무찔렀다. 二 魏敗我馬陵
	조趙	성후 6년. 위나라를 탁택에서 무찌르고 혜왕을 포위했다. 六 敗魏涿澤 圍惠王 **신주** 《사기지의》에는 〈위세가〉에 따라 1년 앞으로 옮겨야 한다고 하지만 혜왕 원년이 잘못된 것을 감안하면 조성후 6년이 맞다.

초楚	초나라 선왕 양부 원년 楚宣王良夫元年	
연燕	환공 4년 四	
제齊	위왕 10년. 송나라 척성 원년 十 宋剔成元年	
	▨신주▨ 이 해는 제환공 6년이고, 송척성 원년은 서기전 348년이라는 견해도 있다.	

서기전 **368**	주周	현왕 원년 顯王元年
		▨집해▨ 서광이 말했다. "계축년이다." 徐廣曰 癸丑
	진秦	헌공 17년. 역양에 황금비(단비甘雨)가 내려 4월부터 8월에 이르렀다. 十七 櫟陽雨金 四月至八月
	위魏	혜왕 3년. 제나라가 위나라 관觀을 쳤다. 三 齊伐我觀
	한韓	장후 3년 三
	조趙	성후 7년. 제나라를 침입하여 장성에 이르렀다. 七 侵齊 至長城
	초楚	선왕 2년 二
	연燕	환공 5년 五
	제齊	위왕 11년. 위나라를 쳐서 관진觀津을 빼앗았다. 조나라가 제나라 장성을 침입했다. 十一 伐魏取觀 趙侵我長城

서기전 **367**	주周	현왕 2년 二

진秦	헌공 18년 十八	
위魏	혜왕 4년 四	
한韓	장후 4년 四	
조趙	성후 8년 八	
초楚	선왕 3년 三	
연燕	환공 6년 六	
제齊	위왕 12년 十二	
서기전 **366**	주周	현왕 3년 三
	진秦	헌공 19년. 낙음에서 한나라와 위나라를 무찔렀다. 十九 敗韓魏洛陰
	위魏	혜왕 5년. 한나라와 택양에서 회합했다. 무도에 성을 쌓았다. 五 與韓會宅陽 城武都
	한韓	장후 5년 五
	조趙	성후 9년 九
	초楚	선왕 4년 四
	연燕	환공 7년 七

	제齊	위왕 13년 十三
서기전 **365**	주周	현왕 4년 四
	진秦	헌공 20년 二十
	위魏	혜왕 6년. 송나라를 쳐서 의대를 빼앗았다. 六 伐宋 取儀臺
	한韓	장후 6년 六
	조趙	성후 10년 十
	초楚	선왕 5년 五
	연燕	환공 8년 八
	제齊	위왕 14년 十四
서기전 **364**	주周	현왕 5년. 진나라를 축하했다. 五 賀秦
	진秦	헌공 21년. 장교가 진晉(위)과 석문에서 싸워 6만을 참수하자 천자가 하례했다. 二十一 章蟜與晉戰石門 斬首六萬 天子賀 집해 서광이 말했다. "일설에는 (장교를) '거기車騎'라고 한다." 徐廣曰 一云車騎 집해 서광이 말했다. "(석문을) 다른 판본에는 '아阿'라고 한다." 徐廣曰 一作阿
	위魏	혜왕 7년 七

한韓	장후 7년 七	
조趙	성후 11년 十一	
초楚	선왕 6년 六	
연燕	환공 9년 九	
제齊	위왕 15년 十五	
서기전 363	주周	현왕 6년 六
	진秦	헌공 22년 二十二
	위魏	혜왕 8년 八
	한韓	장후 8년 八
	조趙	성후 12년 十二
	초楚	선왕 7년 七
	연燕	환공 10년 十
	제齊	위왕 16년 十六
서기전 362	주周	현왕 7년 七

진秦	헌공 23년. 위나라와 소량에서 싸워 그 태자를 사로잡았다. 二十三 與魏戰少梁 虜其太子 　신주　〈진본기〉에는 장수 공손좌公孫座라고 한다.	
위魏	혜왕 9년. 진나라와 소량에서 싸웠는데 위나라 태자가 사로잡혔다. 九 與秦戰少梁 虜我太子	
한韓	장후 9년. 위나라가 회澮에서 한나라를 무찔렀다. 큰비가 석 달 동안 내렸다. 九 魏敗我于澮 大雨三月	
조趙	성후 13년. 위나라가 회에서 조나라를 무찔렀다. 十三 魏敗我于澮	
초楚	선왕 8년 八	
연燕	환공 11년 十一	
제齊	위왕 17년 十七	
서기전 **361**	주周	현왕 8년 八
	진秦	진나라 효공 원년. 혜성이 서방에 나타났다. 秦孝公元年 彗星見西方
	위魏	혜왕 10년. 조나라 피뢰를 빼앗았다. 위衞나라 성후 원년. 十 取趙皮牢 衞成侯元年 　신주　혜왕 기년이 1년씩 늦춰져야 하므로 혜왕 9년이 조성후 14년, 한소후 2년이고, 위성후 원년은 3년 앞당겨 서기전 364년이라는 견해도 있다.
	한韓	장후 10년 十
	조趙	성후 14년 十四

	초楚	선왕 9년 九
	연燕	연나라 문공 원년 燕文公元年 신주 이때부터 연나라(북연)의 군주와 기년이 확실해진다.
	제齊	위왕 18년 十八
서기전 **360**	주周	현왕 9년. 진나라에 제사지낸 고기를 보냈다. 九 致胙于秦 집해 서광이 말했다. "《기년》에 동주 혜공 걸이 죽었다고 한다." 徐廣曰 紀年東周惠公傑薨
	진秦	효공 2년. 천자가 제사지낸 고기를 보내다. 二 天子致胙
	위魏	혜왕 11년 十一
	한韓	장후 11년 十一
	조趙	성후 15년 十五
	초楚	선왕 10년 十
	연燕	문공 2년 二
	제齊	위왕 19년 十九
서기전 **359**	주周	현왕 10년 十

진秦	효공 3년 三	
위魏	혜왕 12년. 별이 낮에 떨어져 소리가 났다. 十二 星晝墮 有聲	
한韓	장후 12년 十二	
조趙	성후 16년 十六	
초楚	선왕 11년 十一	
연燕	문공 3년 三	
제齊	위왕 20년 二十	
서기전 **358**	주周	현왕 11년 十一
	진秦	효공 4년 四
	위魏	혜왕 13년 十三
	한韓	한나라 소후 원년. 진나라가 한나라를 서산에서 무찔렀다. 韓昭侯元年 秦敗我西山 **신주** 소후 원년 역시 4년 앞당겨진 것으로, 서기전 362년으로 보는 견해도 있다. 《기년》에는 희후釐侯라고 한다.
	조趙	성후 17년 十七
	초楚	선왕 12년 十二

연燕	문공 4년 四	
제齊	위왕 21년. 추기가 비파를 가지고 위왕을 만났다. 二十一 鄒忌以鼓琴見威王 **신주** 이 해가 위왕 원년이라고 보는 견해도 있다.	
서기전 357	주周	현왕 12년 十二
	진秦	효공 5년 五
	위魏	혜왕 14년. 조나라와 호에서 회합했다. 十四 與趙會鄗
	한韓	소후 2년. 송나라가 한나라 황지를 빼앗았다. 위나라가 한나라 주朱를 빼앗았다. 二 宋取我黃池 魏取我朱
	조趙	성후 18년. 조맹이 제나라로 갔다. 十八 趙孟如齊
	초楚	선왕 13년. 군윤 흑黑이 진나라에서 여자를 맞이했다. 十三 君尹黑迎女秦 **신주** 《사기지의》에는 군윤은 우윤右尹일 것이라고 했다.
	연燕	문공 5년 五
	제齊	위왕 22년. 추기를 봉하여 성후로 삼았다. 二十二 封鄒忌爲成侯
서기전 356	주周	현왕 13년 十三
	진秦	효공 6년 六

	위魏	혜왕 15년. 노·위·송·정 나라의 후侯가 왔다. 十五 魯衛宋鄭侯來 집해 서광이 말했다. "《기년》에 한편 '노나라 공후가 와서 조회했다. 한단(조나라) 성후가 연나라 성후와 평안읍에서 회합했다.'라고 한다." 徐廣曰 紀年一曰魯共侯來朝 邯鄲成侯會燕成侯平安邑 신주 현재 《고본죽서기년》에는 '平安邑'이 아니라 '於安邑'이라고 한다. 그리고 연나라 성후는 조나라 성후가 간섭되어 잘못된 것이라고 하며 문후文侯가 되어야 한다고 했다.
	한韓	소후 3년 三
	조趙	성후 19년. 연나라와 아阿에서 회합하였다. 제·송과 평륙에서 회합하였다. 十九 與燕會阿 與齊宋會平陸
	초楚	선왕 14년 十四
	연燕	문공 6년 六
	제齊	위왕 23년. 조나라와 평륙에서 회합하였다. 二十三 與趙會平陸
서기전 **355**	주周	현왕 14년 十四
	진秦	효공 7년. 위혜왕과 두평에서 회합하였다. 七 與魏王會杜平
	위魏	혜왕 16년. 진효공과 두평에서 회합하였다. 송나라 황지를 침입했는데 송나라가 다시 빼앗았다. 十六 與秦孝公會杜平 侵宋黃池 宋復取之
	한韓	소후 4년 四
	조趙	성후 20년 二十

	초楚	선왕 15년 十五
	연燕	문공 7년 七
	제齊	위왕 24년. 위나라와 교외에서 회합하여 사냥했다. 二十四 與魏會田於郊
서기전 **354**	주周	현왕 15년 十五
	진秦	효공 8년. 위나라와 원리에서 싸워 수급 7,000을 베고, 소량을 빼앗았다. 八 與魏戰元里 斬首七千 取少梁
	위魏	혜왕 17년. 진나라와 원리에서 싸웠는데 진나라가 소량을 빼앗았다. 十七 與秦戰元里 秦取我少梁
	한韓	소후 5년 五
	조趙	성후 21년. 위나라가 한단을 포위했다. 二十一 魏圍我邯鄲
	초楚	선왕 16년 十六
	연燕	문공 8년 八
	제齊	위왕 25년 二十五
서기전 **353**	주周	현왕 16년 十六
	진秦	효공 9년 九

	위魏	혜왕 18년. 한단이 항복했다. 제나라가 계릉에서 위나라를 무찔렀다. 十八 邯鄲降 齊敗我桂陵 신주 이때 한단은 조나라 도읍이었다. 하지만 옮긴 지 얼마 되지 않았고, 조나라는 아마 진양晉陽이나 대代로 옮겼을 것이다.
	한韓	소후 6년. 동주를 쳐서 능관과 늠구를 빼앗았다. 六 伐東周 取陵觀廩丘
	조趙	성후 22년. 위나라가 한단을 무너뜨렸다. 二十二 魏拔邯鄲
	초楚	선왕 17년 十七
	연燕	문공 9년 九
	제齊	위왕 26년. 위나라를 계릉에서 무찔렀다. 二十六 敗魏桂陵
서기전 **352**	주周	현왕 17년 十七
	진秦	효공 10년. 위衛나라 출신 공손앙이 대량조가 되어 안읍을 쳐서 항복시켰다. 十 衞公孫鞅爲大良造 伐安邑 降之 신주 이때 안읍은 위魏 도읍지다. 〈위세가〉에 혜왕 31년에 대량으로 옮긴다고 나온다. 혜왕이 대량으로 옮긴 시점에 대해 《기년》에는 《사기》와는 달리 혜왕 6년이라고 한다.
	위魏	혜왕 19년. 제후들이 양릉에서 위나라를 포위했다. 장성을 쌓고 고양을 막았다. 十九 諸侯圍我襄陵 築長城 塞固陽
	한韓	소후 7년 七
	조趙	성후 23년 二十三

초楚	선왕 18년. 노나라 강공 원년이다. 十八 魯康公元年	
	신주 〈노주공세가〉에는 노강공 원년은 서기전 354년이다.	
연燕	문공 10년 十	
제齊	위왕 27년 二十七	

서기전 **351**	주周	현왕 18년 十八
	진秦	효공 11년. 상새에 성을 쌓고 위앙이 (위나라) 고양을 포위해 항복시켰다. 十一 城商塞 衞鞅圍固陽 降之
	위魏	혜왕 20년. 조나라 한단 땅을 돌려주었다. 二十 歸趙邯鄲
	한韓	소후 8년. 신불해가 재상이 되었다. 八 申不害相
	조趙	성후 24년. 위나라가 한단을 돌려주자 위나라와 장수 강변에서 맹약했다. 二十四 魏歸邯鄲 與魏盟漳水上
	초楚	선왕 19년 十九
	연燕	문공 11년 十一
	제齊	위왕 28년 二十八

서기전 **350**	주周	현왕 19년 十九
	진秦	효공 12년. 처음으로 작은 읍들을 모아 31현을 만들어 현령을 두었다. 농지에 천맥(동서남북의 경계 길)을 열었다. 十二 初聚小邑爲三十一縣 令 爲田開阡陌

	위魏	혜왕 21년. 진나라와 동彤에서 만났다. 二十一 與秦遇彤 색은 동은 땅 이름이다. 상군商君에게 주었으며, 그는 동 땅에서 죽었다. 유씨는 '천맥도'라고 했는데 잘못이다. 彤 地名 賜商君 死彤地 劉氏云阡陌道 非也
	한韓	소후 9년 九
	조趙	성후 25년 二十五
	초楚	선왕 20년 二十
	연燕	문공 12년 十二
	제齊	위왕 29년 二十九
서기전 **349**	주周	현왕 20년 二十
	진秦	효공 13년. 처음으로 현을 만들고 질사를 두었다. 十三 初爲縣 有秩史
	위魏	혜왕 22년 二十二
	한韓	소후 10년. 한희가 그 군주 도공을 시해했다. 十 韓姬弑其君悼公 색은 희姬를 다른 판본에는 '이跠'라 썼고, 함께 '이怡'로 발음하며, 한나라 대부의 성명이다. 살피건대, 한나라에는 도공이 없어 상세히 알 수가 없다. 姬一作跠 同音怡 韓之大夫姓名 案 韓無悼公 所未詳也 신주 《사기지의》에 따르면, 이는 진晉 마지막 군주인 정공靜公일 것이라 한다. 한소후 원년이 4년 앞당겨져야 하므로 이 기사는 서기전 353년으로 옮 겨져야 한다는 견해도 있다.

	조趙	조나라 숙후 원년 趙肅侯元年 색은 이름은 '어語'이다. 名語
	초楚	선왕 21년 二十一
	연燕	문공 13년 十三
	제齊	위왕 30년 三十
서기전 **348**	주周	현왕 21년 二十一
	진秦	효공 14년. 처음으로 부(세금)를 부과했다. 十四 初爲賦
	위魏	혜왕 23년 二十三
	한韓	소후 11년. 소후가 진나라에 갔다. 十一 昭侯如秦
	조趙	숙후 2년 二
	초楚	선왕 22년 二十二
	연燕	문공 14년 十四
	제齊	위왕 31년 三十一
서기전 **347**	주周	현왕 22년 二十二

진秦	효공 15년 十五	
위魏	혜왕 24년 二十四	
한韓	소후 12년 十二	
조趙	숙후 3년. 공자 범范이 한단을 습격했으나 이기지 못하고 죽었다. 三 公子范襲邯鄲 不勝 死	
초楚	선왕 23년 二十三	
연燕	문공 15년 十五	
제齊	위왕 32년 三十二	
서기전 **346**	주周	현왕 23년 二十三
	진秦	효공 16년 十六
	위魏	혜왕 25년 二十五
	한韓	소후 13년 十三
	조趙	숙후 4년 四
	초楚	선왕 24년 二十四
	연燕	문공 16년 十六

	제齊	위왕 33년. 그 대부 모신을 죽였다. 三十三 殺其大夫牟辛
서기전 **345**	주周	현왕 24년 二十四
	진秦	효공 17년 十七
	위魏	혜왕 26년 二十六
	한韓	소후 14년 十四
	조趙	숙후 5년 五
	초楚	선왕 25년 二十五
	연燕	문공 17년 十七
	제齊	위왕 34년 三十四
서기전 **344**	주周	현왕 25년. 제후들이 회합했다. 二十五 諸侯會
	진秦	효공 18년 十八
	위魏	혜왕 27년. 단을 명회에 봉했다. 단은 위나라 대신이다. 二十七 丹封名會 丹 魏大臣
	한韓	소후 15년 十五
	조趙	숙후 6년 六

	초楚	선왕 26년 二十六
	연燕	문공 18년 十八
	제齊	위왕 35년. 전기가 제나라를 습격했으나 이기지 못했다. 三十五 田忌襲齊 不勝 신주 성후成侯 추기鄒忌에게 분노한 전기가 습격한 것인데 《사기지의》에는 망령된 것이라 했다. 《전국책》에 역시 전기가 왕과 추기를 피해 도망친 것만 나온다.
서기전 **343**	주周	현왕 26년. 진에게 백백(패자)의 칭호를 내렸다. 二十六 致伯秦
	진秦	효공 19년. 무성에 성을 쌓았다. 동방 모구牡丘를 따라 돌아왔다. 천자가 백백의 칭호를 내렸다. 十九 城武城 從東方牡丘來歸 天子致伯
	위魏	혜왕 28년 二十八
	한韓	소후 16년 十六
	조趙	숙후 7년 七
	초楚	선왕 27년. 노나라 경공 언 원년 二十七 魯景公偃元年 신주 〈노주공세가〉에서 노경공 원년은 서기전 345년이다.
	연燕	문공 19년 十九
	제齊	위왕 36년 三十六
서기전 **342**	주周	현왕 27년 二十七

진秦	효공 20년. 제후들이 하례를 다했다. 제후들을 봉택에서 만나 천자에게 알현했다. 二十 諸侯畢賀 會諸侯于澤 朝天子 집해 서광이 말했다. "《기년》에는 '봉택'이라 했다." 徐廣曰 紀年作逢澤	
위魏	혜왕 29년. 중산군中山君이 재상이 되었다. 二十九 中山君爲相	
한韓	소후 17년 十七	
조趙	숙후 8년 八	
초楚	선왕 28년 二十八	
연燕	문공 20년 二十	
제齊	제나라 선왕 벽강 원년 齊宣王辟彊元年	
서기전 341	주周	현왕 28년 二十八
	진秦	효공 21년. 말이 사람을 낳았다. 二十一 馬生人
	위魏	혜왕 30년. 제나라가 위나라 태자 신申을 사로잡고, 장군 방연을 죽였다. 三十 齊虜我太子申 殺將軍龐涓
	한韓	소후 18년 十八
	조趙	숙후 9년 九

초楚	선왕 29년 二十九	
연燕	문공 21년 二十一	
제齊	선왕 2년. 마릉에서 위나라를 무찔렀다. 전기·전영·전반이 장수가 되고, 손자가 군사軍師가 되었다. 二 敗魏馬陵 田忌田嬰田肦將 孫子爲師 집해 서광이 말했다. "〈초세가〉에 전반을 제나라 장수라 하지만, 〈제세가〉에는 전반을 설명하지 않았는데, 어느 곳에 이때 세 사람이 모두 출정했다고 했는가?" 徐廣曰 楚世家云田肦者 齊之將 而齊世家不說田肦 或者是時三人皆出征乎 신주 제나라를 강국으로 올린 유명한 마릉 전투다. 단 《기년》에는 이 싸움이 제위왕 14년과 위혜왕 28년이어서 혜왕 27년 12월부터 28년 초까지 이어진 것으로 나온다. 이 무렵부터 위나라가 약해지면서 3진晉의 주도권은 조나라로 넘어간다.	
서기전 **340**	주周	현왕 29년 二十九
	진秦	효공 22년. 대량조 상앙을 봉했다. 二十二 封大良造商鞅
	위魏	혜왕 31년. 진나라 상군이 쳐들어와서 공자 앙卬을 사로잡았다. 三十一 秦商君伐我 虜我公子卬
	한韓	소후 19년 十九
	조趙	숙후 10년 十
	초楚	선왕 30년 三十
	연燕	문공 22년 二十二

	제齊	선왕 3년. 조나라와 회합해서 위나라를 쳤다. 三 與趙會 伐魏
서기전 **339**	주周	현왕 30년 三十
	진秦	효공 23년. 진(위나라)과 안문에서 싸웠다. 二十三 與晉戰岸門 신주 〈진본기〉에는 효공 24년에 있다.
	위魏	혜왕 32년. 공자 혁을 태자로 삼았다. 三十二 公子赫爲太子
	한韓	소후 20년 二十
	조趙	숙후 11년 十一
	초楚	초나라 위왕 웅상 원년 楚威王熊商元年
	연燕	문공 23년 二十三
	제齊	선왕 4년 四
서기전 **338**	주周	현왕 31년 三十一
	진秦	효공 24년. 대려가 합양을 포위했다. 효공이 죽었다. 상군이 모반하다 동彤 땅에서 죽었다. 二十四 大荔圍合陽 孝公薨 商君反 死彤地
	위魏	혜왕 33년. 위앙이 위나라로 도망쳐 돌아왔지만 위나라는 두려워하여 받아들이지 않았다. 三十三 衞鞅亡歸我 我恐 弗內
	한韓	소후 21년 二十一

조趙	숙후 12년 十二	
초楚	위왕 2년 二	
연燕	문공 24년 二十四	
제齊	선왕 5년 五	
서기전 **337**	주周	현왕 32년 三十二
	진秦	진나라 혜문왕 원년. 초·한·조·촉 사람이 왔다. 秦惠文王元年 楚韓趙蜀人來
	위魏	혜왕 34년 三十四
	한韓	소후 22년. 신불해가 죽었다. 二十二 申不害卒
	조趙	숙후 13년 十三
	초楚	위왕 3년 三
	연燕	문공 25년 二十五
	제齊	선왕 6년 六
서기전 **336**	주周	현왕 33년. 진나라를 축하했다. 三十三 賀秦
	진秦	혜문왕 2년. 천자가 축하했다. 동전을 유통시켰다. 송나라 태구의 사社가 무너졌다. 二 天子賀 行錢 宋太丘社亡

		신주 《사기지의》에 따르면, 송나라 사가 무너진 일은 《한서》〈교사지〉에는 현왕 42년(서기전 327)에 나온다고 한다. 그리고 이 기사가 제표가 아닌 진표에 실린 것에 의문을 달고 있다.
	위魏	혜왕 35년. 맹자가 왔다. 혜왕이 국가를 이롭게 할 방법을 물었다. 맹자는 "군주께서는 이로움을 입에 담아서는 안 됩니다."라고 답했다. 三十五 孟子來 王問利國 對曰 君不可言利
	한韓	소후 23년 二十三
	조趙	숙후 14년 十四
	초楚	위왕 4년 四
	연燕	문공 26년 二十六
	제齊	선왕 7년. 위나라와 평아 남쪽에서 회합했다. 七 與魏會平阿南
서기전 **335**	주周	현왕 34년 三十四
	진秦	혜문왕 3년. 왕이 관례 의식을 했다. 한나라 의양을 빼앗았다. 三 王冠 拔韓宜陽
	위魏	혜왕 36년 三十六
	한韓	소후 24년. 진나라가 한나라 의양을 함락했다. 二十四 秦拔我宜陽 **신주** 〈진본기〉에는 무왕 4년(서기전 307)에 있다. 지리적으로도 진나라는 아직 한나라 의양을 공격할 위치에 있지 않았다.
	조趙	숙후 15년 十五

초楚	위왕 5년 五	
연燕	문공 27년 二十七	
제齊	선왕 8년. 위나라와 견에서 회합했다. 八 與魏會于甄	
서기전 **334**	주周	현왕 35년 三十五
	진秦	혜문왕 4년. 천자가 문왕과 무왕에게 제사지낸 고기를 보냈다. 위 부인이 왔다. 四 天子致文武胙 魏夫人來
	위魏	위나라 양왕 원년. 제후들과 서주에서 회합하고 서로 왕호를 사 용하기로 했다. 魏襄王元年 與諸侯會徐州 以相王
	한韓	소후 25년. 가뭄이 들었다. 고문을 만들었는데, (초나라) 굴의구가 말했다. "소후는 이 문으로 나가지 못할 것이다." 二十五 旱 作高門 屈宜臼曰 昭侯不出此門
	조趙	숙후 16년 十六
	초楚	위왕 6년 六
	연燕	문공 28년. 소진이 연나라에서 유세했다. 二十八 蘇秦說燕
	제齊	선왕 9년. 위나라와 서주에서 회합하고 제후가 서로 왕호를 사용 하기로 했다. 九 與魏會徐州 諸侯相王
서기전 **333**	주周	현왕 36년 三十六
	진秦	혜문왕 5년. 음진 사람 서수犀首가 대량조가 되었다. 五 陰晉人犀首爲大良造

	위魏	양왕 2년. 진나라가 조음에서 위나라를 무찔렀다. 二 秦敗我彫陰 신주 〈위세가〉에 양왕 5년(서기전 330)이라고 한다. 위나라는 이로써 하서지역을 거의 진나라에 뺏긴다. 혜왕 후5년이다.
	한韓	소후 26년. 고문이 완성되었는데 소후가 죽었기에 이 문으로 나가지 못했다. 二十六 高門成 昭侯卒 不出此門
	조趙	숙후 17년 十七
	초楚	위왕 7년. 제나라 군사를 서주에서 포위했다. 七 圍齊于徐州
	연燕	문공 29년 二十九
	제齊	선왕 10년. 초나라가 서주를 포위했다. 十 楚圍我徐州
서기전 **332**	주周	현왕 37년 三十七
	진秦	혜문왕 6년. 위나라가 음진을 바치고 화해하자 영진寧秦으로 고치라고 명했다. 六 魏以陰晉爲和 命曰寧秦 집해 서광이 말했다. "지금의 화음華陰이다." 徐廣曰 今之華陰
	위魏	양왕 3년. 조나라를 쳤다. 위衛나라 평후 원년 三 伐趙 衛平侯元年 신주 〈위강숙세가〉로 계산하면 위평후 원년은 서기전 335년이다.
	한韓	한나라 선혜왕 원년 韓宣惠王元年
	조趙	숙후 18년. 제와 위가 조나라를 치자 조나라는 하수를 터트려 그들을 물에 빠뜨렸다. 十八 齊魏伐我 我決河水浸之

초楚	위왕 8년 八	
연燕	연나라 역왕 원년 燕易王元年	
제齊	선왕 11년. 위나라와 함께 조나라를 쳤다. 十一 與魏伐趙	

서기전 **331**	주周	현왕 38년 三十八
	진秦	혜문왕 7년. 의거에서 내란이 일어나자, 서장 조操가 군사를 거느 리고 그들을 평정했다. 七 義渠內亂 庶長操將兵定之
	위魏	양왕 4년 四
	한韓	선혜왕 2년 二
	조趙	숙후 19년 十九
	초楚	위왕 9년 九
	연燕	역왕 2년 二
	제齊	선왕 12년 十二

서기전 **330**	주周	현왕 39년 三十九
	진秦	혜문왕 8년. 위나라가 하서 땅을 진나라에 바쳤다. 八 魏入河西地于秦
	위魏	양왕 5년. 하서 땅 소량을 진나라에 주었다. 진나라가 초와 곡옥 을 포위했다. 五 與秦河西地少梁 秦圍我焦曲沃

한韓	선혜왕 3년 三	
조趙	숙후 20년 二十	
초楚	위왕 10년 十	
연燕	역왕 3년 三	
제齊	선왕 13년 十三	
서기전 **329**	주周	현왕 40년 四十
	진秦	혜문왕 9년. 하수를 건너 분음과 피지를 빼앗았다. 초焦를 포위하 자 항복했다. 위나라와 응應 땅에서 회합했다. 九 度河 取汾陰皮氏 圍焦 降之 與魏會應
	위魏	양왕 6년. 진나라와 응에서 회합했다. 진나라가 분음과 피지를 빼 앗았다. 六 與秦會應 秦取汾陰皮氏
	한韓	선혜왕 4년 四
	조趙	숙후 21년 二十一
	초楚	위왕 11년. 위나라가 형산에서 초나라를 무찔렀다. 十一 魏敗我陘山
	연燕	역왕 4년 四
	제齊	선왕 14년 十四

서기전 **328**	주周	현왕 41년 四十一
	진秦	혜문왕 10년. 장의가 재상이 되었다. 공자 상桑이 포양을 포위하자 항복했다. 위나라가 상군을 바쳤다. 十 張儀相 公子桑圍蒲陽 降之魏納上郡
	위魏	양왕 7년. 진나라에 상군을 바쳤다. 七 入上郡于秦
	한韓	선혜왕 5년 五
	조趙	숙후 22년 二十二
	초楚	초나라 회왕 괴 원년 楚懷王槐元年
	연燕	역왕 5년 五
	제齊	선왕 15년. 송나라 군주 언 원년 十五 宋君偃元年 　신주　 송나라 마지막 군주다. 이 표에는 43년 재위하는 것으로 나오는데, 〈송미자세가〉에는 47년 재위했다고 하며 서기전 332년이 원년이 된다.
서기전 **327**	주周	현왕 42년 四十二
	진秦	혜문왕 11년. 의거 군주가 신하가 되었다. 위나라의 초와 곡옥을 돌려주었다. 十一 義渠君爲臣 歸魏焦曲沃
	위魏	양왕 8년. 진나라가 초와 곡옥을 돌려주었다. 八 秦歸我焦曲沃
	한韓	선혜왕 6년 六
	조趙	숙후 23년 二十三

초楚	회왕 2년 二	
연燕	역왕 6년 六	
제齊	선왕 16년 十六	

서기전 **326**	주周	현왕 43년 四十三
	진秦	혜문왕 12년. 처음 납회臘會를 했다. 용문에서 회합했다. 十二 初臘 會龍門
	위魏	양왕 9년 九
	한韓	선혜왕 7년 七
	조趙	숙후 24년 二十四
	초楚	회왕 3년 三
	연燕	역왕 7년 七
	제齊	선왕 17년 十七

서기전 **325**	주周	현왕 44년 四十四
	진秦	혜문왕 13년. 4월 무오일, 군주가 왕이라고 했다. 十三 四月戊午 君爲王 ■신주■ '군위왕君爲王'을 대부분의 판본에서 '魏君爲王'이라 하는데, 다음해 원년을 바꾼 걸로 보아 '魏'는 '秦'을 잘못 쓴 것으로 보인다.

위魏	양왕 10년 十	
한韓	선혜왕 8년. 위나라가 (한나라 장수) 한거를 무찔렀다. 八 魏敗我韓擧	
	신주 〈조세가〉에는 숙후 23년, 조나라 장수 한거가 전사했다고 하는데 무령왕 원년 기록을 잘못하여 숙후 시기로 기록한 것으로 보인다. 《기년》에도 위혜왕 후원 10년이라 한다. .	
조趙	조나라 무령왕 원년. 위나라가 (조나라 장수) 조호趙護를 무찔렀다. 趙武靈王元年 魏敗我趙護	
초楚	회왕 4년 四	
연燕	역왕 8년 八	
제齊	선왕 18년 十八	
서기전 **324**	주周	현왕 45년 四十五
	진秦	재상 장의가 군사를 거느리고 섬陝 땅을 빼앗았다. (왕호를 사용한 까닭에) 처음으로 원년을 바꾸었다. 相張儀將兵取陝 初更元年
	위魏	양왕 11년. 위衛나라 사군 원년 十一 衛嗣君元年
		신주 〈위강숙세가〉에 따라 계산하면 위사군 원년은 327년이다.
	한韓	선혜왕 9년 九
	조趙	무령왕 2년. 호部에 성을 쌓았다. 二 城部
		신주 〈조세가〉에는 3년에 있다.

초楚	회왕 5년 五	
연燕	역왕 9년 九	
제齊	선왕 19년 十九	
서기전 **323**	주周	현왕 46년 四十六
	진秦	혜문왕 2년. 재상 장의가 제·초와 설상齧桑에서 회합했다. 二 相張儀與齊楚會齧桑
	위魏	양왕 12년 十二
	한韓	선혜왕 10년. 군주가 왕호를 사용했다. 十 君爲王
	조趙	무령왕 3년 三
	초楚	회왕 6년. 위나라를 양릉에서 무찔렀다. 六 敗魏襄陵
	연燕	역왕 10년. 군주가 왕호를 사용했다. 十 君爲王
	제齊	제나라 민왕 지 원년 齊湣王地元年 신주 제위왕 34년이며 아직 후임 선왕宣王조차 즉위하지 않았다는 견해도 있다.
서기전 **322**	주周	현왕 47년 四十七
	진秦	혜문왕 3년. 장의가 재상에서 면직되었고 위나라에서 재상이 되었다. 三 張儀免相 相魏

	위魏	양왕 13년. 진나라가 곡옥을 빼앗았다. 평주의 여인이 장부가 되었다. 十三 秦取曲沃 平周女化爲丈夫
	한韓	선혜왕 11년 十一
	조趙	무령왕 4년. 한나라와 구서에서 회합했다. 四 與韓會區鼠
	초楚	회왕 7년 七
	연燕	역왕 11년 十一
	제齊	민왕 2년 二
서기전 **321**	주周	현왕 48년 四十八
	진秦	혜문왕 4년 四
	위魏	양왕 14년 十四
	한韓	선혜왕 12년 十二
	조趙	무령왕 5년. 한나라 여인을 취하여 부인으로 삼았다. 五 取韓女爲夫人
	초楚	회왕 8년 八
	연燕	역왕 12년 十二
	제齊	민왕 3년. 전영을 설에 봉했다. 三 封田嬰於薛

		전영은 맹상군 아버지다. 〈전경중완세가〉와 〈맹상군전〉에도 모두 민왕 3년이라 한다. 《기년》에는 위혜왕 후원 13년이라 하니 이 기록보다 1년 빠르다. 이를 따르면 위왕 36년이며 다음해에 위왕이 죽고 선왕이 잇는다. 따라서 선왕 원년을 319년으로 보는 견해도 있다.
서기전 **320**	주周	신정왕 원년 慎靚王元年 집해 서광이 말했다. "신축년이다." 徐廣曰 辛丑
	진秦	혜문왕 5년. 왕이 북쪽 융적 땅을 유람하고 하수 근처에 이르렀다. 五 王北遊戎地 至河上
	위魏	양왕 15년 十五
	한韓	선혜왕 13년 十三
	조趙	무령왕 6년 六
	초楚	회왕 9년 九
	연燕	연나라 왕 쾌 원년 燕王噲元年
	제齊	민왕 4년. 진나라에서 부인을 맞이했다. 四 迎婦于秦
서기전 **319**	주周	신정왕 2년 二
	진秦	혜문왕 6년 六
	위魏	양왕 16년 十六

한韓	선혜왕 14년. 진나라가 쳐들어와서 언鄢 땅을 빼앗았다. 十四 秦來擊我 取鄢	
조趙	무령왕 7년 七	
초楚	회왕 10년이다. 광릉에 성을 쌓았다. 十 城廣陵	
연燕	연왕 쾌 2년 二	
제齊	민왕 5년 五	

서기전 **318**	주周	신정왕 3년 三
	진秦	혜문왕 7년. 5개국이 연합해 진秦을 공격했으나 이기지 못하고 돌아갔다. 七 五國共擊秦 不勝而還
	위魏	위나라 애왕 원년. 진秦나라를 쳤으나 이기지 못했다. 魏哀王元年 擊秦不勝 　**신주** 양왕襄王 원년이 된다. 단 《기년》과 《세본》에는 애왕이 없는데, 〈위세가〉에는 기록되어 있다. 《기년》이 양왕에서 끝나므로 혹시 정말로 애왕이 있었을 수도 있다. 그렇다고 해도 애왕 재위 기간은 6~7년가량일 것이다. 《사기지의》에서는 양왕과 애왕이 같은 사람인데 사마천이 잘못하여 두 사람으로 나누었다고 논증하고 있다.
	한韓	선혜왕 15년. 진秦나라를 쳤으나 이기지 못했다. 十五 擊秦不勝
	조趙	무령왕 8년. 진秦나라를 쳤으나 이기지 못했다. 八 擊秦不勝
	초楚	회왕 11년. 진秦나라를 쳤으나 이기지 못했다. 十一 擊秦不勝
	연燕	연왕 쾌 3년. 진秦나라를 쳤으나 이기지 못했다. 三 擊秦不勝

	제齊	민왕 6년. 송나라 군주가 스스로 즉위하여 왕이 되었다. 六 宋自立爲王
		신주 〈송미자세가〉에는 군주 언이 스스로 왕이라고 명명한 것은 재위 11년 이라고 한다.
서기전 **317**	주周	신정왕 4년 四
	진秦	혜문왕 8년. 한·조와 싸워 수급 8만을 베었다. 장의가 다시 재상 이 되었다. 八 與韓趙戰 斬首八萬 張儀復相
	위魏	애왕 2년. 제나라가 관택에서 위나라를 무찔렀다. 二 齊敗我觀澤
	한韓	선혜왕 16년. 진나라가 수어 땅을 빼앗고 한나라 장군 신차申差 를 사로잡았다. 十六 秦敗我修魚 得將軍申差
		신주 〈진본기〉에는 이때 일이 모두 혜문왕 후원 7년에 있으나 〈조세가〉와 〈육국연표〉를 보면 이 해까지 전투가 이어진 것으로 보인다.
	조趙	무령왕 9년. 한·위와 진나라를 쳤다. 제나라가 관택에서 조나라 를 무찔렀다. 九 與韓魏擊秦 齊敗我觀澤
	초楚	회왕 12년 十二
	연燕	연왕 쾌 4년 四
	제齊	민왕 7년. 위·조를 관택에서 무찔렀다. 七 敗魏趙觀澤
서기전 **316**	주周	신정왕 5년 五
	진秦	혜문왕 9년. 촉을 공격하여 멸했다. 조나라 중도와 서양을 빼앗았다. 九 擊蜀 滅之 取趙中都西陽

위魏	애왕 3년 三	
한韓	선혜왕 17년 十七	
조趙	무령왕 10년. 진나라가 조나라의 중도와 서양을 빼앗았다. 十 秦取我中都西陽	
초楚	회왕 13년 十三	
연燕	연왕 쾌 5년. 군주가 그 신하 자지子之에게 국가를 양보하고 그 신하가 되었다. 五 君讓其臣子之國 顧爲臣	
제齊	민왕 8년 八	
서기전 315	주周	신정왕 6년 六
	진秦	혜문왕 10년 十
	위魏	애왕 4년 四
	한韓	선혜왕 18년 十八
	조趙	무령왕 11년. 진나라가 조나라 장군 영을 무찔렀다. 十一 秦敗我將軍英 **신주** 〈진본기〉에는 조나라 장군 니泥라고 했다.
	초楚	회왕 14년 十四
	연燕	연왕 쾌 6년 六

	제齊	민왕 9년 九

서기전 **314**	주周	주나라 난왕 원년 周赧王元年 집해 서광이 말했다. "정미년이다." 徐廣曰 丁未 색은 赧의 발음은 '난[尼簡反]'이다. 송충은 '난赧은 시호이다.'라고 했고, 황보밀은 이름을 '탄誕'이라고 했다. 赧音尼簡反 宋衷曰 赧 謚也皇甫謐云名誕也
	진秦	혜문왕 11년. 의거를 침입하여 25성을 얻었다. 十一 侵義渠 得二十五城 신주 〈진본기〉에는 의거를 침입한 것이 10년이라고 했다.
	위魏	애왕 5년. 진나라가 위나라 곡옥을 함락하고 그곳 사람들을 돌려보냈다. 안문에서 서수犀首(공손연公孫衍)를 쫓아냈다. 五 秦拔我曲沃 歸其人 走犀首岸門 신주 곡옥은 이미 8년 전에 빼앗겼으니, 〈진본기〉에는 초焦 땅이라고 했다. 안문에서 쫓겨난 것은 한韓나라다.
	한韓	선혜왕 19년 十九
	조趙	무령왕 12년. 十二 집해 서광이 말했다. "《기년》에는 연나라 공자 직職을 세웠다고 한다." 徐廣曰 紀年云立燕公子職
	초楚	회왕 15년. 노나라 평공 원년 十五 魯平公元年 신주 〈노주공세가〉에서는 노평공 원년이 316년이다.
	연燕	연왕 쾌 7년. 군주 쾌와 태자와 재상 자지子之가 모두 죽었다. 七 君噲及太子相子之皆死
	제齊	민왕 10년 十

서기전 **313**	주周	난왕 2년 二
	진秦	혜문왕 12년. 저리자가 인양蘭陽 땅을 쳐서 조나라 장수를 사로잡았다. 공자 유통繇通이 촉에 봉해졌다. 十二 樗里子擊蘭陽 虜趙將 公子繇通封蜀 색은 繇의 발음은 '유由'다. 진나라 공자다. 繇音由 秦之公子
	위魏	애왕 6년. 진나라가 와서 공자 정政을 세워 태자로 삼았다. 진왕과 임진에서 회합했다. 六 秦來立公子政爲太子 與秦王會臨晉
	한韓	선혜왕 20년 二十
	조趙	무령왕 13년. 진나라가 인蘭 땅을 함락하고 장수 조장을 포로로 잡았다. 十三 秦拔我蘭 虜將趙莊
	초楚	회왕 16년. 장의가 와서 재상이 되었다. 十六 張儀來相
	연燕	연왕 쾌 8년 八
	제齊	민왕 11년 十一
서기전 **312**	주周	난왕 3년 三
	진秦	혜문왕 13년. 서장 장章이 초나라를 쳐서 수급 8만을 베었다. 十三 庶長章擊楚 斬首八萬
	위魏	애왕 7년. 제나라를 쳐서 성자聲子를 복濮에서 사로잡았다. 진나라와 더불어 연나라를 쳤다. 七 擊齊 虜聲子於濮 與秦擊燕 신주 연나라를 쳤다는 기록이 〈진본기〉와 〈연소공세가〉에는 없다. 이때 한나라가 초나라를 치기 위해 진나라와 연합하는데 한나라에 들어가야

		할 내용이 위나라에 잘못 들어간 것으로 보인다. 거기에 더하여 진나라와 더불어 초나라를 쳤다는 내용이 진나라와 더불어 연나라를 친 것으로 기록된 것으로 보인다. 이 당시 연나라는 이미 약소국으로 전락한 상황으로 조나라 보호를 받고 있는 상태라서 두 강국 진나라와 위나라가 연합하여 연나라를 칠 까닭이 없을 것이다.
	한韓	선혜왕 21년. 한나라와 진나라가 초나라를 공격하여 (초나라 장수) 경좌를 포위했다. 二十一 我秦攻楚 圍景座
	조趙	무령왕 14년 十四
	초楚	회왕 17년. 진나라가 초나라 장수 굴개를 무찔렀다. 十七 秦敗我將屈匄 　색은　匄의 발음은 '개蓋'다. 초나라 대부다. 匄音蓋 楚大夫
	연燕	연왕 쾌 9년. 연나라 사람이 함께 공자 평平을 세웠다. 九 燕人共立公子平 　신주　연나라는 이미 제나라에 공격당해 국내 상황이 엉망이었다. 이때 조나라 무령왕이 한나라에서 연나라 공자 직職을 불러 연나라 군주로 삼으니 이 사람이 소왕이다. 《고본죽서기년집증》에 고증이 자세하며, 현대에 출토된 금문으로도 증명된다고 한다.
	제齊	민왕 12년 十二
서기전 **311**	주周	난왕 4년 四
	진秦	혜문왕 14년. 촉나라 재상이 촉후(유통繇通)를 죽였다. 十四 蜀相殺蜀侯
	위魏	애왕 8년. 위衛나라를 포위했다. 八 圍衛
	한韓	한나라 양왕 원년 韓襄王元年

	조趙	무령왕 15년 十五
	초楚	회왕 18년 十八
	연燕	연나라 소왕 원년 燕昭王元年
	제齊	민왕13년 十三
서기전 **310**	주周	난왕 5년 五
	진秦	진나라 무왕 원년. 촉상 장을 죽였다. 장의와 위장이 모두 위나라로 갔다. 秦武王元年 誅蜀相壯 張儀魏章皆出之魏
	위魏	애왕 9년. 진나라와 임진에서 회합했다. 九 與秦會臨晉
	한韓	양왕 2년 二
	조趙	무령왕 16년. 오광이 자신의 딸을 들여보냈다. 그녀가 아들 하何를 낳자 세워서 혜왕후로 삼았다. 十六 吳廣入女 生子何 立爲惠王后
	초楚	회왕 19년 十九
	연燕	소왕 2년 二
	제齊	민왕 14년 十四
서기전 **309**	주周	난왕 6년 六

진秦	무왕 2년. 처음으로 승상을 두었는데, 저리자와 감무가 승상이 되었다. 二 初置丞相 樗里子甘茂爲丞相	
위魏	애왕 10년. 장의가 죽었다. 十 張儀死	
한韓	양왕 3년 三	
조趙	무령왕 17년 十七	
초楚	회왕 20년 二十	
연燕	소왕 3년 三	
제齊	민왕 15년 十五	

서기전 **308**	주周	난왕 7년 七
	진秦	무왕 3년 三
	위魏	애왕 11년. 진나라와 응應에서 회합했다. 十一 與秦會應 집해 서광이 말했다. "영천 보성에 있다." 徐廣曰 在潁川父城
	한韓	양왕 4년. 진나라와 임진에서 회합했다. 진나라가 한나라 의양을 쳤다. 四 與秦會臨晉 秦擊我宜陽
	조趙	무령왕 18년 十八

초楚	회왕 21년 二十一	
연燕	소왕 4년 四	
제齊	민왕 16년 十六	
서기전 **307**	주周	난왕 8년 八
	진秦	무왕 4년. (한나라) 의양성을 빼앗고, 6만의 머리를 베었다. 하수를 건너 무수에 성을 쌓았다. 四 拔宜陽城 斬首六萬 涉河 城武遂 **신주** 의양은 낙양 서쪽 70km 지점의 요충지로 진나라가 이를 차지함으로써 함곡관에서 낙양에 이르는 길이 열렸다.
	위魏	애왕 12년. 태자가 진나라에 가서 조회했다. 十二 太子往朝秦
	한韓	양왕 5년. 진나라가 한나라 의양을 빼앗고, 6만의 머리를 베었다. 五 秦拔我宜陽 斬首六萬
	조趙	무령왕 19년. 처음으로 호복을 입었다. 十九 初胡服
	초楚	회왕 22년 二十二
	연燕	소왕 5년 五
	제齊	민왕 17년 十七
서기전 **306**	주周	난왕 9년 九
	진秦	진나라 소양왕 원년 秦昭襄王元年

	위魏	애왕 13년. 진나라가 피지를 쳤으나 함락하지 못하고 포위를 풀었다. 十三 秦擊皮氏 未拔而解
	한韓	양왕 6년. 진나라가 다시 한나라에게 무수를 주었다. 六 秦復與我武遂
	조趙	무령왕 20년 二十
	초楚	회왕 23년 二十三
	연燕	소왕 6년 六
	제齊	민왕 18년 十八
서기전 **305**	주周	난왕 10년 十
	진秦	소양왕 2년. 혜성이 나타났다. 상군이 난리를 일으키자 그를 죽였다. 二 彗星見 桑君爲亂 誅 신주 〈진본기〉에 서장 장壯이 난리를 일으켜 처형되고 혜왕후까지 죽었으며 무왕후는 위나라로 쫓겨났다고 했다. 《사기지의》에 따르면, 〈양후전〉에 위염이 난리를 일으킨 계군季君을 처형했으니 계군이 즉, 상군이고 여기서 글자가 변하여 '季'가 '桑'이 되었다고 했다.
	위魏	애왕 14년. 진나라 무왕후가 돌아왔다. 十四 秦武王后來歸
	한韓	양왕 7년 七
	조趙	무령왕 21년 二十一
	초楚	회왕 24년. 진나라 (사신이) 와서 부인을 맞이해 갔다. 二十四 秦來迎婦 신주 부인은 소양왕의 어머니를 말하며 초나라 여인이었다.

연燕	소왕 7년 七	
제齊	민왕 19년 十九	
서기전 **304**	주周	난왕 11년 十一
	진秦	소양왕 3년 三
	위魏	애왕 15년 十五
	한韓	양왕 8년 八
	조趙	무령왕 22년 二十二
	초楚	회왕 25년. 진왕과 황극에서 회합하자 진나라가 초나라 상용 땅을 돌려주었다. 二十五 與秦王會黃棘 秦復歸我上庸
	연燕	소왕 8년 八
	제齊	민왕 20년 二十
서기전 **303**	주周	난왕 12년 十二
	진秦	소양왕 4년. 혜성이 나타났다. 四 彗星見
	위魏	애왕 16년. 진나라가 포판과 진양 및 봉릉을 빼앗았다. 十六 秦拔我蒲坂晉陽封陵
	한韓	양왕 9년. 진나라가 무수를 빼앗았다. 九 秦取武遂

조趙	무령왕 23년 二十三	
초楚	회왕 26년. 태자가 진나라에 인질이 되었다. 二十六 太子質秦	
연燕	소왕 9년 九	
제齊	민왕 21년 二十一	
서기전 **302**	주周	난왕 13년 十三
	진秦	소양왕 5년. 위왕이 조현하러 왔다. 五 魏王來朝
	위魏	애왕 17년. 진나라와 임진에서 회합하자 포판 땅을 다시 돌려주었다. 十七 與秦會臨晉 復歸我蒲坂 ■신주■ 〈위세가〉 기록대로 위나라에 만약 애왕이 존재하고 양왕이 16년 재위했다면 이때가 애왕 원년이 된다.
	한韓	양왕 10년. 태자 영이 진왕과 임진에서 회합하고 함양까지 갔다가 돌아왔다. 十 太子嬰與秦王會臨晉 因至咸陽而歸
	조趙	무령왕 24년 二十四
	초楚	회왕 27년 二十七
	연燕	소왕 10년 十
	제齊	민왕 22년 二十二

서기전 **301**	주周	난왕 14년 十四
	진秦	소양왕 6년. 촉에서 반란이 일어나자 사마조가 가서 촉태수 휘를 죽이고 촉을 평정했다. 일식이 있어 낮이 어두웠다. 초나라를 쳤다. 六 蜀反 司馬錯往誅蜀守煇 定蜀 日蝕 晝晦 伐楚 신주 촉수는 촉후蜀侯이며, 〈진본기〉 색은 주석에는 《화양국지》를 인용하여 모함당해 자결했다고 한다.
	위魏	애왕 18년. 진나라와 함께 초나라를 쳤다. 十八 與秦擊楚
	한韓	양왕 11년. 진나라가 양穰 땅을 빼앗았다. 진나라와 더불어 초나라를 공격했다. 十一 秦取我穰 與秦擊楚
	조趙	무령왕 25년. 조나라가 중산을 공격했다. 혜후가 죽었다. 二十五 趙攻中山 惠后卒
	초楚	회왕 28년. 진·한·위·제가 초나라 장군 당매唐眜를 중구에서 무찔렀다. 二十八 秦韓魏齊敗我將軍唐眜於重丘
	연燕	소왕 11년 十一
	제齊	민왕 23년. 진나라와 더불어 초나라를 쳤는데, 공자 장將에게 시켰으며 큰 공을 세웠다. 二十三 與秦擊楚 使公子將 大有功
서기전 **300**	주周	난왕 15년 十五
	진秦	소양왕 7년. 저리질이 죽었다. 초나라를 쳐서 3만의 머리를 베었다. 위염이 승상이 되었다. 七 樗里疾卒 擊楚 斬首三萬 魏冄爲相 신주 〈진본기〉와 〈초세가〉에는 초나라를 정벌하고 벤 머리수는 2만이라 한다. 또 위염이 승상이 된 것은 소양왕 12년으로 나온다.

위魏	애왕 19년 十九	
한韓	양왕 12년 十二	
조趙	무령왕 26년 二十六	
초楚	회왕 29년. 진나라가 양성을 빼앗고 경결景缺을 죽였다. 二十九 秦取我襄城 殺景缺	
연燕	소왕 12년 十二	
제齊	민왕 24년. 진나라가 경양군을 인질로 보냈다. 二十四 秦使涇陽君來爲質	

서기전 **299**	주周	난왕 16년 十六
	진秦	소양왕 8년. 초왕이 왔는데 그를 억류했다. 八 楚王來 因留之
	위魏	애왕 20년. 제왕과 더불어 한나라에서 회합했다. 二十 與齊王會于韓
	한韓	양왕 13년. 제왕과 위왕이 왔다. 구咎를 세워 태자로 삼았다. 十三 齊魏王來 立咎爲太子
	조趙	무령왕 27년 二十七
	초楚	회왕 30년. 왕이 진나라로 들어갔다. 진나라가 초나라 8개 성을 빼앗았다. 三十 王入秦 秦取我八城 신주 〈진본기〉에는 소양왕 10년이라고 나온다.
	연燕	소왕 13년 十三

	제齊	민왕 25년. 경양군이 진나라로 다시 돌아갔다. 설의 전문田文(맹상군)이 진나라로 들어가 재상이 되었다. 二十五 涇陽君復歸秦 薛文入相秦 **신주** 전문(맹상군)이 승상이 된 것은 다음해로 나온다.
서기전 **298**	주周	난왕 17년 十七
	진秦	소양왕 9년 九
	위魏	애왕 21년. 제·한과 함께 함곡관에서 진秦나라를 쳤다. 하수와 위수가 하루 동안 끊어졌다. 二十一 與齊韓共擊秦于函谷 河渭絶一日
	한韓	양왕 14년. 제·위와 함께 진秦나라를 쳤다. 十四 與齊魏共擊秦
	조趙	조나라 혜문왕 원년. 공자 승勝을 재상으로 삼고 평원군으로 봉했다. 趙惠文王元年 以公子勝爲相 封平原君
	초楚	초나라 경양왕 원년. 진나라가 초나라 16개 성을 빼앗았다. 楚頃襄王元年 秦取我十六城
	연燕	소왕 14년 十四
	제齊	민왕 26년. 위·한과 함께 진秦나라를 쳤다. 맹상군이 제나라로 돌아와 재상이 되었다. 二十六 與魏韓共擊秦 孟嘗君歸相齊 **신주** 〈진본기〉에 맹상군이 파직된 것은 소양왕 10년이다.
서기전 **297**	주周	난왕 18년 十八
	진秦	소양왕 10년. 초회왕이 도망하여 조나라로 갔으나 조나라에서 받아들이지 않았다. 十 楚懷王亡之趙 趙弗內

위魏	애왕 22년 二十二	
한韓	양왕 15년 十五	
조趙	혜문왕 2년. 초회왕이 도망해 왔으나 받아들이지 않았다. 二 楚懷王亡來 弗內	
초楚	경양왕 2년 二	
연燕	소왕 15년 十五	
제齊	민왕 27년 二十七	

서기전 **296**	주周	난왕 19년 十九
	진秦	소양왕 11년. 혜성이 나타났다. 다시 위나라에 봉릉을 돌려주었다. 十一 彗星見 復與魏封陵
	위魏	애왕 23년 二十三
	한韓	양왕 16년. 제·위와 함께 진秦나라를 공격했다. 진나라가 무수 땅을 주고 화해했다. 十六 (與齊魏擊秦) 秦與我武遂和
	조趙	혜문왕 3년 三
	초楚	경양왕 3년. 회왕이 진나라에서 죽자 (영구가) 돌아와서 장례했다. 三 懷王卒于秦 來歸葬
	연燕	소왕 16년 十六
	제齊	민왕 28년 二十八

서기전 **295**	주周	난왕 20년 二十
	진秦	소양왕 12년. 누완이 면직되고 양후 위염이 승상이 되었다. 十二 樓緩免 穰侯魏冉爲丞相
	위魏	위나라 소왕 원년. 진나라 국위國尉 사마조가 와서 양성을 쳤다. 魏昭王元年 秦尉錯來擊我襄
	한韓	한나라 희왕 구 원년 韓釐王咎元年
	조趙	혜문왕 4년. 주부主父(무령왕)를 포위해 살해했다. 제·연과 함께 중산을 멸했다. 四 圍殺主父 與齊燕共滅中山 　**신주**　〈조세가〉에서 중산을 멸한 것은 3년이다.
	초楚	경양왕 4년. 노나라 문공 원년 四 魯文公元年 　**집해**　서광이 말했다. "다른 판본에는 문공을 '민공湣公'이라고 한다." 徐廣曰 一作湣 　**신주**　〈노주공세가〉에서 노문공 원년은 서기전 296년이다.
	연燕	소왕 17년 十七
	제齊	민왕 29년. 조나라를 도와 중산을 멸했다. 二十九 佐趙滅中山
서기전 **294**	주周	난왕 21년 二十一
	진秦	소양왕 13년. 임비가 한중의 군수가 되었다. 十三 任鄙爲漢中守
	위魏	소왕 2년. 진나라와 싸웠는데 위나라가 불리했다. 二 與秦戰 我不利
	한韓	희왕 2년 二

조趙	혜문왕 5년 五	
초楚	경양왕 5년 五	
연燕	소왕 18년 十八	
제齊	민왕 30년. 전갑이 왕을 겁박하자 재상 설薛의 전문田文(맹상군)이 달아났다. 三十 田甲劫王 相薛文走	
서기전 **293**	주周	난왕 22년 二十二
	진秦	소양왕 14년. 백기가 이궐을 공격해 적의 목을 벤 수가 24만에 달했다. 十四 白起擊伊闕 斬首二十四萬
	위魏	소왕 3년. 한나라를 도와 진나라를 공격했다. 진나라가 위나라 군사를 이궐에서 무찔렀다. 三 佐韓擊秦 秦敗我兵伊闕
	한韓	희왕 3년. 진나라가 한나라를 이궐에서 무찌르고 24만 명을 베었으며 장수 공손희公孫喜를 사로잡았다. 三 秦敗我伊闕 斬首二十四萬 虜將喜
	조趙	혜문왕 6년 六
	초楚	경양왕 6년 六
	연燕	소왕 19년 十九
	제齊	민왕 31년 三十一

서기전 **292**	주周	난왕 23년 二十三
	진秦	소양왕 15년. 위염이 승상에서 면직되었다. 十五 魏冄免相
	위魏	소왕 4년 四
	한韓	희왕 4년 四
	조趙	혜문왕 7년 七
	초楚	경양왕 7년. 진나라에서 부인을 맞이했다. 七 迎婦秦
	연燕	소왕 20년 二十
	제齊	민왕 32년 三十二
서기전 **291**	주周	난왕 24년 二十四
	진秦	소양왕 16년 十六
	위魏	소왕 5년 五
	한韓	희왕 5년. 진나라가 완성을 함락했다. 五 秦拔我宛城 **신주** 〈진본기〉에서는 소양왕 15년에 초나라 완성을 빼앗았다고 한다.
	조趙	혜문왕 8년 八
	초楚	경양왕 8년 八

연燕	소왕 21년 二十一	
제齊	민왕 33년 三十三	

서기전 **290**	주周	난왕 25년 二十五
	진秦	소양왕 17년. 위나라가 하동 땅 400리를 (진나라에) 바쳤다. 十七 魏入河東四百里
	위魏	소왕 6년. 망묘가 속임수로 중용되었다. 六 芒卯以詐見重
	한韓	희왕 6년. 무수 지방 200리를 진나라에 주었다. 六 與秦武遂地方二百里
	조趙	혜문왕 9년 九
	초楚	경양왕 9년 九
	연燕	소왕 22년 二十二
	제齊	민왕 34년 三十四

서기전 **289**	주周	난왕 26년 二十六
	진秦	소양왕 18년. 객경客卿 사마조가 위나라를 쳐서 지軹에 이르렀고 크고 작은 성 61곳을 빼앗았다. 十八 客卿錯擊魏 至軹 取城大小六十一 신주 〈진본기〉에서는 객경이 아니라 좌경左更으로 쓰고 있다. 《사기지의》에는 이때 주장이 백기白起이고 부장이 사마조라고 한다. 또 〈진본기〉에 소양왕 16년 사마조가 지를 빼앗았다고 기록하고 있다.

	위魏	소왕 7년. 진나라가 위나라를 쳐서 크고 작은 성 61곳을 빼앗았다. 七 秦擊我 取城大小六十一
	한韓	희왕 7년 七
	조趙	혜문왕 10년 十
	초楚	경양왕 10년 十
	연燕	소왕 23년 二十三
	제齊	민왕 35년 三十五
서기전 **288**	주周	난왕 27년 二十七
	진秦	소양왕 19년. 10월에 왕호를 제帝라 했으나 12월에 다시 왕이라 했다. 임비가 죽었다. 十九 十月爲帝 十二月復爲王 任鄙卒
	위魏	소왕 8년 八
	한韓	희왕 8년 八
	조趙	혜문왕 11년. 진나라가 계양을 함락했다. 十一 秦拔我桂陽 集解 서광이 말했다. "다른 판본에는 (계桂를) '경梗'이라 했다." 徐廣曰 一作梗
	초楚	경양왕 11년 十一
	연燕	소왕 24년 二十四

	제齊	민왕 36년. 두 달 동안 왕호를 동제라 했다가 다시 왕이라 했다. 三十六 爲東帝二月 復爲王
서기전 287	주周	난왕 28년 二十八
	진秦	소양왕 20년 二十
	위魏	소왕 9년. 진나라가 신원과 곡양의 성을 함락했다. 九 秦拔我新垣曲陽之城
	한韓	희왕 9년 九
	조趙	혜문왕 12년 十二
	초楚	경양왕 12년 十二
	연燕	소왕 25년 二十五
	제齊	민왕 37년 三十七
서기전 286	주周	난왕 29년 二十九
	진秦	소양왕 21년. 위나라가 안읍과 하내 땅을 바쳤다. 二十一 魏納安邑及河內 **신주** 이때 위나라가 바친 곳은 안읍 일대 하동이다. 하내는 아직 위나라 영토였다.
	위魏	소왕 10년. 송나라 왕이 온溫 땅에서 죽었다. 十 宋王死我溫
	한韓	희왕 10년. 진나라가 한나라 군대를 하산에서 무찔렀다. 十 秦敗我兵夏山

	조趙	혜문왕 13년 十三
	초楚	경양왕 13년 十三
	연燕	소왕 26년 二十六
	제齊	민왕 38년. 제나라가 송나라를 멸했다. 三十八 齊滅宋
서기전 **285**	주周	난왕 30년 三十
	진秦	소양왕 22년. 몽무가 제나라를 쳤다. 二十二 蒙武擊齊 신주 동쪽 제나라가 더 커지는 것을 방치할 수 없었던 진나라가 여러 나라와 모의하여 함께 친 것이다. 서쪽 진나라를 비롯하여 동쪽 제나라 압박을 걱정하던 중간의 나라들이 그에 넘어가 함께 제나라를 쳤다. 결과적으로 진나라만 더 키운 상황이 되었다.
	위魏	소왕 11년 十一
	한韓	희왕 11년 十一
	조趙	혜문왕 14년. 진나라와 중양에서 회합했다. 十四 與秦會中陽
	초楚	경양왕 14년. 진나라와 완에서 회합했다. 十四 與秦會宛
	연燕	소왕 27년 二十七
	제齊	민왕 39년. 진나라가 제나라의 연이어져 있는 9개 성을 함락했다. 三十九 秦拔我列城九

서기전 284	주周	난왕 31년 三十一
	진秦	소양왕 23년. 도위 사리斯離가 한韓·위魏·연燕·조趙와 더불어 제齊나라를 쳐서 깨뜨렸다. 二十三 尉斯離與韓魏燕趙共擊齊 破之
	위魏	소왕 12년. 진나라와 더불어 제나라 제수濟水의 서쪽을 쳤다. 진왕과 서주에서 회합했다. 十二 與秦擊齊濟西 與秦王會西周
	한韓	희왕 12년. 진나라와 더불어 제나라 제수의 서쪽을 쳤다. 진왕과 서주에서 회합했다. 十二 與秦擊齊濟西 與秦王會西周
	조趙	혜문왕 15년. 제나라 석양을 빼앗았다. 十五 取齊昔陽
	초楚	경양왕 15년. 제나라 회북을 빼앗았다. 十五 取齊淮北 **신주** 제나라가 멸망시킨 송나라 땅 대부분을 차지하게 된다.
	연燕	소왕 28년. 연나라는 진秦나라 및 삼진三晉과 함께 제나라를 쳤는데, 연나라가 단독으로 들어가 제나라 수도 임치에 이르렀고 그들의 보기寶器를 빼앗았다. 二十八 與秦三晉擊齊 燕獨入至臨菑 取其寶器 **신주** 임치는 제나라 도읍이다. 지금의 산동성 치박시 동북쪽이다.
	제齊	민왕 40년. 다섯 나라가 함께 민왕을 공격하자 왕은 거莒 땅으로 달아났다. 四十 五國共擊湣王 王走莒 **신주** 민왕 말년인 17년이다. 전년에 이어 벌어진 이 전쟁으로 동방의 강자였던 제나라가 몰락한다. 거莒는 지금의 산동성 거현이다.
서기전 283	주周	난왕 32년 三十二

진秦	소양왕 24년. 초나라와 양에서 회합했다. 二十四 與楚會穰	
위魏	소왕 13년. 진나라가 안성을 함락하고 군대가 대량에 이르렀다가 돌아갔다. 十三 秦拔我安城 兵至大梁而還	
	신주 〈진본기〉 주석에 안성을 여남군 안성이라 했으나 당시 그곳은 초나라 영토로 위나라와는 한참 멀다. 하내 어느 곳일 것이다.	
한韓	희왕 13년 十三	
조趙	혜문왕 16년 十六	
초楚	경양왕 16년. 진왕과 양에서 회합했다. 十六 與秦王會穰	
연燕	소왕 29년 二十九	
제齊	제나라 양왕 법장 원년 齊襄王法章元年	
서기전 **282**	주周	난왕 33년 三十三
	진秦	소양왕 25년 二十五
	위魏	소왕 14년. 홍수가 났다. 위衛나라 회군 원년 十四 大水 衛懷君元年
		신주 위회군 원년은 서기전 285년으로 보는 견해도 있다.
	한韓	희왕 14년. 동주와 서주 사이에서 진나라와 회합했다. 十四 與秦會兩周間
	조趙	혜문왕 17년. 진나라가 두 성을 함락했다. 十七 秦拔我兩城

초楚	경양왕 17년 十七	
연燕	소왕 30년 三十	
제齊	양왕 2년 二	
서기전 281	주周	난왕 34년 三十四
	진秦	소양왕 26년. 위염이 다시 승상이 되었다. 二十六 魏冄復爲丞相
	위魏	소왕 15년 十五
	한韓	희왕 15년 十五
	조趙	혜문왕 18년. 진나라가 석성을 함락했다. 十八 秦拔我石城
	초楚	경양왕 18년 十八
	연燕	소왕 31년 三十一
	제齊	양왕 3년 三
서기전 280	주周	난왕 35년 三十五
	진秦	소양왕 27년. 조나라를 쳐서 수급 3만을 베었다. 지진이 나서 성이 무너졌다. 二十七 擊趙 斬首三萬 地動 壞城
	위魏	소왕 16년 十六

한韓	희왕 16년 十六	
조趙	혜문왕 19년. 진나라가 조나라 군대를 무찌르고 수급 3만을 베었다. 十九 秦敗我軍 斬首三萬	
	신주 《사기지의》에 따르면 〈염파인상여전〉에는 2만이라 한다.	
초楚	경양왕 19년. 진秦나라가 초나라를 치자 한북漢北(한수 북쪽)과 상용 땅을 진나라에 주었다. 十九 秦擊我 與秦漢北及上庸地	
	신주 초나라는 서북쪽 땅을 거의 잃고 도읍이 진나라 공격권에 드는 위기를 맞는다.	
연燕	소왕 32년 三十二	
제齊	양왕 4년 四	
서기전 279	주周	난왕 36년 三十六
	진秦	소양왕 28년 二十八
	위魏	소왕 17년 十七
	한韓	희왕 17년 十七
	조趙	혜문왕 20년. 진나라와 민지에서 회합했는데 인상여가 따랐다. 二十 與秦會黽池 藺相如從
	초楚	경양왕 20년. 진나라가 언과 서릉을 함락했다. 二十 秦拔鄢西陵
	연燕	소왕 33년 三十三

	제齊	양왕 5년. 연나라 (장수) 기겁을 죽였다. 五 殺燕騎劫
서기전 **278**	주周	난왕 37년 三十七
	진秦	소양왕 29년. 백기가 초나라를 쳐서 영郢을 함락하고 다시 동쪽 으로 경릉에 이르렀으며 남군을 만들었다. 二十九 白起擊楚 拔郢 更東至竟陵 以爲南郡
	위魏	소왕 18년 十八
	한韓	희왕 18년 十八
	조趙	혜문왕 21년 二十一
	초楚	경양왕 21년. 진나라가 도읍 영을 함락하고 이릉을 불사르자 왕 은 도망쳐 진陳으로 달아났다. 二十一 秦拔我郢 燒夷陵 王亡走陳
	연燕	연나라 혜왕 원년 燕惠王元年
	제齊	양왕 6년 六
서기전 **277**	주周	난왕 38년 三十八
	진秦	소양왕 30년. 백기가 무안군에 봉해졌다. 三十 白起封爲武安君 신주 《사기지의》에는 〈진본기〉, 〈양후전〉, 〈백기전〉 모두 소양왕 29년이라 한다고 했다.
	위魏	소왕 19년 十九

한韓	희왕 19년 十九	
조趙	혜문왕 22년 二十二	
초楚	경양왕 22년. 진나라가 무와 검중을 함락했다. 二十二 秦拔我巫黔中	
연燕	혜왕 2년 二	
제齊	양왕 7년 七	
서기전 276	주周	난왕 39년 三十九
	진秦	소양왕 31년 三十一
	위魏	위나라 안희왕 원년. 진나라가 위나라의 두 성을 빼앗았다. 아우 공자 무기無忌를 봉해 신릉군으로 삼았다. 魏安釐王元年 秦拔我兩城 封弟公子無忌爲信陵君
	한韓	희왕 20년 二十
	조趙	혜문왕 23년 二十三
	초楚	경양왕 23년. 진나라가 함락시킨 장강 일대에서 진나라에 반역했다. 二十三 秦所拔我江旁反秦
	연燕	혜왕 3년 三
	제齊	양왕 8년 八

서기전 **275**	주周	난왕 40년 四十
	진秦	소양왕 32년 三十二
	위魏	안희왕 2년. 진나라가 두 성을 함락하고 대량성 아래에 진을 치자 한나라가 와서 구원했으며 진나라에 온溫 땅을 주고 화해했다. 二 秦拔我兩城 軍大梁下 韓來救 與秦溫以和
	한韓	희왕 21년. 포연이 위나라를 구원했다가 진나라에 패하여 개봉으 로 달아났다. 二十一 暴鳶救魏 爲秦所敗 走開封
	조趙	혜문왕 24년 二十四
	초楚	경양왕 24년 二十四
	연燕	혜왕 4년 四
	제齊	양왕 9년 九
서기전 **274**	주周	난왕 41년 四十一
	진秦	소양왕 33년 三十三
	위魏	안희왕 3년. 진나라가 4곳의 성을 함락하고 수급 4만을 베었다. 三 秦拔我四城 斬首四萬
	한韓	희왕 22년 二十二
	조趙	혜문왕 25년 二十五

초楚	경양왕 25년 二十五	
연燕	혜왕 5년 五	
제齊	양왕 10년 十	

서기전 **273**	주周	난왕 42년 四十二
	진秦	소양왕 34년. 백기가 위魏나라 화양華陽의 군대를 치자 망묘는 달아났으며 백기는 삼진三晉의 장수를 잡고 수급 15만을 베었다. 三十四 白起擊魏華陽軍 芒卯走 得三晉將 斬首十五萬 **신주** 전투 경과는 〈양후전〉과 〈백기전〉에 자세하게 나온다.
	위魏	안희왕 4년. 진나라에게 남양을 주고 화해했다. 四 與秦南陽以和 **신주** 한수 북쪽 남양군이 아니라 하내군 획가현 일대이다. 이 전투 결과, 한나라는 남북으로 거의 양분되고 위나라는 전성기에 비해 3분의 1로 줄어들게 되었다.
	한韓	희왕 23년 二十三
	조趙	혜문왕 26년 二十六
	초楚	경양왕 26년 二十六
	연燕	혜왕 6년 六
	제齊	양왕 11년 十一

서기전 272	주周	난왕 43년 四十三
	진秦	소양왕 35년 三十五
	위魏	안희왕 5년. 연나라를 쳤다. 五 擊燕
	한韓	한나라 환혜왕 원년 韓桓惠王元年
	조趙	혜문왕 27년 二十七
	초楚	경양왕 27년. 연나라를 쳤다. 노나라 경공 원년 二十七 擊燕 魯頃公元年
		 신주 〈노주공세가〉에서 노경공 원년은 서기전 271년이다. 《전국책》에 따르면 이때 연나라를 친 것은 제齊, 위魏, 한韓이다. 이때 오히려 초나라는 연나라를 도와 위나라를 쳤다. 〈초세가〉와 〈진본기〉 기록과는 다르다.
	연燕	혜왕 7년 七
	제齊	양왕 12년 十二
서기전 271	주周	난왕 44년 四十四
	진秦	소양왕 36년 三十六
	위魏	안희왕 6년 六
	한韓	환혜왕 2년 二
	조趙	혜문왕 28년. 인상여가 제나라를 공격하여 평읍에 이르렀다. 二十八 藺相如攻齊 至平邑

초楚	경양왕 28년 二十八	
연燕	연나라 무성왕 원년 燕武成王元年	
제齊	양왕 13년 十三	
서기전 **270**	주周	난왕 45년 四十五
	진秦	소양왕 37년 三十七
	위魏	안희왕 7년 七
	한韓	환혜왕 3년. 진나라가 알여성을 쳤으나 함락하지 못했다. 三 秦擊我關與城 不拔
	조趙	혜문왕 29년. 진나라가 한나라 알여를 공격했다. 조사趙奢가 장수가 되어 진나라를 쳐 크게 무찔러서 마복군이란 호칭을 내려주었다. 二十九 秦攻韓關與 趙奢將擊秦 大敗之 賜號曰馬服
	초楚	경양왕 29년 二十九
	연燕	무성왕 2년 二
	제齊	양왕 14년. 진·초가 강剛과 수壽에서 제나라를 쳤다. 十四 秦楚擊我剛壽 **신주** 〈진본기〉와 〈양후전〉에는 소양왕 36년이며 초나라는 덧붙여진 글자다.
서기전 **269**	주周	난왕 46년 四十六
	진秦	소양왕 38년 三十八

위魏	안희왕 8년 八	
한韓	환혜왕 4년 四	
조趙	혜문왕 30년 三十	
초楚	경양왕 30년 三十	
연燕	무성왕 3년 三	
제齊	양왕 15년 十五	
서기전 **268**	주周	난왕 47년 四十七
	진秦	소양왕 39년 三十九
	위魏	안희왕 9년. 진나라가 위나라 회성을 함락했다. 九 秦拔我懷城
	한韓	환혜왕 5년 五
	조趙	혜문왕 31년 三十一
	초楚	경양왕 31년 三十一
	연燕	무성왕 4년 四
	제齊	양왕 16년 十六

서기전 **267**	주周	난왕 48년 四十八
	진秦	소양왕 40년. 태자가 위나라에 인질로 있다가 죽자 돌아와 지양에 장례했다. 四十 太子質於魏者死 歸葬芷陽
	위魏	안희왕 10년 十
	한韓	환혜왕 6년 六
	조趙	혜문왕 32년 三十二
	초楚	경양왕 32년 三十二
	연燕	무성왕 5년 五
	제齊	양왕 17년 十七
서기전 **266**	주周	난왕 49년 四十九
	진秦	소양왕 41년 四十一
	위魏	안희왕 11년. 진나라가 늠구를 함락했다. 十一 秦拔我廩丘 [집해] 서광이 말했다. "어떤 곳에는 '형구邢丘'라 했다." 徐廣曰 或作邢丘 [신주] 〈위세가〉에는 처구鄌丘로 나온다.
	한韓	환혜왕 7년 七

조趙	혜문왕 33년 三十三	
초楚	경양왕 33년 三十三	
연燕	무성왕 6년 六	
제齊	양왕 18년 十八	

서기전 **265**	주周	난왕 50년 五十
	진秦	소양왕 42년. 선태후(소양왕 어머니)가 죽었다. 안국군이 태자가 되었다. 四十二 宣太后薨 安國君爲太子
	위魏	안희왕 12년 十二
	한韓	환혜왕 8년 八
	조趙	조나라 효성왕 원년. 진나라가 세 성을 함락했다. 평원군이 재상이 되었다. 趙孝成王元年 秦拔我三城 平原君相
	초楚	경양왕 34년 三十四
	연燕	무성왕 7년. 제나라 전단이 중양을 함락했다. 七 齊田單拔中陽 **신주** 《사기지의》에 따르면, 중양이 아니라 중인中人이며 〈연소공세가〉와 〈조세가〉에 모두 잘못하여 '중양'이라 썼다고 했다.
	제齊	양왕 19년 十九

서기전 **264**	주周	난왕 51년 五十一
	진秦	소양왕 43년 四十三
	위魏	안희왕 13년 十三
	한韓	환혜왕 9년. 진나라가 형陘 땅을 함락하고 분수汾水 주변에 성을 쌓았다. 九 秦拔我陘 城汾旁 **신주** 〈진본기〉에 따르면, 무안군 백기가 한나라 9개 성을 빼앗고 5만의 목을 베었다고 하니 이 전투를 가리킨다.
	조趙	효성왕 2년 二
	초楚	경양왕 35년 三十五
	연燕	무성왕 8년 八
	제齊	제나라 왕 건 원년 齊王建元年
서기전 **263**	주周	난왕 52년 五十二
	진秦	소양왕 44년. 한나라를 공격하여 남양을 빼앗았다. 四十四 攻韓 取南陽 **집해** 서광이 말했다. "다른 판본에는 '(남양)군'이라고 했다." 徐廣曰 一作郡 **신주** 한수 북쪽의 남양군이 아니라 원래 위나라 땅이었던 하내 획가현 일대다. 이쪽은 영토 부침이 심하였으며 한韓나라 남쪽 본토와 북쪽 상당을 연결하는 길목이다. 위나라 대신 한나라가 차지하고 있었다고 보인다. 진나라가 한나라 상당을 공격하기 위한 준비를 하는 과정이었고 그 대단원이 바로 장평 전투다.

위魏	안희왕 14년 十四	
한韓	환혜왕 10년. 진나라가 한나라 태행산 일대를 공격했다. 十 秦擊我太行	
조趙	효성왕 3년 三	
초楚	경양왕 36년 三十六	
연燕	무성왕 9년 九	
제齊	제왕 건 2년 二	

서기전 **262**	주周	난왕 53년 五十三
	진秦	소양왕 45년. 한나라를 공격하여 10개 성을 빼앗았다. 四十五 攻韓 取十城 　신주　이때 한나라 야왕野王을 점령하여 한나라 상당 땅은 완전히 남쪽 본토와 분리된다. 소양왕 43년부터 장평대전까지 이 일을 담당한 진秦나라 장수는 백기白起다.
	위魏	안희왕 15년 十五
	한韓	환혜왕 11년 十一
	조趙	효성왕 4년 四
	초楚	초나라 고열왕 원년. 진나라가 주州 땅을 빼앗았다. 황헐이 재상이 되었다. 楚考烈王元年 秦取我州 黃歇爲相
	연燕	무성왕 10년 十

	제齊	제왕 건 3년 三
서기전 **261**	주周	난왕 54년 五十四
	진秦	소양왕 46년. 왕이 남정으로 갔다. 四十六 王之南鄭
	위魏	안희왕 16년 十六
	한韓	환혜왕 12년 十二
	조趙	효성왕 5년. 염파로 하여금 장평에서 진나라 군사를 막게 했다. 五 使廉頗拒秦於長平 신주 〈진본기〉와 〈조세가〉 및 〈백기전〉과 〈염파전〉을 종합하면 4월에 진나라 왕흘王齕이 상당을 공격하고, 7월에 염파를 조괄로 교체했으며, 진나라는 다시 백기를 상장군으로 왕흘을 비장으로 하여 9월에 조군을 전멸시키고, 10월에 상당을 완전히 평정한다. 전국시대의 종말을 알리는 대전투가 이로써 끝난다.
	초楚	고열왕 2년 二
	연燕	무성왕 11년 十一
	제齊	제왕 건 4년 四
서기전 **260**	주周	난왕 55년 五十五
	진秦	소양왕 47년. 백기가 조나라를 장평에서 깨뜨리고 사졸 45만을 죽였다. 四十七 白起破趙長平 殺卒四十五萬
	위魏	안희왕 17년 十七

한韓	환혜왕 13년 十三	
조趙	효성왕 6년. 염파를 대신해 조괄을 장수로 삼았다. 백기가 조괄의 군사 45만을 깨뜨렸다. 六 使趙括代廉頗將 白起破括四十五萬	
초楚	고열왕 3년 三	
연燕	무성왕 12년 十二	
제齊	제왕 건 5년 五	
서기전 259	주周	난왕 56년 五十六
	진秦	소양왕 48년 四十八
	위魏	안희왕 18년 十八
	한韓	환혜왕 14년 十四
	조趙	효성왕 7년 七
	초楚	고열왕 4년 四
	연燕	무성왕 13년 十三
	제齊	제왕 건 6년 六
서기전 258	주周	난왕 57년 五十七

진秦	소양왕 49년 四十九	
위魏	안희왕 19년 十九	
한韓	환혜왕 15년 十五	
조趙	효성왕 8년 八	
초楚	고열왕 5년 五	
연燕	무성왕 14년 十四	
제齊	제왕 건 7년 七	
서기전 **257**	주周	난왕 58년 五十八
	진秦	소양왕 50년. 왕흘과 정안평이 한단을 포위했고 왕흘이 군대를 돌리면서 신중을 함락했다. 五十 王齕鄭安平圍邯鄲 及齕還軍 拔新中
	위魏	안희왕 20년. 공자 무기가 한단을 구원하자 진나라 군대가 포위 를 풀고 떠났다. 二十 公子無忌救邯鄲 秦兵解去
	한韓	환혜왕 16년 十六
	조趙	효성왕 9년. 진나라가 한단을 포위하자 초나라와 위나라가 구원 했다. 九 秦圍我邯鄲 楚魏救我
	초楚	고열왕 6년. 춘신군이 조나라를 구원했다. 六 春申君救趙

	연燕	연나라 효왕 원년 燕孝王元年
	제齊	제왕 건 8년 八
서기전 256	주周	난왕 59년. 난왕이 죽었다. 五十九 赧王卒 집해 서광이 말했다. "을사년이다." 徐廣曰 乙巳
	진秦	소양왕 51년 五十一
	위魏	안희왕 21년. 한·위·초가 조나라 신중 땅을 구원하자 진나라 군대가 물러갔다. 二十一 韓魏楚救趙新中 秦兵罷
	한韓	환혜왕 17년. 진나라가 한나라 양성陽城을 쳤고 한나라는 조나라 신중을 구원했다. 十七 秦擊我陽城 救趙新中
	조趙	효성왕 10년 十
	초楚	고열왕 7년. 조나라 신중을 구원했다. 七 救趙新中
	연燕	효왕 2년 二
	제齊	제왕 건 9년 九
서기전 255	주周	
	진秦	소양왕 52년. 서주를 빼앗았다. 왕계가 기시형을 당했다. 五十二 取西周 王稽棄市 집해 서광이 말했다. "병오년이다."

		徐廣曰 丙午 신주 〈주본기〉에 따르면, 진나라는 서주공을 탄호憚狐로 옮긴다. 서주가 망한 것은 소양왕 51년이라고도 한다.
	위魏	안희왕 22년 二十二
	한韓	환혜왕 18년 十八
	조趙	효성왕 11년 十一
	초楚	고열왕 8년. 노나라를 빼앗고 노나라 군주를 거莒에 봉했다. 八 取魯 魯君封於莒 신주 〈노주공세가〉에는 노경공 19년(서기전 253)에 노나라 서주를 빼앗았다고 나온다.
	연燕	효왕 3년 三
	제齊	제왕 건 10년 十
서기전 **254**	주周	
	진秦	소양왕 53년 五十三
	위魏	안희왕 23년 二十三
	한韓	환혜왕 19년 十九
	조趙	효성왕 12년 十二
	초楚	고열왕 9년 九

	연燕	연나라 왕 희 원년 燕王喜元年
	제齊	제왕 건 11년 十一
서기전 **253**	주周	
	진秦	소양왕 54년 五十四
	위魏	안희왕 24년 二十四
	한韓	환혜왕 20년 二十
	조趙	효성왕 13년 十三
	초楚	고열왕 10년. 거양으로 천도했다. 十 徙於鉅陽 신주 거양 천도는 오직 이 표에만 있다.
	연燕	연왕 희 2년 二
	제齊	제왕 건 12년 十二
서기전 **252**	주周	
	진秦	소양왕 55년 五十五
	위魏	안희왕 25년. 위衛나라 원군 원년 二十五 衛元君元年 신주 위원군 원년은 서기전 254년이다. 재위 25년에 위魏에 조회했다가 살해 당한다.

한韓	환혜왕 21년 二十一	
조趙	효성왕 14년 十四	
초楚	고열왕 11년 十一	
연燕	연왕 희 3년 三	
제齊	제왕 건 13년 十三	
서기전 **251**	주周	
	진秦	소양왕 56년 五十六
	위魏	안희왕 26년 二十六
	한韓	환혜왕 22년 二十二
	조趙	효성왕 15년. 평원군이 죽었다. 十五 平原君卒
	초楚	고열왕 12년. 주국 경백이 죽었다. 十二 柱國景伯死
	연燕	연왕 희 4년. 조나라를 치자 조나라가 연나라 군사를 깨뜨리고 장군 율복을 죽였다. 四 伐趙 趙破我軍 殺栗腹 색은 이 사람의 성은 자이며 연나라 재상이다. 人姓字 燕相也
	제齊	제왕 건 14년 十四

서기전 250	주周	
	진秦	진나라 효문왕 원년 秦孝文王元年 집해 서광이 말했다. "신해년이다. 효문왕후는 화양후이고 장양왕 자초를 낳은 어머니는 하태후이다." 徐廣曰 辛亥 文王后曰華陽后 生莊襄王子楚 母曰夏太后
	위魏	안희왕 27년 二十七
	한韓	환혜왕 23년 二十三
	조趙	효성왕 16년 十六
	초楚	고열왕 13년 十三
	연燕	연왕 희 5년 五
	제齊	제왕 건 15년 十五
서기전 249	주周	
	진秦	진나라 장양왕 초 원년. 몽오가 성고와 형양을 빼앗고 처음으로 삼천군을 두었다. 여불위가 재상이 되었다. 동주東周를 빼앗았다. 秦莊襄王楚元年 蒙驁取成皋滎陽 初置三川郡 呂不韋相取東周 집해 서광이 말했다. "임자년이다." 徐廣曰 壬子 신주 〈진본기〉에 따르면, 진나라는 동주공을 양인陽人으로 옮겨 주나라 제사를 잇게 했다. 한나라는 하남 땅을 잃고 영천군 일대로 옮기게 된다.
	위魏	안희왕 28년 二十八

	한韓	환혜왕 24년. 진나라가 성고와 형양을 함락했다. 二十四 秦拔我成皋滎陽
	조趙	효성왕 17년 十七
	초楚	고열왕 14년. 초나라가 노나라를 멸하자 경공은 변읍卞邑으로 도 망가 서민이 되었으며 제사도 끊어졌다. 十四 楚滅魯 頃公遷卞 爲家人 絶祀 신주 〈노주공세가〉에는 이전 해인 노경공 24년(서기전 250)에 노나라가 완 전히 망했다고 나온다.
	연燕	연왕 희 6년 六
	제齊	제왕 건 16년 十六
서기전 **248**	주周	
	진秦	장양왕 2년. 몽오가 조나라 유차와 신성 및 낭맹을 쳐서 37성을 얻었다. 일식이 있었다. 二 蒙驁擊趙榆次新城狼孟 得三十七城 日蝕 신주 〈진본기〉에서는 이 사건은 장양왕 3년이고 이때는 태원太原을 평정 했다고 한다.
	위魏	안희왕 29년 二十九
	한韓	환혜왕 25년 二十五
	조趙	효성왕 18년 十八
	초楚	고열왕 15년. 춘신군이 오吳로 옮겨 봉해졌다. 十五 春申君徙封於吳
	연燕	연왕 희 7년 七

	제齊	제왕 건 17년 十七
서기전 **247**	주周	
	진秦	장양왕 3년. 왕기王齮가 상당을 쳤다. 처음으로 태원군을 두었다. 위나라 공자 무기가 5국의 군사를 거느리고 하수 바깥에서 진나라 군대를 물리치자 몽오가 포위를 풀고 떠났다. 三 王齮擊上黨 初置太原郡 魏公子無忌率五國卻我軍河外 蒙驁解去 [집해] 서광이 말했다. "왕기는 다른 판본에서는 '왕흘王齕'이라 한다." 徐廣曰 齮 一作齕
	위魏	안희왕 30년. 무기가 5국의 군대를 거느리고 진나라 군대를 하수 바깥에서 무찔렀다. 三十 無忌率五國兵敗秦軍河外 [신주] 〈진본기〉에 왕흘이 상당을 치고 5국 군대가 진나라를 친 것은 장양왕 4년이라 한다.
	한韓	환혜왕 26년. 진나라가 상당上黨을 함락했다. 二十六 秦拔我上黨
	조趙	효성왕 19년 十九
	초楚	고열왕 16년 十六
	연燕	연왕 희 8년 八
	제齊	제왕 건 18년 十八
서기전 **246**	진秦	시황제 원년. 진양을 쳐서 빼앗고 정국거鄭國渠를 만들었다. 始皇帝元年 擊取晉陽 作鄭國渠 [집해] 서광이 말했다. "을묘년이다." 徐廣曰 乙卯

		신주 〈진본기〉에는 진양의 반란을 몽오를 보내 진압했다고 하는데 시황제는 6국을 통일한 서기전 221년 이후에 칭했으므로 진왕秦王 정政이 맞다고 봐야 할 것이다.	
	위魏	안희왕 31년 三十一	
	한韓	환혜왕 27년 二十七	
	조趙	효성왕 20년. 진나라가 진양을 빼앗았다. 二十 秦拔我晉陽	
	초楚	고열왕 17년 十七	
	연燕	연왕 희 9년 九	
	제齊	제왕 건 19년 十九	
서기전 **245**	진秦	시황제 2년 二	
	위魏	안희왕 32년 三十二	
	한韓	환혜왕 28년 二十八	
	조趙	효성왕 21년 二十一	
	초楚	고열왕 18년 十八	
	연燕	연왕 희 10년 十	
	제齊	제왕 건 20년 二十	

서기전 **244**	진秦	시황제 3년. 몽오가 한나라를 쳐서 13개 성을 빼앗았다. 왕기가 죽었다. 三 蒙驁擊韓 取十三城 王齮死
	위魏	안희왕 33년 三十三
	한韓	환혜왕 29년. 진나라가 한나라 13개 성을 함락했다. 二十九 秦拔我十三城 **신주** 이때 한나라는 하남지방을 완전히 잃고 영천군과 남양군 북부 일부만 남았다.
	조趙	조나라 도양왕 언 원년 趙悼襄王偃元年
	초楚	고열왕 19년 十九
	연燕	연왕 희 11년 十一
	제齊	제왕 건 21년 二十一
서기전 **243**	진秦	시황제 4년. 7월에 황충(메뚜기)이 천하에 창궐했다. 백성이 곡식 1천 석을 바치면, 작위를 1등급씩 내렸다. 四 七月 蝗蔽天下 百姓納粟千石 拜爵一級
	위魏	안희왕 34년. 신릉군이 죽었다. 三十四 信陵君死
	한韓	환혜왕 30년 三十
	조趙	도양왕 2년. 태자가 진나라에 인질이 되었다가 돌아왔다. 二 太子從質秦歸 **신주** 〈조세가〉에는 춘평군春平君이라고 했다.
	초楚	고열왕 20년 二十

	연燕	연왕 희 12년. 조나라가 연나라의 무수와 방성을 함락했다. 十二 趙拔我武遂方城
	제齊	제왕 건 22년 二十二
서기전 **242**	진秦	시황제 5년. 몽오가 위나라 산조 등 20개 성을 빼앗았다. 처음으로 동군東郡을 설치했다. 五 蒙驁取魏酸棗二十城 初置東郡
	위魏	위나라 경민왕 원년. 진나라가 위나라 20개 성을 함락했다. 魏景湣王元年 秦拔我二十城
	한韓	환혜왕 31년 三十一
	조趙	도양왕 3년. 조나라 재상과 위나라 재상이 가柯에서 모여 맹약했다. 三 趙相魏相會柯 盟
	초楚	고열왕 21년 二十一
	연燕	연왕 희 13년. 극신이 조나라에서 죽었다. 十三 劇辛死於趙
	제齊	제왕 건 23년 二十三
서기전 **241**	진秦	시황제 6년. 다섯 나라가 함께 진나라를 공격했다. 六 五國共擊秦
	위魏	경민왕 2년. 진나라가 위나라 조가를 함락했다. 위衛가 복양에서 야왕野王으로 옮겼다. 二 秦拔我朝歌 衛從濮陽徙野王
	한韓	환혜왕 32년 三十二
	조趙	도양왕 4년 四

초楚	고열왕 22년. 왕이 동쪽 수춘壽春으로 옮기고, (옛 수도 이름을 따라) 영郢이라 부르라고 명했다. 二十二 王東徙壽春 命曰郢	
연燕	연왕 희 14년 十四	
제齊	제왕 건 24년 二十四	

서기전 **240**	진秦	시황제 7년. 혜성이 북방과 서방에 나타났다. 하태후(진시황의 할머니)가 죽었다. 몽오가 죽었다. 七 彗星見北方西方 夏太后薨 蒙驁死
	위魏	경민왕 3년. 진나라가 급汲 땅을 함락했다. 三 秦拔我汲
	한韓	환혜왕 33년 三十三
	조趙	도양왕 5년 五
	초楚	고열왕 23년 二十三
	연燕	연왕 희 15년 十五
	제齊	제왕 건 25년 二十五

서기전 **239**	진秦	시황제 8년. 노애를 장신후로 봉했다. 八 嫪毒封長信侯
	위魏	경민왕 4년 四
	한韓	환혜왕 34년 三十四

	조趙	도양왕 6년 六
	초楚	고열왕 24년 二十四
	연燕	연왕 희 16년 十六
	제齊	제왕 건 26년 二十六
서기전 **238**	진秦	시황제 9년. 혜성이 나타나서 하늘에 가득 찼다. 노애가 난리를 일으키자 그 수하 사람들을 촉으로 옮겼다. 혜성이 다시 나타났다. 九 彗星見 竟天 嫪毒爲亂 遷其舍人于蜀 彗星復見
	위魏	경민왕 5년. 진나라가 위나라의 원과 포양과 연을 함락했다. 五 秦拔我垣蒲陽衍 신주 《사기지의》에 따르면, 이때 진나라가 친 곳은 포양 한 곳이며 나머지는 덧붙여진 글자라고 한다.
	한韓	한왕 안 원년 韓王安元年
	조趙	도양왕 7년 七
	초楚	고열왕 25년. 이원이 춘신군을 죽였다. 二十五 李園殺春申君
	연燕	연왕 희 17년 十七
	제齊	제왕 건 27년 二十七
서기전 **237**	진秦	시황제 10년. 상국 여불위가 면직되었다. 제나라와 조나라 사신이 와서 주연을 베풀었다. 태후가 함양으로 들어왔다. (유세객들을 쫓아내기 위해) 대대적으로 수색했다. 十 相國呂不韋免 齊趙來 置酒 太后入咸陽 大索

위魏	경민왕 6년 六	
한韓	한왕 안 2년 二	
조趙	도양왕 8년. 사신이 진나라로 들어가자 주연을 열어주었다. 八 入秦 置酒	
초楚	초나라 유왕 도 원년 楚幽王悼元年	
연燕	연왕 희 18년 十八	
제齊	제왕 건 28년. 사신이 진나라로 들어가자 주연을 열어주었다. 二十八 入秦置酒	
서기전 **236**	진秦	시황제 11년. 여불위가 하남으로 갔다. 왕전이 업鄴과 알여閼與를 치고 9개 성을 빼앗았다. 十一 呂不韋之河南 王翦擊鄴閼與 取九城
	위魏	경민왕 7년 七
	한韓	한왕 안 3년 三
	조趙	도양왕 9년. 진나라가 알여와 업을 함락하고 9개 성을 빼앗았다. 九 秦拔我閼與鄴 取九城
	초楚	유왕 2년 二
	연燕	연왕 희 19년 十九
	제齊	제왕 건 29년 二十九

서기전 235	진秦	시황제 12년. 4개 군郡 병력을 일으켜 위나라를 도와 초나라를 쳤다. 여불위가 죽었다. 다시 노애의 수하들을 촉으로 옮겼다. 十二 發四郡兵助魏擊楚 呂不韋卒 復嫪毐舍人遷蜀者
	위魏	경민왕 8년. 진나라가 위나라를 도와 초나라를 쳤다. 八 秦助我擊楚
	한韓	한왕 안 4년 四
	조趙	조왕 천 원년 趙王遷元年 집해 서광이 말했다. "유민왕 원년이다." 徐廣曰 幽愍元年 신주 〈조세가〉에는 유무왕幽繆王이라 했다.
	초楚	유왕 3년. 진·위가 초나라를 쳤다. 三 秦魏擊我
	연燕	연왕 희 20년 二十
	제齊	제왕 건 30년 三十
서기전 234	진秦	시황제 13년. 환의가 평양平陽을 쳐서 조나라 호첩扈輒을 죽이고 수급 10만을 베었으며 이어 동쪽으로 진격하자 조왕이 하수 남쪽으로 갔다. 혜성이 나타났다. 十三 桓齮擊平陽 殺趙扈輒 斬首十萬 因東擊 趙王之河南 彗星見
	위魏	경민왕 9년 九
	한韓	한왕 안 5년 五
	조趙	조왕 천 2년. 진나라가 평양을 함락하고 호첩을 무찔렀으며 수급 10만을 베었다. 二 秦拔我平陽 敗扈輒 斬首十萬

		색은 호첩은 조나라 장수다. 한漢나라에는 또 다른 호첩이 있다. 扈輒 趙將 漢別有扈輒也
	초楚	유왕 4년 四
	연燕	연왕 희 21년 二十一
	제齊	제왕 건 31년 三十一
서기전 **233**	진秦	시황제 14년. 환의가 평양과 무성과 의안을 평정했다. 한나라에서 한비韓非를 보내왔는데 한비를 죽였다. 한왕이 신하가 될 것을 청 했다. 十四 桓齮定平陽武城宜安 韓使非來 我殺非 韓王請爲臣
	위魏	경민왕 10년 十
	한韓	한왕 안 6년 六
	조趙	조왕 천 3년. 진나라가 의안을 함락했다. 三 秦拔我宜安
	초楚	유왕 5년 五
	연燕	연왕 희 22년 二十二
	제齊	제왕 건 32년 三十二
서기전 **232**	진秦	시황제 15년. 군대를 일으켜 업鄴에 이르렀다. 군대가 태원太原에 이르렀다. 낭맹을 빼앗았다. 十五 興軍至鄴 軍至太原 取狼孟
	위魏	경민왕 11년 十一

	한韓	한왕 안 7년 七
	조趙	조왕 천 4년. 진나라가 낭맹과 파오를 빼앗고 업鄴에 주둔했다. 四 秦拔我狼孟鄱吾 軍鄴
		색은 鄱의 발음은 '파婆'이고 또 발음은 '반盤'이며, 현 이름으로 상산군에 있다. 鄱音婆 又音盤 縣名 在常山
	초楚	유왕 6년 六
	연燕	연왕 희 23년. 태자 단이 진나라에 인질로 있다가 도망쳐서 돌아왔다. 二十三 太子丹質於秦 亡來歸
	제齊	제왕 건 33년 三十三
서기전 **231**	진秦	시황제 16년. 여읍을 설치했다. 사졸들을 일으켜서 한나라 남양 땅을 접수했다. 十六 置麗邑 發卒受韓南陽
	위魏	경민왕 12년. 진나라에 성을 바쳤다. 十二 獻城秦
	한韓	한왕 안 8년. 진나라가 와서 땅을 거두었다. 八 秦來受地
		신주 이때 진나라가 취한 땅이 영천군 남서부의 남양군 일부로 한나라 남단 영토였다.
	조趙	조왕 천 5년. 큰 지진이 났다. 五 地大動
	초楚	유왕 7년 七
	연燕	연왕 희 24년 二十四

	제齊	제왕 건 34년 三十四
서기전 **230**	진秦	시황제 17년. 내사 등騰이 한왕 안安을 쳐서 잡고 그 땅을 모두 빼앗아 영천군을 설치했다. 화양태후가 죽었다. 十七 內史騰擊得韓王安 盡取其地 置潁川郡 華陽太后薨
	위魏	경민왕 13년 十三
	한韓	한왕 안 9년. 진나라가 한왕 안을 포로로 잡고 한나라를 멸했다. 九 秦虜王安 秦滅韓
	조趙	조왕 천 6년 六
	초楚	유왕 8년 八
	연燕	연왕 희 25년 二十五
	제齊	제왕 건 35년 三十五
서기전 **229**	진秦	시황제 18년 十八
	위魏	경민왕 14년. 위군衛君 각 원년 十四 衞君角元年
	한韓	
	조趙	조왕 천 7년 七
	초楚	유왕 9년 九
	연燕	연왕 희 26년 二十六

	제齊	제왕 건 36년 三十六
서기전 **228**	진秦	시황제 19년. 왕전이 조나라를 무너뜨리고 조왕 천遷을 한단邯鄲에서 사로잡았다. 시황제 태후가 죽었다. 十九 王翦拔趙 虜王遷邯鄲 帝太后薨
	위魏	경민왕 15년 十五
	한韓	
	조趙	조왕 천 8년. 진나라 왕전이 조왕 천을 한단에서 사로잡았다. 공자 가嘉가 스스로 즉위하여 대왕代王이 되었다. 八 秦王翦虜王遷邯鄲 公子嘉自立爲代王
	초楚	유왕 10년. 유왕이 죽고 아우 학郝이 즉위했으니 애왕이다. 3월, 부추가 애왕을 살해했다. 十 幽王卒 弟郝立 爲哀王 三月 負芻殺哀王
	연燕	연왕 희 27년 二十七
	제齊	제왕 건 37년 三十七
서기전 **227**	진秦	시황제 20년. 연태자가 형가를 시켜 왕을 찌르려다 발각되었다. 왕전이 장수가 되어 연나라를 쳤다. 二十 燕太子使荊軻刺王 覺之 王翦將擊燕
	위魏	위나라 왕 가假 원년 魏王假元年
	한韓	
	조趙	대나라 왕 가嘉 원년 代王嘉元年
	초楚	초나라 왕 부추 원년. 부추는 애왕의 서형이다. 楚王負芻元年 負芻 哀王庶兄

	연燕	연왕 희 28년. 태자 단이 형가를 시켜 진왕을 찔러 죽이려 시도하 자 진나라는 연나라를 쳤다. 二十八 太子丹使荊軻刺秦王 秦伐我
	제齊	제왕 건 38년 三十八
서기전 **226**	진秦	시황제 21년. 왕분이 초나라를 쳤다. 二十一 王賁擊楚
	위魏	위왕 가假 2년 二
	한韓	
	조趙	대왕 가嘉 2년 二
	초楚	초왕 부추 2년. 진나라가 초나라를 크게 쳐부수고 10개 성을 빼 앗았다. 二 秦大破我 取十城
	연燕	연왕 희 29년. 진나라가 연나라 계薊를 함락하고 태자 단을 잡았 다. 왕은 요동遼東으로 옮겼다. 二十九 秦拔我薊 得太子丹 王徙遼東 　신주　여기서의 요동은 현재의 요동이 아니다. 당시 요수는 현재의 난하였 다. 따라서 요동은 난하 하류 일대다. 진秦나라 멸망 후, 항우와 유방의 쟁패시 대에 요동국이 설치되는데 그 도읍이 현재 천진시의 옥전玉田인 옛 지명 무종 無終이다. 당연히 요동도 그 일대일 수밖에 없다. 이 사실은 계속해서 〈진초지 제월표〉에 자세히 나온다. 〈진초지제월표〉 맨뒤에 지도로 표시했다.
	제齊	제왕 건 39년 三十九
서기전 **225**	진秦	시황제 22년. 왕분이 위나라를 쳐서 위왕 가假를 잡고 그 땅을 모조리 빼앗았다. 二十二 王賁擊魏 得其王假 盡取其地
	위魏	위왕 가假 3년. 진나라가 위왕 가를 사로잡았다. 三 秦虜王假

	한韓	
	조趙	대왕 가嘉 3년 三
	초楚	초왕 부추 3년 三
	연燕	연왕 희 30년 三十
	제齊	제왕 건 40년 四十
서기전 **224**	진秦	시황제 23년. 왕전과 몽무가 초나라 군대를 쳐서 깨뜨리고 그 장수 항연을 죽였다. 二十三 王翦蒙武擊破楚軍 殺其將項燕
	위魏	
	한韓	
	조趙	대왕 가嘉 4년 四
	초楚	초왕 부추 4년. 진나라가 초楚의 장수 항연을 깨뜨렸다. 四 秦破我將項燕
	연燕	연왕 희 31년 三十一
	제齊	제왕 건 41년 四十一
서기전 **223**	진秦	시황제 24년. 왕전과 몽무가 초나라를 깨뜨리고 초왕 부추를 사로잡았다. 二十四 王翦蒙武破楚 虜其王負芻
	위魏	
	한韓	

조趙	대왕 가嘉 5년 五	
초楚	초왕 부추 5년. 진나라가 초왕 부추를 사로잡았다. 진秦이 초나라를 멸했다. 五 秦虜王負芻 秦滅楚	
연燕	연왕 희 32년 三十二	
제齊	제왕 건 42년 四十二	

서기전 **222**	진秦	시황제 25년. 왕분이 연나라를 쳐서 연왕 희를 사로잡았다. 또 대代를 쳐서 대왕 가嘉를 잡았다. 5월, 천하에 크게 연회를 베풀었다. 二十五 王賁擊燕 虜王喜 又擊得代王嘉 五月 天下大酺
	위魏	
	한韓	
	조趙	대왕 가嘉 6년. 진나라 장수 왕분이 대왕 가嘉를 잡고 진나라가 조나라를 멸했다. 六 秦將王賁虜王嘉 秦滅趙
	초楚	
	연燕	연왕 희 33년. 진나라가 연왕 희喜를 잡고 요동을 빼앗았으며 진나라가 연나라를 멸했다. 三十三 秦虜王喜 拔遼東 秦滅燕
	제齊	제왕 건 43년 四十三

서기전 **221**	진秦	시황제 26년. 왕분이 제나라를 치고 제왕 건建을 사로잡았다. 처음 천하를 합치고 황제가 되었다. 二十六 王賁擊齊 虜王建 初并天下 立爲皇帝
	위魏	
	한韓	

조趙	
초楚	
연燕	
제齊	제왕 건 44년. 진나라가 제왕 건建을 사로잡았다. 진나라가 제齊 나라를 멸했다. 四十四 秦虜王建 秦滅齊

진통일시대 연표

서기전 **220**	시황제 27년. 하수를 '덕수'로 고치라고 명했다. 금인 12개를 만들었다. 백성을 '검수'라 하라고 명했다. 천하의 문자체를 통일했다. 영토를 나누어 36군을 만들었다. 二十七 更命河爲德水 爲金人十二 命民曰黔首 同天下書 分爲三十六郡 **신주** 〈진시황본기〉에는 모든 일이 시황 26년에 있다.
서기전 **219**	시황제 28년. 아방궁을 만들었다. 형산으로 갔다. 치도를 닦았다. 황제가 낭야에 갔다가 남군의 길을 따라 환궁했다. 태극묘를 만들었다. 30호와 작위 1급씩을 내려주었다. 二十八 爲阿房宮 之衡山 治馳道 帝之琅邪 道南郡入 爲太極廟 賜戶 三十 爵一級
서기전 **218**	시황제 29년. (박랑사 사건으로) 군현에서 10일간 대대적으로 수색했다. 황제가 낭야에 갔다가 상당의 길을 따라 환궁했다. 二十九 郡縣大索十日 帝之琅邪 道上黨入
서기전 **217**	시황제 30년 三十
서기전 **216**	시황제 31년. 납일을 '가평'으로 고치라고 명했다. 백성들의 리里마다 쌀 6석과 양 2마리를 내려주었는데 (연호를) 가평으로 했기 때문이다. (도적을 만난 관중을) 20일간 대대적으로 수색했다. 三十一 更命臘曰嘉平 賜黔首里六石米二羊 以嘉平 大索二十日
서기전 **215**	시황제 32년. 황제가 갈석산에 갔다가 상군의 길을 따라 환궁했다. 三十二 帝之碣石 道上郡入

서기전 **214**	시황제 33년. 도망친 사람이나 상인이나 데릴사위가 된 자를 모두 체포하여 보내서 육량 땅을 공략하여 취하게 하고, 계림·남해·상군을 만들어 변경을 지키게 했다. 서북쪽의 융 땅을 취해서 34현을 만들었다. 하수 근처에서 장성을 축조했는데 몽염蒙恬이 30만을 거느렸다. 三十三 遣諸逋亡及賈人贅壻略取陸梁 爲桂林南海象郡 以適戍 西北取戎爲三十四縣 築長城河上 蒙恬將三十萬 [집해] 서광이 말했다. "일설에는 44현이 옳다고 하고, 또 24현이라고도 한다." 徐廣曰 一云四十四縣是也 又云二十四縣
서기전 **213**	시황제 34년. 옥을 다스리는 자들 중에 정직하지 못한 자들을 보내 장성을 쌓게 하거나 남방 월越 지역을 빼앗게 했다. 판결을 뒤집거나 고의로 실수한 자들도 마찬가지로 했다. 三十四 適治獄不直者築長城 取南方越地 覆獄故失
서기전 **212**	시황제 35년. 직도를 만들어 구원에서부터 감천까지 통하게 했다. 三十五 爲直道 道九原 通甘泉
서기전 **211**	시황제 36년. 북하와 유중의 백성을 옮겨서 세 곳에 살게 하고 작위 1등급씩을 주었다. 동군에 떨어진 운석에는 그림이 있었는데 땅이 나누어진다는 문자가 있었다. 三十六 徙民於北河楡中 耐徙三處 拜爵一級 石畫下東郡 有文言地分 [집해] 서광이 말했다. "(處를) 다른 판본에는 '가家'라고 했다." 徐廣曰 一作家 [신주] '三處'를 '三萬'으로 보기도 한다. 〈진시황본기〉에는 '삼만가三萬家'로 나온다
서기전 **210**	시황제 37년. 10월, 황제가 회계와 낭야에 가서 돌아오다 사구에 이르러 붕어했다. 아들 호해가 즉위하여 2세 황제가 되었다. 몽염을 죽였다. 순행하고 구원九原의 길을 따라 환궁했다. 다시 동전을 유통시켰다. 三十七 十月 帝之會稽琅邪 還至沙丘 崩 子胡亥立 爲二世皇帝 殺蒙恬 道九原入 復行錢
서기전 **209**	2세 원년. 10월 무인일, 죄인을 대사면했다. 11월, 토원을 만들었다. 12월, 아방궁으로 들어갔다. 그 해 9월, 군현에서 모두 반란했다. 초나라 병력이 희수戲水에 이르렀는데 장함이 쳐서 물러나게 했다. 위군衞君 각角을 내쳐 일반 백성으로 만들었다.

	二世元年 十月戊寅 大赦罪人 十一月 爲兎園 十二月 就阿房宮 其九月 郡縣皆反 楚兵至戲 章邯擊郤之 出衛君角爲庶人
	신주 〈진시황본기〉에는 초나라 병력이 도착한 것이 2세 2년이고, 〈진초지제월표〉에는 9월인 것으로 나온다. 이는 한나라 달력과 진나라 달력의 차이인 것으로 보인다.
서기전 **208**	2세 2년. 장군 장함과 장사 사마흔과 도위 동예가 초나라 병력을 추격하여 하수에 이르렀다. 승상 이사李斯와 풍거질馮去疾과 장군 풍겁馮劫을 주살했다. 二 將軍章邯長史司馬欣都尉董翳追楚兵至河 誅丞相斯去疾 將軍馮劫
	신주 〈진시황본기〉에는 풍거질과 풍겁은 자살했다고 나온다.
서기전 **207**	2세 3년. 조고가 반역하자 2세가 자살하였고, 조고는 2세의 형 자영子嬰을 세웠다. 자영이 즉위하여 조고를 죽이고 3족을 멸했다. 제후들이 진나라로 들어오자 자영은 항복했는데 항우에게 살해되었다. 이윽고 항우는 주살당하고 천하는 한에 속하게 되었다. 三 趙高反 二世自殺 高立二世兄子嬰 子嬰立 刺殺高 夷三族 諸侯入秦 嬰降 爲項羽所殺 尋誅羽 天下屬漢

색은술찬 사마정이 펼쳐서 밝히다.

춘추시대 이후에 왕실은 더욱 초라해졌다. 초나라가 강해지자 남쪽은 복종했고 진秦은 패자가 되어 서쪽에 드리웠다. 삼경三卿이 진晉을 나누었고 제나라 전씨田氏는 8대 만에 규성嬀姓을 일으켰다. 번갈아 회맹의 주인이 되고 서로 아래위가 되었다. 두 주나라가 앞서 없어지고 육국이 뒤따랐다. 장하구나, 영씨嬴氏여! 이렇게 천하를 합쳤으니.

春秋之後 王室益卑 楚彊南服 秦霸西垂 三卿分晉 八代興嬀* 遞主盟會 互爲雄雌 二周前滅 六國後隳 壯哉嬴氏 吞幷若斯

신주 '규성嬀姓'은 순임금의 후손을 말한다. 진陳은 순의 후손이 봉해진 땅인데, 진완陳完이 진을 탈출해 제齊로 달아나 전씨田氏로 고친다. 8대 만에 제나라 강씨姜氏를 물리치고 국가를 탈취한 것을 말한다.

[지도 1] 전국시대의 열국(서기전 350년 기준)

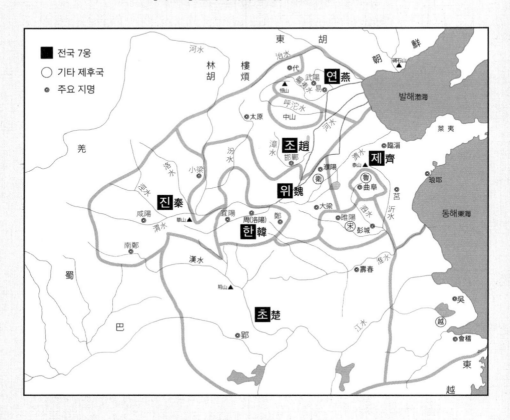

【참고문헌】
　譚其驤, 中國歷史地圖集 第一冊, 1982, 中國社會科學院

[지도 2] 진시황의 6국 통일 과정

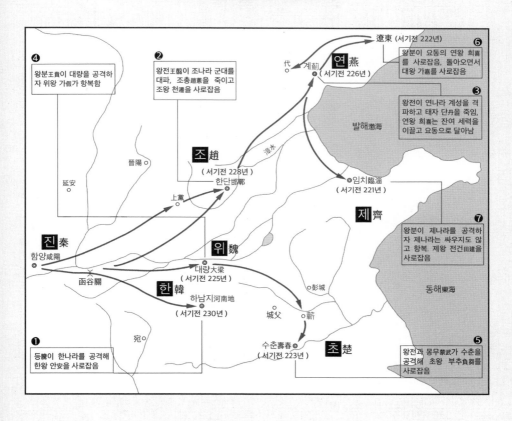

④
왕분王賁이 대량을 공격하
자 위왕 가假가 항복함

②
왕전王翦이 조나라 군대를
대파, 조총趙葱을 죽이고
조왕 천遷을 사로잡음

⑥
遼東 (서기전 222년)
왕분이 요동의 연왕 희喜
를 사로잡음, 돌아오면서
대왕 가嘉를 사로잡음

代
계薊
연燕
(서기전 226년)

③
왕전이 연나라 계성을 격
파하고 태자 단丹을 죽임,
연왕 희喜는 잔여 세력을
이끌고 요동으로 달아남

발해渤海

역수易水

晉陽

延安

조趙
(서기전 228년)
한단邯鄲

上黨

임치臨淄
(서기전 221년)

제齊

⑦
왕분이 제나라를 공격하
자 제나라는 싸우지도 않
고 항복, 제왕 전건田建을
사로잡음

진秦
함양咸陽

函谷關

위魏

한韓

대량大梁
(서기전 225년)

하남지河南地
(서기전 230년)

城父

彭城

蘄

동해東海

宛

수춘壽春
(서기전 223년)

초楚

⑤
왕전과 몽무蒙武가 수춘을
공격해 초왕 부추負芻를
사로잡음

①
등騰이 한나라를 공격해
한왕 안安을 사로잡음

【참고문헌】
司馬遷,《史記》〈秦始皇本紀〉

사기 제16권　史記卷十六

진초지제월표　秦楚之際月表

진초지제월표 들어가기

제목에서 말하는 것처럼 연표年表가 아니라 월표月表다. 진 2세 원년(서기
전 209) 7월부터 한 고조 5년(서기전 202) 후後9월까지 벌어졌던 일을 달을 기
준으로 적은 월표다.

전국시대를 마감하고 중원을 통일했던 진의 시황제가 멸망당한 나라의
귀족들이나 백성들의 마음을 잡는 정치를 하는 대신 억압하는 정치를 하다
가 세상을 떠났다. 시황제가 세상을 떠나자 각지에서 수많은 봉기가 일어나
큰 혼란기로 접어든다.

이 시기는 크게 세 명의 영웅이 나타나 변화를 주도하는데 이를 삼선三
嬗이라고 한다. 선嬗은 '선양하다', '바뀌다' 라는 뜻을 가지고 있는데, 사마
정司馬貞이 《색은》에서 "삼선이란 진섭陳涉, 항씨項氏, 한 고조이다."라고 말
한 것처럼 이 시기 진섭과 항우와 유방이 순차적으로 주도권을 물려주었음
을 뜻한다. 진섭의 봉기로 진나라 천하가 무너지기 시작해서 항우와 유방이
라는 두 영웅이 천하를 쥐기 위한 피비린내 나는 투쟁을 전개하다가 결국
유방이 승리하는 것으로 귀결되었다. 진섭, 초회왕楚懷王, 항우가 모두 '초왕
楚王'을 자칭했는데, 사마천은 이를 극도로 중시해 진초秦楚라는 제목을 지
었다.

짧은 시기에 수많은 일이 연이어 일어났기에 연표로 나타내지 못하고 월
표로 나타냈다. 이때 여러 영웅들이 독립하고 항우가 각지에 많은 제후왕

들을 봉했으며, 유방이 이어받으면서 자기의 공신과 일가로 그 자리를 채웠다. 나중에 이성제후들은 모두 제거되고 결국 유씨들이 제후왕을 독점하는데, 그 과정은 뒤의 표인 〈한흥이래제후왕연표〉에 자세하다. 따라서 이 표는 〈한흥이래제후왕연표〉와 깊은 연관성을 갖는다.

사기 제16권 진초지제월표 제4
史記卷十六 秦楚之際月表第四

[색은] 장안은 "당시에 천하가 안정되지 않고 서로 엇갈려 변하고 바뀌었으므로 연年으로 기록하기가 불가했다. 그러므로 그 달로 배열했다."라고 했다. 지금 살펴건대, 진秦과 초楚의 사이는 소란스럽고 마구 제왕자리를 빼앗으며 운수가 또 급박했다. 그러므로 달로써 일을 기록해 표의 이름으로 했다.

張晏曰 時天下未定 參錯變易 不可以年記 故列其月 今案 秦楚之際 擾攘僭簒 運數又促 故以月紀事名表也

태사공이 말한다

태사공은 진나라와 초나라 때의 기록을 읽고 말한다.

처음에 난이 시작된 것은 진섭에게서였고 매우 잔인하게 진나라를 멸한 것은 항씨(항우)로부터였다. 어지러운 세상을 다스리고 포악한 이를 처벌하여 천하를 평정해 마침내 임금의 자리에 오른 것은 한가漢家에서 이루었다. 5년 사이에 호령이 세 번 바뀌었다.[1] 백성이 생겨난 이래 처음으로 명을 받는 것이 이와 같이 급박한[2] 적은 없었다.

太史公讀秦楚之際 曰 初作難 發於陳涉 虐戾滅秦 自項氏 撥亂誅暴 平定海內 卒踐帝祚 成於漢家 五年之閒 號令三嬗[1] 自生民以來 未始有受命若斯之亟[2]也

① 三嬗삼선

[집해] 선嬗은 '선善'으로 발음한다.

音善

[색은] 선嬗은 옛 '선禪' 자이다. 발음은 '선[市戰反]'이다. 삼선은 진섭, 항우, 한고조를 말한다.

古禪字 音市戰反 三嬗 謂陳涉項氏漢高祖也

② 亟극

[색은] 亟은 '격[己力反]'으로 발음하며, '급急'으로 풀이한다.

音己力反 亟訓急也

옛날 우虞나라와 하夏나라가 흥성했을 때는 선을 쌓고 공로를 쌓은 지 수십 년, 덕으로 백성을 흡족하게 하고 정사를 섭정해 하늘의 살핌을 받은 연후에[1] 제왕의 자리에 있게 되었다. 은나라 탕왕과 주나라 무왕은 곧 선조인 설契과 후직后稷이 인을 닦고 의를 행한 지 10여 대를 거친 것에 말미암아 왕이 되었다. 기약도 하지 않고 맹진孟津에 800여 제후가 모였는데도 오히려 아직 시기가 아니라고 여겼다. 그후 탕왕은 걸왕을 추방하고 무왕은 주왕을 시해했던 것이다.[2]

昔虞夏之興 積善累功數十年 德洽百姓 攝行政事 考之于天[1] 然後在位 湯武之王 乃由契后稷修仁行義十餘世 不期而會孟津八百諸侯 猶以爲未可 其後乃放弑[2]

---

① 攝行政事 考之於天섭행정사 고지어천

[집해] 위소가 말했다. "순임금이 선양을 받아 선기옥형을 두어 칠정七政을 가지런히 한 것을 이른 것이다."

韋昭曰 謂舜受禪 在璇璣玉衡以齊七政

② 其後乃放弑기후내방시

[색은] 후내방살이다. 살殺은 '시弑'로 발음한다. 탕왕이 걸왕을 추방하고

무왕이 주왕을 토벌한 것을 이른다.

後乃放殺 殺音弑 謂湯放桀 武王討紂也

진나라는 양공襄公 때 일어나 문공과 목공에서 빛났다. 헌공과 효공 뒤에 점점 6국을 잠식해 100여 년이 지나 시황에 이르러 능히 둘러싼 나라들을 차례로 병탄했다. 저들처럼 덕으로 하고[1] 이들처럼 힘을 사용했더라도[2] 대개 이처럼 천하를 통일한다는 것은 어려운 것이다.

秦起襄公 章於文繆 獻孝之後 稍以蠶食六國 百有餘載 至始皇乃能并冠帶之倫 以德若彼[1] 用力如此[2] 蓋一統若斯之難也

---

① 以德若彼이덕약피

색은 곧 설과 후직과 진나라 양공, 문공, 목공이다.

即契后稷及秦襄公文公穆公也

② 用力如此용력여차

색은 탕왕, 무왕, 진시황을 이른다.

謂湯武及始皇

진나라가 이미 황제라고 일컫고 나서도 (진시황은) 전쟁이 종식되지 않은 것을 우려했고, 제후들이 있기 때문이라고 여겼다. 이에 한 자의 땅을 봉해주는 일도 없었고 이름 있는 성들을 무너뜨렸으며 창과 화살촉을 녹이고[1] 호걸들을 제거해 만세의 편안함을 유지하려고 했다.[2] 그러나 제왕의 자취가 발흥하여 민간의 마을에서 일어나니 호걸들이 연합해 (진나라를) 토벌했는데, 삼대의 공적을 뛰어넘을 정도였다. 지난날 진나라에서 금지했던 것들은 다만 족히 현자에게 말을 달려[3] 환란을 제거하는 데 도움을 주었을 뿐이다.

秦旣稱帝 患兵革不休 以有諸侯也 於是無尺土之封 墮壞名城 銷鋒鏑[1] 鉏豪桀 維萬世[2]之安 然王跡之興 起於閭巷 合從討伐 軼於三代 鄕秦之禁 適足以資賢者[3]爲驅除難耳

① 銷鋒鏑소봉적

[집해] 서광이 말했다. "鏑은 다른 판본에는 '시鍉'로 되어 있다."

徐廣曰 一作鍉

[색은] 적鏑은 '적的'으로 발음하고 '시鍉'도 '적的'으로 발음한다고 주석했다. 살피건대, 진나라에서 창과 화살촉을 녹여서 금인金人 열두 개를 만들어 천하의 병력을 약하게 하려고 했다.

鏑音的 注鍉 字亦音的 案 秦銷鋒鏑 作金人十二 以弱天下之兵也

② 維萬世유만세

[색은] 훈령과 법도로 얽매어 법으로 만대를 편안하게 하려고 계획한 것을 이른다.

維訓度 謂計度令萬代安也

③ 適足以資賢者적족이자현자

[색은] 지난날 진나라에서 금지했던 것들은 다만 족히 현자에게 도움을 주었다는 것이다. 鄕의 발음은 향向이고, '향[許亮反]'으로 발음한다. 진나라가 이전 시대에 병력을 금하고 제후를 봉하지 않은 것은 다만 족히 현자에게 도움을 주었다는 것을 이른다. 즉 고제高帝를 일컫는다. 말을 달려 환란을 제거했을 뿐이라는 말이다.

鄕秦之禁適足資賢者 鄕音向 許亮反 謂秦前時之禁兵及不封樹諸侯 適足以資後之賢者 即高帝也 言驅除患難耳

그리하여 (고조가) 천하의 영웅으로 발분했으니① 어찌 영토가 없다고 왕이 되지 못하겠는가?② 이것이 곧 전해오는 이른바 대성일진저!③ 어찌 하늘의 뜻이 아니겠는가, 어찌 하늘의 뜻이 아니겠는가! 대성이 아니라면 누가 능히 이때에 맞춰 천명을 받아 제왕이 되겠는가?

故憤發其所爲天下雄① 安在無土不王② 此乃傳之所謂大聖乎③ 豈非天哉 豈非天哉 非大聖孰能當此受命而帝者乎

① 天下雄천하웅

[색은] 한고조를 가리킨다.

指漢高祖

② 無土不王 무토불왕

집해 《백호통》에 '성인이 토지가 없으면 왕노릇을 못한다고 한 것은 순으로 하여금 요임금을 만나지 못하게 했었으므로 이 당시에는 부자夫子(공자)께서 궐리闕里에서 늙은 것과 같았을 것이다.'라고 했다.

白虎通曰 聖人無土不王 使舜不遭堯 當如夫子老於闕里也

③ 大聖乎 대성호

색은 고조가 포의로서 일어나 끝내 천자의 자리를 전했으니 실제 이른바 대성이라는 말이다.

言高祖起布衣 卒傳之天位 實所謂大聖

진초표

서기전 209년(2세황제 원년)

6월	진秦	2세황제 원년 二世元年 [집해] 서광이 말했다. "임진년이다." 徐廣曰 壬辰 [정의] 7월에 진섭이 진陳에서 봉기했다. 8월에 무신이 조趙에서 봉기했다. 9월에 항량이 오吳에서, 전담이 제齊에서, 패공(유방)이 처음 봉기하고, 한광이 연燕에서 봉기했으며, 12월에 위구가 위魏에서 봉기하자 진왕陳王이 그들을 즉위시켰다. 2세의 2년 6월에 한성이 한韓에서 봉기하자 항량이 그를 즉위시켰다. 七月 陳涉起陳 八月 武臣起趙 九月 項梁起吳 田儋起齊 沛公初起 韓廣起燕 十二月 魏咎起魏 陳王立之 二年六月 韓成起韓 項梁立之也
	초楚	
	항項	
	조趙	
	제齊	
	한漢	
	연燕	
	위魏	
	한韓	

7월	진秦	2세황제 원년 7월 七月
	초楚	초은왕 진섭이 병사를 일으켜 진으로 쳐들어갔다. 楚隱王陳涉起兵入秦 [색은] 2월에 갈영이 양강을 즉위시켰는데, 진섭 2월이다. 희수戲水에 이르렀을 때 갈영이 양강을 죽였다. 5개월 만에 주문周文이 죽었다. 6개월 만에 진섭이 죽었다. 그런즉 진섭이 봉기한 지 무릇 6개월이니, (진섭의 죽음은) 2세 원년 12월에 해당한다. 二月 葛嬰立襄彊 涉之二月也 至戲 葛嬰殺彊 五月 周文死 六月 陳涉死 然涉起凡六月 當二世元年十二月也
	항項	
	조趙	
	제齊	
	한漢	
	연燕	
	위魏	
	한韓	
8월	진秦	2세황제 원년 8월 八月
	초楚	진섭 2월. 갈영이 진섭을 위해 구강을 장악하고 양강을 세워 초왕으로 삼았다. 二 葛嬰爲涉徇九江 立襄彊爲楚王
	항項	
	조趙	무신이 비로소 한단에 이르러 스스로 즉위하여 조왕이 되니, 조나라의 시작이었다. 武臣始至邯鄲 自立爲趙王 始 [색은] 무릇 4개월 만에 이량李良에게 살해되었으니 (즉위는) 2세 원년 8월에 해당한다. 凡四月 爲李良所殺 當二世元年八月也

	제齊	
	한漢	
	연燕	
	위魏	
	한韓	

9월	진秦	2세황제 원년 9월. 초병이 희수에 이르렀다. 九月 楚兵至戲
	초楚	진섭 3월. 주문의 군대가 희수에 이르렀으나 패했다. 그리고 갈영은 진섭이 왕이 되었다는 것을 듣고 곧 바로 양강을 죽였다. 三 周文兵至戲 敗 而葛嬰聞涉王 即殺彊 **신주** 〈육국연표〉에 보면 주문의 군대가 패한 것은 2년 10월(겨울)이다. 여기와 한 달 차이다.
	항項	항량이 무신군이라 호칭했다. 項梁號武信君 **색은** 2세 원년 9월에 즉위하고, 2년 9월에 이르러 장함이 항량을 정도에서 죽였다. 二世元年九月立 至二年九月 章邯殺梁於定陶
	조趙	무신 2월 二
	제齊	제왕 전담이 다스리기 시작했다. 전담은 적狄 사람이다. 여러 전씨 종족은 강했다. 종제는 전영田榮이고 전영의 아우는 전횡田橫이다. 齊王田儋始 儋 狄人 諸田宗彊 從弟榮 榮弟橫 **색은** 2세 2년 6월, 장함이 전담을 죽였다. 전담은 즉위한 지 10개월 만에 죽었다. 제나라는 전가田假를 세웠다. 2세 2년 8월, 전영이 전담의 아들 전불田市을 왕으로 세웠다. 항우가 또 전불을 교동왕으로 삼고, 전도田都를 봉하여 임치왕으로 삼으며, 전안田安을 제북왕으로 삼았다. 전영이 전불과 전안을 죽이고 스스로 즉위하여 왕이 되었다. 항우가 전영을 쳤고 평원 사람들이 그를 죽였다. 이에 전횡이 전영의 아들 전광田廣을 왕으로 세웠다.

		二世二年六月 章邯殺儋 儋立十月死 齊立田假 二世二年八月 田榮立儋子市爲王 項羽又立市爲膠東王 封田都爲臨淄王 安爲濟北王 田榮殺田市田安 自立爲王 羽擊榮 平原人殺之 田橫立榮子廣爲王也
한漢		패공이 처음 봉기했다. 沛公初起 색은 무릇 14개월 만에 회왕이 패공을 무안후로 봉하고 탕군의 병력을 거느리게 했다. 凡十四月 懷王封沛公爲武安侯 將碭郡兵
연燕		한광이 조나라를 위해 연나라 땅을 공략했는데, 계薊에 이르러 스스로 즉위하고 연왕이 되어 다스리기 시작했다. 韓廣爲趙略地至薊 自立爲燕王始 색은 2세 3년 10월에 장도臧荼를 시켜 조나라를 구원했다. 장도를 봉하여 연왕으로 삼고 한광을 옮겨 요동왕으로 봉했는데, 뒤에 장도가 한광을 죽였다. 二世三年十月 使臧荼救趙 封荼爲燕王 徙廣封遼東王 後臧荼殺韓廣
위魏		위왕 위구가 다스리기 시작했으나 위구는 진陳에 있었기에 위나라로 돌아가지 못했다. 魏王咎始 咎在陳 不得歸國 집해 서광이 말했다. "위구와 조구의 자는 모두 '구咎'로 쓰며, 발음은 '구臼'이다." 徐廣曰 魏咎曹咎字皆作咎 音臼 색은 4개월 만에 위구는 진陳나라에서 돌아와 즉위했다. 2년 6월, 위구는 자살했다. 9월, 아우 위표魏豹가 스스로 즉위하여 평양에 도읍했다. 뒤에 위표는 한에 귀순했다. 모반할 길을 찾았으나 한신이 위표를 사로잡았다. 四月 咎自陳歸 立 二年六月 咎自殺 九月 弟豹自立 都平陽 後豹歸漢 尋叛 韓信虜豹
한韓		

서기전 208년(2세황제 2년)

10월	진秦	2세황제 2년 10월 二年十月
	초楚	진섭 4월. (진섭이) 갈영을 죽였다. 四 誅葛嬰
	항項	항량 2월 二
	조趙	무신 3월 三
	제齊	전담 2월. 전담이 봉기하여 적령狄令을 죽이고 스스로 왕이 되었다. 二 儋之起 殺狄令自王
	한漢	패공 2월. 호릉과 방여를 치고, 진나라 감군을 깨뜨렸다. 二 擊胡陵方與 破秦監軍
	연燕	한광 2월 二
	위魏	위구 2월 二
	한韓	
11월	진秦	2세황제 2년 11월 十一月
	초楚	진섭 5월. 주문이 죽었다. 五 周文死
	항項	항량 3월 三
	조趙	무신 4월. 이량이 무신을 죽이자 장이와 진여가 달아났다. 四 李良殺武臣 張耳陳餘走
	제齊	전담 3월 三

	한漢	패공 3월. 사수의 태수를 살해했다. 설의 서쪽을 함락했다. 주불周市이 동쪽 풍과 패 사이의 땅을 공략했다. 三 殺泗水守 拔薛西 周市東略地豐沛間 　집해　서광이 말했다. "사수는 동해군에 속한다." 徐廣曰 泗水屬東海
	연燕	한광 3월 三
	위魏	위구 3월. 제나라와 조나라가 함께 주불을 세우려 하자 주불이 듣지 않고 "반드시 위구를 세워야 한다."라고 말했다. 三 齊趙共立周市 市不肯 曰 必立魏咎云
	한韓	
12월	진秦	2세황제 2년 12월 十二月
	초楚	진섭 6월. 진섭이 죽었다. 六 陳涉死
	항項	항량 4월 四
	조趙	
	제齊	전담 4월 四
	한漢	패공 4월. 옹치가 패공을 배반하고, 풍읍을 위나라에 항복시켰다. 패공이 돌아와 풍을 공격했으나 떨어뜨리지 못했다. 四 雍齒叛沛公 以豐降魏 沛公還攻豐 不能下
	연燕	한광 4월 四
	위魏	위구 4월. 위구가 진으로부터 돌아가 즉위했다. 四 咎自陳歸 立
	한韓	

단월 1월	진秦	2세황제 2년 단월 端月 색은 2세황제의 2년 정월이다. 진나라는 (시황제 이름 때문에) 정正을 꺼렸으므로 단월이라 했다. 二世二年正月也 秦諱正 故云端月也
	초楚	초왕 경구가 다스리기 시작했는데, (진섭의 부장) 진가秦嘉가 그를 세웠다. 楚王景駒始 秦嘉立之 색은 무신군이 된 지 8월에 항량이 그를 살해했다. 八月 項梁殺之
	항項	항량 5월. 진섭의 장수 소평은 맘대로 항량을 임명하여 초주국으로 삼고 급히 서쪽의 진나라를 공격하게 했다. 五 涉將召平矯拜項梁爲楚柱國 急西擊秦
	조趙	조왕 헐歇이 다스리기 시작했다. 장이와 진여가 그를 세웠다. 趙王歇始 張耳陳餘立之 색은 장이와 진여는 항우가 세워 대왕으로 삼았다. 뒤에 한에서 조헐을 멸하고 장이를 세웠다. 張耳陳餘 項羽立爲代王 後漢滅歇 立張耳也
	제齊	전담 5월. (전담은) 제나라에 청하지 않고 초왕 경구 멋대로 스스로 왕이라 한 것을 꾸짖었다. 五 讓景駒以擅自王不請我
	한漢	패공 5월. 패공이 경구가 왕이 되어 류현留縣에 있다는 것을 듣고 가서 따랐으며, 더불어 진나라 군사를 탕碭군 서쪽에서 쳤다. 五 沛公聞景駒王在留 往從 與擊秦軍碭西 집해 서광이 말했다. "(탕을) 다른 판본에는 '소蕭'라고 했다." 徐廣曰 一作蕭 신주 〈고조본기〉에도 '蕭'라고 했다.
	연燕	한광 5월 五

	위魏	위구 5월. 장함이 이미 진섭을 깨뜨리고 위구를 임제에서 포위했다. 五 章邯已破涉 圍咎臨濟
	한韓	
2월	진秦	2세황제 2년 2월 二月
	초楚	경구 2월. 진가가 상장군이 되었다. 二 嘉爲上將軍
	항項	항량 6월. 항량이 강(회수)을 건너자 진영과 경포가 모두 귀속했다. 六 梁渡江 陳嬰黥布皆屬
	조趙	조헐 2월 二
	제齊	전담 6월. 경구가 공손경을 시켜 제나라를 꾸짖자 전담이 공손경을 죽였다. 六 景駒使公孫慶讓齊 誅慶
	한漢	패공 6월. 탕군을 공격해 함락하고 병사 6천을 얻어 거두니 이전과 합해 9천이었다. 六 攻下碭 收得兵六千 與故凡九千人
	연燕	한광 6월 六
	위魏	위구 6월 六
	한韓	
3월	진秦	2세황제 2년 3월 三月
	초楚	경구 3월 三
	항項	항량 7월 七

	조趙	조헐 3월 三
	제齊	전담 7월 七
	한漢	패공 7월. 하읍을 공격해 함락하고 풍을 쳤으나 풍은 무너지지 않았다. 항량의 병사가 많다는 것을 듣고 가서 풍을 공격할 것을 청했다. 七 攻拔下邑 遂擊豐 豐不拔 聞項梁兵眾 往請擊豐
	연燕	한광 7월 七
	위魏	위구 7월 七
	한韓	
4월	진秦	2세황제 2년 4월 四月
	초楚	경구 4월 四
	항項	항량 8월. 항량이 경구와 진가를 쳐서 죽이고 마침내 설 땅으로 들어가니 병력은 10만여 무리가 되었다. 八 梁擊殺景駒秦嘉 遂入薛 兵十餘萬眾
	조趙	조헐 4월 四
	제齊	전담 8월 八
	한漢	패공 8월. 패공이 설에서 항량을 만났는데, 항량이 패공에게 사 졸 5천을 더해주었으므로 풍을 쳐서 함락했다. 옹치가 위나라로 달아났다. 八 沛公如薛見項梁 梁益沛公卒五千 擊豐 拔之 雍齒奔魏

	연燕	한광 8월 八
	위魏	위구 8월. 임제가 다급하자 주불이 제나라와 초나라에 가서 구원을 청했다. 八 臨濟急 周市如齊楚請救
	한韓	
5월	진秦	2세황제 2년 5월 五月
	초楚	
	항項	항량 9월 九
	조趙	조헐 5월 五
	제齊	전담 9월 九
	한漢	패공 9월 九
	연燕	한광 9월 九
	위魏	위구 9월 九
	한韓	
6월	진秦	2세황제 2년 6월 六月 색은 2세황제의 2년 6월이다. 二世二年六月也
	초楚	초회왕이 다스리기 시작했다. 우이에 도읍했다. 옛 회왕의 후손이며 항량이 그를 세웠다. 楚懷王始 都盱台 故懷王孫 梁立之

		색은 옛 회왕의 후손으로 이름은 심心이다. 항량이 봉기하고 제후들이 높여 의제라 했는데, 항우가 옮기고 살해했다. 故懷王之孫名心也 項梁之起 諸侯尊爲義帝 項羽徙而殺之
	항項	항량 10월. 항량이 초회왕의 후손을 찾다가 민간에서 찾아서 그를 세워 초왕으로 삼았다. 十 梁求楚懷王孫 得之民間 立爲楚王
	조趙	조헐 6월 六
	제齊	전담 10월. 전담이 임제에서 (위나라를) 구했지만 장함이 전담을 죽였다. 전영이 동아로 달아났다. 十 儋救臨濟 章邯殺田儋 榮走東阿
	한漢	패공 10월. 패공이 설에 가서 함께 초회왕을 세웠다. 十 沛公如薛 共立楚懷王
	연燕	한광 10월 十
	위魏	위구 10월. 위구는 자살하고 임제는 진나라에 항복했다. 十 咎自殺 臨濟降秦
	한韓	한왕 성成이 다스리기 시작했다. 韓王成始
		색은 한왕 성이 즉위했다가 항우가 다시 왕으로 삼았지만 봉국으로 취임하지 못하게 했다. 그러다가 몇 달 만에 살해하고 정창鄭昌을 한왕으로 세웠는데 한漢나라에 항복했다. 한왕漢王은 한나라의 신信을 봉하여 왕으로 삼았다. 韓王成立 項羽更王之 不使就封 數月殺之 立鄭昌爲韓王 降漢 漢封韓信 爲王
7월	진秦	2세황제 2년 7월 七月
	초楚	회왕 2월. 진영이 주국이 되었다. 二 陳嬰爲柱國
	항項	항량 11월. 하늘에서 큰비가 내리고 석 달간 별이 보이지 않았다. 十一 天大雨 三月不見星

	조趙	조헐 7월 七
	제齊	제나라가 전가를 세워 왕으로 삼았고 진나라는 동아를 급히 포위했다. 齊立田假爲王 秦急圍東阿
	한漢	패공 11월. 패공이 항우와 북쪽에서 동아를 구원하고 진나라 군사를 복양에서 깨뜨렸으며 동쪽으로 성양을 도륙했다. 十一 沛公與項羽北救東阿 破秦軍濮陽 東屠城陽
	연燕	한광 11월 十一
	위魏	위구의 아우 위표가 동아로 달아났다. 咎弟豹走東阿
	한韓	한성 2월 二
8월	진秦	2세황제 2년 8월 八月
	초楚	회왕 3월 三
	항項	항량 12월. 동아를 구원하여 진나라 군사를 깨뜨리고 승세를 타고 정도에 이르렀는데 항량은 교만한 기색이 있었다. 十二 救東阿 破秦軍 乘勝至定陶 項梁有驕色
	조趙	조헐 8월 八
	제齊	초나라가 전영을 구원하여 포위를 풀고 돌아오게 하자 전영은 전가를 내쫓고 전담의 아들 전불을 세워 제왕으로 삼으니, 전불 왕의 시작이었다. 楚救榮 得解歸 逐田假 立儋子市爲齊王 始
	한漢	패공 12월. 패공이 항우와 서쪽 땅을 공략하여 삼천태수 이유李由를 옹구에서 베었다. 十二 沛公與項羽西略地 斬三川守李由於雍丘

	연燕	한광 12월 十二
	위魏	
	한韓	한성 3월 三
9월	진秦	2세황제 2년 9월 九月
	초楚	회왕 4월. 팽성으로 천도했다. 四 徙都彭城
	항項	항량 13. 장함이 항량을 정도에서 깨뜨려 죽이자 항우는 두려 위하여 팽성으로 회군했다. 十三 章邯破殺項梁於定陶 項羽恐 還軍彭城
	조趙	조헐 9월 九
	제齊	전불 2월. 전가가 초나라로 달아나자 초나라는 제나라를 재촉해 조나라를 구원하게 했다. 전영은 전가 탓을 하고 들어주지 않으면 서 말했다. "초나라에서 전가를 죽이면 출병하겠습니다." 그러자 항우가 전영에게 노했다. 二 田假走楚 楚趨齊救趙 田榮以假故 不肯 謂 楚殺假乃出兵 項羽怒田榮
	한漢	패공 13월. 패공은 항량이 죽었다는 것을 듣고 회군하여 회왕을 따랐으며 탕군에 주둔했다. 十三 沛公聞項梁死 還軍 從懷王 軍於碭
	연燕	한광 13월 十三
	위魏	위표가 스스로 즉위하여 위왕이라 하고 평양에 도읍하니, 위표 왕의 시작이었다. 魏豹自立爲魏王 都平陽 始
	한韓	한성 4월 四

후9월	진秦	2세황제 2년 후9월 後九月 집해 서광이 말했다. "윤달 건유(8월)가 되어야 마땅하다." 徐廣曰 應閏建酉
	초楚	회왕 5월. 송의를 봉하여 상장군으로 삼았다. 五 拜宋義爲上將軍
	항項	회왕이 항우를 노로에 봉하고 차장으로 삼아 송의에게 소속시켜 북쪽으로 조나라를 구원하게 했다. 懷王封項羽於魯 爲次將 屬宋義 北救趙
	조趙	조헐 10월. 진나라 군사가 조헐을 거록에서 포위했는데, 진여는 나가서 병력을 수습했다. 十 秦軍圍歇鉅鹿 陳餘出收兵
	제齊	전불 3월 三
	한漢	패공 14월. 회왕이 패공을 무안후로 봉하고 탕군의 병력을 이끌 고 서진하여 먼저 함양에 이르면 그곳의 왕으로 삼겠다고 약속 했다. 十四 懷王封沛公爲武安侯 將碭郡兵西 約先至咸陽王之
	연燕	한광 14월 十四
	위魏	위표 2월 二
	한韓	한성 5월 五

서기전 207년(2세황제 3년)

10월	진秦	2세황제 3년 10월 十月

	초楚	회왕 6월 六
	항項	항우 2월 二
	조趙	조헐 11월. 장함은 한단을 깨뜨리고, 그 백성을 하내로 옮겼다. 十一 章邯破邯鄲 徙其民於河內
	제齊	전불 4월. 제나라 장수 전도가 전영을 배반하고 항우를 도와 조 나라를 구하러 갔다. 四 齊將田都叛榮 往助項羽救趙
	한漢	패공 15월. 동군위와 왕리王離의 군사를 성무成武 남쪽에서 공격 해 깨뜨렸다. 十五 攻破東郡尉及王離軍於成武南
	연燕	한광 15월. 장수 장도를 시켜 조나라를 구원했다. 十五 使將臧荼救趙
	위魏	위표 3월 三
	한韓	한성 6월 六
11월	진秦	2세황제 3년 11월 十一月
	초楚	회왕 7월. 항적(항우)을 상장군으로 삼았다. 七 拜籍上將軍
	항項	항우 3월. 항우가 거짓 명령으로 송의를 죽이고 그 병력을 거느리 고 하수를 건너 거록에서 조나라를 구했다. 三 羽矯殺宋義 將其兵渡河救鉅鹿
	조趙	조헐 12월 十二
	제齊	전불 5월 五

	한漢	패공 16월 十六
	연燕	한광 16월 十六
	위魏	위표 4월 四
	한韓	한성 7월 七
12월	진秦	2세황제 3년 12월 十二月
	초楚	회왕 8월 八
	항項	항우 4월. 진나라 군사를 거록 아래에서 크게 쳐부수자 제후와 장수 들이 모두 항우에게 귀속되었다. 四 大破秦軍鉅鹿下 諸侯將皆屬項羽
	조趙	조헐 13월. 초나라가 구원하기에 이르자 진나라의 포위가 풀렸다. 十三 楚救至 秦圍解
	제齊	전불 6월. 옛 제왕 건의 손자 전안이 제북으로 내려와 항우를 따라 조나라를 구원했다. 六 故齊王建孫田安下濟北 從項羽救趙
	한漢	패공 17월. 율에 이르러 황흔과 무포의 군대를 얻었다. 진나라 군 대와 싸워 깨뜨렸다. 十七 至栗 得皇訢武蒲軍 與秦軍戰 破之 신주 《한서》에는 무포를 '무만武滿'이라 한다.
	연燕	한광 17월 十七
	위魏	위표 5월. 위표가 조나라를 구원했다. 五 豹救趙
	한韓	한성 8월 八

단월 1월	진秦	2세황제 3년 단월 端月
	초楚	회왕 9월 九
	항項	항우 5월. 진나라 장수 왕리를 사로잡았다. 五 虜秦將王離
	조趙	조헐 14월. 장이가 진여에게 노하자 진여는 장군의 인수를 버리고 떠났다. 十四 張耳怒陳餘 棄將印去
	제齊	전불 7월 七
	한漢	패공 18월 十八
	연燕	한광 18월 十八
	위魏	위표 6월 六
	한韓	한성 9월 九
2월	진秦	2세황제 3년 2월 二月
	초楚	회왕 10월 十
	항項	항우 6월. 장함을 공격하여 깨뜨리자 장함의 군대가 물러갔다. 六 攻破章邯 章邯軍卻
	조趙	조헐 15월 十五
	제齊	전불 8월 八

	한漢	패공 19월. 팽월의 군사를 창읍에서 얻고 진류를 습격했다. 역이기의 계책을 이용해 군량미를 얻었다. 十九 得彭越軍昌邑 襲陳留 用酈食其策 軍得積粟
	연燕	한광 19월 十九
	위魏	위표 7월 七
	한韓	한성 10월 十
3월	진秦	2세황제 3년 3월 三月
	초楚	회왕 11월 十一
	항項	항우 7월 七
	조趙	조헐 16월 十六
	제齊	전불 9월 九
	한漢	패공 20월. 개봉을 공격해 진나라 장수 양웅楊熊을 깨뜨리자 양웅은 형양으로 달아났는데 진나라는 양웅을 참수하여 널리 알렸다. 二十 攻開封 破秦將楊熊 熊走滎陽 秦斬熊以徇
	연燕	한광 20월 二十
	위魏	위표 8월 八
	한韓	한성 11월 十一

4월	진秦	2세황제 3년 4월 四月
	초楚	회왕 12월 十二
	항項	항우 8월. 초나라가 급히 장함을 공격하자 장함은 두려워서 장사 사마흔司馬欣을 시켜 진나라로 돌아가 병력을 요청하게 했는데 조고가 꾸짖었다. 八 楚急攻章邯 章邯恐 使長史欣歸秦請兵 趙高讓之
	조趙	조헐 17월 十七
	제齊	전불 10월 十
	한漢	패공 21월. 영양潁陽을 공격하여 한韓나라 땅을 공략하고 북쪽의 하수 나루를 끊었다. 二十一 攻潁陽 略韓地 北絶河津
	연燕	한광 21월 二十一
	위魏	위표 9월 九
	한韓	한성 12월 十二
5월	진秦	2세황제 3년 5월 五月
	초楚	회왕 2년 1월 二年一月
	항項	항우 9월. 조고가 사마흔을 죽이려고 하자 사마흔은 두려워 도망쳐 달아났고 장함에게 진나라를 모반할 것을 알렸다. 九 趙高欲誅欣 欣恐 亡走 告章邯謀叛秦

	조趙	조헐 18월 十八
	제齊	전불 11월 十一
	한漢	패공 22월 二十二
	연燕	한광 22월 二十二
	위魏	위표 10월 十
	한韓	한성 13월 十三
6월	진秦	2세황제 3년 6월 六月
	초楚	회왕 2년 2월 二
	항項	항우 10월. 장함은 초나라와 항복할 것을 약속하고 아직 결정하지 않았는데, 항우가 그들을 칠 것을 허락했다. 十 章邯與楚約降 未定 項羽許而擊之
	조趙	조헐 19월 十九
	제齊	전불 12월 十二
	한漢	패공 23월. 남양군수 의齮를 공격하여 양성 성곽 동쪽에서 그를 깨뜨렸다. 二十三 攻南陽守齮 破之陽城郭東 집해 서광이 말했다. "양성은 남양군에 있다." 徐廣曰 陽城在南陽

	연燕	한광 23월 二十三
	위魏	위표 11월 十一
	한韓	한성 14월 十四
7월	진秦	2세황제 3년 7월 七月
	초楚	회왕 2년 3월 三
	항項	항우 11월. 항우는 장함과 은허에서 기약했는데 장함 등이 항복하고 나자 맹세하고 장함을 옹왕으로 삼았다. 十一 項羽與章邯期殷虛 章邯等已降 與盟 以邯爲雍王
	조趙	조헐 20월 二十
	제齊	전불 13월 十三
	한漢	패공 24월. 남양을 항복시켜 떨어뜨리고 투항한 군수 의齮를 봉했다. 二十四 降下南陽 封其守齮
	연燕	한광 24월 二十四
	위魏	위표 12월 十二
	한韓	한성 15월. 신양이 하남으로 내려와 초나라에 투항했다. 十五 申陽下河南 降楚
8월	진秦	2세황제 3년 8월. 조고가 2세를 살해했다. 八月 趙高殺二世

제2장 진초표   225

초楚	회왕 2년 4월 四	
항項	항우 12월. 진나라에서 항복한 도위 동예와 장사 사마흔을 상장으로 삼고 진나라의 항복한 군대를 거느리게 했다. 十二 以秦降都尉翳長史欣爲上將 將秦降軍	
조趙	조헐 21월. 조왕 헐이 나라에 머물렀다. 진여는 도망하여 남피에 거처했다. 二十一 趙王歇留國 陳餘亡居南皮 신주 《사기지의》의 주장에 따르면, 두 사람이 초나라를 따라 관중으로 들어가지 않은 것은 특별히 보이려고 한 것이지 진여가 8월에 도망친 것은 아니라고 한다.	
제齊	전불 14월 十四	
한漢	패공 25월. 무관을 공격하여 깨뜨렸다. 二十五 攻武關 破之	
연燕	한광 25월 二十五	
위魏	위표 13월 十三	
한韓	한성 16월 十六	
9월	진秦	2세황제 3년 9월. 자영이 왕이 되었다. 九月 子嬰爲王
	초楚	회왕 2년 5월 五
	항項	항우 13월 十三
	조趙	조헐 22월 二十二

	제齊	전불 15월 十五
	한漢	패공 26월. 요관嶢關과 남전을 공격하여 떨어뜨렸다. 유후(장랑)의 책략을 써서 싸우지 않고 모두 항복시켰다. 二十六 攻下嶢及藍田 以留侯策 不戰皆降
	연燕	한광 26월 二十六
	위魏	위표 14월 十四
	한韓	한성 17월 十七

서기전 206년(고조 원년)

신주 아래 표를 볼 때 진력秦曆은 10월이 정월이고 한력漢曆은 1월이 정월이다. 한나라 고조의 재위기간을 볼 때 참고.

10월	진秦	10월 十月 집해 서광이 말했다. "을미년이다." 徐廣曰 歲在乙未 색은 고조가 패상에 이르러 원년이라 일컬었다. 서광은 을미년이라 했다. 高祖至霸上 稱元年 徐廣云歲在乙未 신주 만약에 태초력인 건인(1월)을 정월로 한다면 의제 원년 정월이 한漢 원년 정월이다.
	초楚	회왕 2년 6월 六
	항項	항우 14월. 항우가 제후들의 병력 40만 남짓을 거느리고 행군하 여 땅을 공략했으며 서쪽으로 하남에 이르렀다. 十四 項羽將諸侯兵四十餘萬 行略地 西至於河南
	조趙	조헐 23월. 장이가 초나라를 따라 서쪽 진나라로 들어갔다. 二十三 張耳從楚西入秦

	제齊	전불 16월 十六
	한漢	패공 27월. 한漢 원년, 진왕 자영이 항복했다. 패공이 함양으로 들어가 공격하여 진나라를 평정했으며 패상으로 회군하여 제후들과의 약속을 기다렸다. 二十七 漢元年 秦王子嬰降 沛公入破咸陽 平秦 還軍霸上 待諸侯約
	연燕	한광 27월 二十七
	위魏	위표 15월. 항우를 따라 땅을 공략하고 마침내 관중으로 들어갔다. 十五 從項羽略地 遂入關
	한韓	한성 18월 十八
11월	진秦	11월 十一月
	초楚	회왕 2년 7월 七
	항項	항우 15월. 항우가 신안新安에서 진나라의 항복한 군졸 20만 명을 속여서 파묻어 죽였다. 十五 羽詐阬殺秦降卒二十萬人於新安
	조趙	조헐 24월 二十四
	제齊	전불 17월 十七
	한漢	패공 28월. 패공이 삼장三章의 법령을 내놓자 진나라 백성들이 크게 기뻐했다. 二十八 沛公出令三章 秦民大悅
	연燕	한광 28월 二十八

	위魏	위표 16월
		十六
	한韓	한성 19월
		十九
12월	진秦	12월
		十二月
	초楚	회왕 2년 8월. 초나라를 나누어 넷으로 만들었다.
		八 分楚爲四
		색은 서초, 형산, 임강, 구강이다.
		西楚衡山臨江九江也
	항項	항우 16월. 관중에 이르러 진왕 자영을 죽이고 함양을 도륙하고 불살랐다. 천하를 나누어 제후들을 세웠다.
		十六 至關中 誅秦王子嬰 屠燒咸陽 分天下 立諸侯
	조趙	조헐 25월. 조나라를 나누어 대국代國을 만들었다.
		二十五 分趙爲代國
	제齊	전불 18월. 항우가 전영을 원망하여 제나라를 나누어 세 나라로 만들었다.
		十八 項羽怨榮 分齊爲三國
		색은 임치, 제북, 교동이다.
		臨淄濟北膠東
	한漢	패공 29월. 항우와 틈이 생기자 희수 아래서 만나 강화했다. 항우가 약속을 저버리고 관중을 나누어 네 나라로 만들었다.
		二十九 與項羽有郤 見之戲下 講解 羽倍約 分關中爲四國
		색은 (四國은) 한, 옹, 새, 적이다.
		漢雍塞翟
	연燕	한광 29월. 장도가 항우를 따라서 관중에 들어왔으므로 연나라를 나누어 두 나라로 만들었다.
		二十九 臧荼從入 分燕爲二國
		색은 연과 요동이다.
		燕遼東也

	위魏		위표 17월. 위나라를 나누어 은국을 만들었다. 十七 分魏爲殷國
	한韓		한성 20월. 한나라를 나누어 하남국을 만들었다. 二十 分韓爲河南國
정월	의제義帝		회왕 2년 9월. 의제 원년. 제후들이 회왕을 높여 의제라 했다. 九 義帝元年 諸侯尊懷王爲義帝 색은 항우가 침郴으로 옮기고 10월에 이르러 항적이 구강왕 영포를 시켜 의제를 살해했는데 한왕이 애도를 거행했다. 項羽徙之於郴 至十月 項籍使九江王布殺義帝 漢王爲擧哀也 신주 사마천은 의제가 진나라를 이은 황제라는 뜻에서 의제 항목을 '진秦' 칸에 적었다.
	초楚	서초西楚	항우 17월. 항적이 스스로 즉위하여 서초패왕이 되었다. 十七 項籍自立爲西楚霸王
		형산衡山	초나라를 나누어 형산국을 만들었다. 分爲衡山
		임강臨江	초나라를 나누어 임강국을 만들었다. 分爲臨江
		구강九江	초나라를 나누어 구강국을 만들었다. 分爲九江
	조趙	상산常山	조헐 26월. 조나라의 이름을 상산국으로 고쳤다. 二十六 更名爲常山
		대代	조나라를 나누어 대국을 만들었다. 分爲代
	제齊	임치臨菑	전불 19월. 제나라의 이름을 임치로 고쳤다. 十九 更名爲臨菑
		제북濟北	제나라를 나누어 제북국을 만들었다. 分爲濟北
		교동膠東	제나라를 나누어 교동국을 만들었다. 分爲膠東

	한漢	한漢	고조 원년 정월. 관중을 나누어 한나라를 만들었다. 正月 分關中爲漢
			색은 고조와 12제후가 봉함을 받은 달을 《한서》〈이성왕표〉에 1월이라 했다. 그러므로 응소가 말했다. "제후왕이 비로소 봉함을 받은 달인데, 13왕이 동시에 1월이라 일컬었다. 원정元正이 아니므로 1월이라고 했다. 고조는 10월에 패상에 이르러 개원했으므로 이 달은 한나라 4개월째에 이른다." 高祖及十二諸侯受封之月 漢書異姓王表云一月 故應劭云 諸侯王始受封之月 十三王同時稱一月 以非元正 故云一月 高祖十月至霸上改元 至此月漢四月
		옹雍	관중을 나누어 옹국을 만들었다. 分關中爲雍
		새塞	관중을 나누어 새국을 만들었다. 分關中爲塞
		적翟	관중을 나누어 적국을 만들었다. 分關中爲翟
	연燕	연燕	한광 30월. 연국이다. 三十 燕
		요동 遼東	연나라를 나누어 요동국을 만들었다. 分爲遼東
	위魏	서위 西魏	위표 18월. 위나라의 이름을 서위국으로 고쳤다. 十八 更爲西魏
		은殷	위나라를 나누어 은국을 만들었다. 分爲殷
	한韓	한韓	한성 21월. 한韓나라이다. 二十一 韓
		하남 河南	한나라를 나누어 하남국을 만들었다. 分爲河南
2월	의제 義帝		의제 2월. 도읍을 강남 침으로 옮겼다. 二 徙都江南郴

초楚	서초 西楚	서초가 패자가 되어 항적(항우)이 다스리기 시작했다. 천하에 명령을 주관하고 18왕을 주관했다. 西楚主伯 項籍始 爲天下主命 主十八王	
	형산 衡山	왕 오예吳芮가 다스리기 시작했는데 이전에는 번군이 었다. 王吳芮始 故番君	
	임강 臨江	왕 공오가 다스리기 시작했는데 이전에는 초나라 주국 이었다. 王共敖始 故楚柱國	
	구강 九江	왕 영포가 다스리기 시작했는데 이전에는 초나라 장수 였다. 王英布始 故楚將	
조趙	상산 常山	왕 장이가 다스리기 시작했는데 이전에는 초나라 장수 였다. 王張耳始 故楚將 　색은　(장이는) 이전에 조나라 재상이었다. 故趙相	
	대代	조헐 27월. 왕 조헐이 다스리기 시작했는데 이전에는 조왕이었다. 二十七 王趙歇始 故趙王 　색은　조헐이 앞서 조왕이 되어 이미 26개월이고, 지금 2월에 대로 왕을 옮겼으므로 27개월이라 했다. 그 교동왕 전불은 앞 서 제왕이 되어 19개월이고, 한광·위표·한성의 다섯 사람은 아 울러 앞서 왕이 되어 많은 달수가 지났으므로 이전의 달수를 셈 한 것이다. 趙歇前爲趙已二十六月 今徙王代之二月 故云二十七月 其 膠東王市之前爲齊王十九月 韓廣魏豹韓成五人並先爲王已 經多月 故因舊月而數也	
제齊	임치 臨菑	왕 전도가 다스리기 시작했는데 이전에는 제나라 장수 였다. 王田都始 故齊將	

	제북濟北	왕 전안이 다스리기 시작했는데 이전에는 제나라 장수였다. 王田安始 故齊將	
	교동膠東	전불 20월. 왕 전불이 다스리기 시작했는데 이전에는 제왕이었다. 二十 王田市始 故齊王	
한漢	한漢	고조 원년 2월. 한왕이 다스리기 시작했는데 이전에는 패공이었다. 二月 漢王始 故沛公 색은 응소가 말했다. "왕들이 처음 도읍과 봉국의 달을 부르기를, 13왕이 동시에 2월이라 일컬었다." 應劭云 請王始都國之月 十三王同時稱二月	
	옹雍	왕 장함이 다스리기 시작했는데 이전에는 진나라 장수였다. 王章邯始 故秦將	
	새塞	왕 사마흔이 다스리기 시작했는데 이전에는 진나라 장수였다. 王司馬欣始 故秦將 색은 이전에 진나라 장사였다. 故秦長史	
	적翟	왕 동예가 다스리기 시작했는데 이전에는 진나라 장수였다. 王董翳始 故秦將 색은 이전에 진나라 도위였다. 故秦都尉	
연燕	연燕	왕 장도가 다스리기 시작했는데 이전에는 연나라 장수였다. 王臧荼始 故燕將	
	요동遼東	한광 31월. 왕 한광이 다스리기 시작했는데 이전에는 연왕이었다. 三十一 王韓廣始 故燕王	

	위魏	서위 西魏	위표 19월. 왕 위표가 다스리기 시작했는데 이전에는 위 왕이었다. 十九 王魏豹始 故魏王
		은殷	왕 사마앙이 다스리기 시작했는데 이전에는 조나라 장 수였다. 王司馬卬始 故趙將
	한韓	한韓	한성 22월. 왕 한성이 다스리기 시작했는데 이전에는 한나라 장수였다. 二十二 王韓成始 故韓將 색은 이전에 한왕이었다. 故韓王
		하남 河南	왕 신양이 다스리기 시작했는데 이전에는 초나라 장수 였다. 王申陽始 故楚將
3월	의제 義帝		의제 3월 三
	초楚	서초 西楚	서초패왕 2월. 팽성에 도읍했다. 二 都彭城
		형산 衡山	오예 2월. 주邾에 도읍했다. 二 都邾
		임강 臨江	공오 2월. 강릉에 도읍했다. 二 都江陵
		구강 九江	영포 2월. 육六에 도읍했다. 二 都六
	조趙	상산 常山	장이 2월. 양국에 도읍했다. 二 都襄國
		대代	조헐 28월. 대에 도읍했다. 二十八 都代

제齊	임치 臨菑	전도 2월. 임치에 도읍했다. 二 都臨菑	
	제북 濟北	전안 2월. 박양에 도읍했다. 二 都博陽	
	교동 膠東	전불 21월. 즉묵에 도읍했다. 二十一 都即墨	
한漢	한漢	고조 원년 3월. 남정에 도읍했다. 三月 都南鄭	
	옹雍	장함 2월. 폐구에 도읍했다. 二 都廢丘	
	새塞	사마흔 2월. 역양에 도읍했다. 二 都櫟陽	
	적翟	동예 2월. 고노에 도읍했다. 二 都高奴	
연燕	연燕	장도 2월. 계에 도읍했다. 二 都薊	
	요동 遼東	한광 32월. 무종에 도읍했다. 三十二 都無終	
		신주 요동국의 도읍인 무종은 현재 하북성 당산시 옥전玉田이다. 무종은 한나라의 우북평군에 속하였으며 옥전으로 명칭을 고친 것은 당나라(서기 696) 때이다.	
위魏	서위 西魏	위표 20월. 평양에 도읍했다. 二十 都平陽	
		색은 위표가 한을 따랐다가 또 배반하자 한신이 사로잡았다. 한漢 4년, 주가周苛가 위표를 살해했다. 豹從漢又叛 韓信虜之 漢四年 周苛殺豹也	
	은殷	사마앙 2월. 조가에 도읍했다. 二 都朝歌	

한韓	한韓	한성 23월. 양적에 도읍했다. 二十三 都陽翟	
		색은 요씨가 말했다. "한성은 곧 항량이 세웠으며, 17개국과 더불어 봉해진 것이 아니다. 여기서 18왕이고 아울러 항우에게 명령을 받았다고 한 것은 세밀히 구별하지 못한 것이다." 또 〈고조본기〉에 항우가 한성과 팽성에 이르렀는데 한왕에서 폐하여 후侯로 삼고 또 그를 살해했다고 한다. 이는 봉국에 취임하지 못하게 한 것이니 양적을 도읍으로 삼아 봉국으로 가지 못했음이 마땅하다. 姚氏云 韓成是項梁所立 不與十七國封 此云十八王 並項羽所命 不細區別 又高紀云項羽與成至彭城 廢爲侯 又殺之 是不令就國 當以陽翟爲都而不之國	
	하남 河南	신양 2월. 낙양에 도읍했다. 二 都洛陽	
4월	의제 義帝	의제 4월 四	
	초楚	서초 西楚	서초패왕 3월. 제후들이 희수 아래에서 병력을 거두고 모두 봉국으로 갔다. 三 諸侯罷戲下兵 皆之國
		형산 衡山	오예 3월 三
		임강 臨江	공오 3월 三
		구강 九江	영포 3월 三
	조趙	상산 常山	장이 3월 三
		대代	조헐 29월 二十九
	제齊	임치 臨菑	전도 3월 三

		제북 濟北	전안 3월 三
		교동 膠東	전불 22월 二十二
	한漢	한漢	고조 원년 4월 四月
		옹雍	장함 3월 三
		새塞	사마흔 3월 三
		적翟	동예 3월 三
	연燕	연燕	장도 3월 三
		요동 遼東	한광 33월 三十三
	위魏	서위 西魏	위표 21월 二十一
		은殷	사마앙 3월 三
	한韓	한韓	한성 24월 二十四
		하남 河南	신양 3월 三
5월	의제 義帝		의제 5월 五
	초楚	서초 西楚	서초패왕 4월 四

	형산 衡山	오예 4월 四	
	임강 臨江	공오 4월 四	
	구강 九江	영포 4월 四	
조趙	**상산** 常山	장이 4월 四	
	대代	조헐 30월 三十	
제齊	**임치** 臨菑	전도 4월. 전영이 전도를 치자 전도는 초나라에 투항했다. 四 田榮擊都 都降楚 신주 전도는 임치왕이며 전영이 임치와 교동, 제북을 모조리 합하여 다시 제왕이 되었다.	
	제북 濟北	전안 4월 四	
	교동 膠東	전불 23월 二十三	
한漢	**한**漢	고조 원년 5월 五月	
	옹雍	장함 4월 四	
	새塞	사마흔 4월 四	
	적翟	동예 4월 四	
연燕	**연**燕	장도 4월 四	

		요동 遼東	한광 34월 三十四
	위魏	서위 西魏	위표 22월 二十二
		은殷	사마앙 4월 四
	한韓	한韓	한성 25월 二十五
		하남 河南	신양 4월 四
6월	의제 義帝		의제 6월 六
	초楚	서초 西楚	서초패왕 5월 五
		형산 衡山	오예 5월 五
		임강 臨江	공오 5월 五
		구강 九江	영포 5월 五
	조趙	상산 常山	장이 5월 五
		대代	조헐 31월 三十一
	제齊	임치 臨菑	제왕 전영이 다스리기 시작했는데 이전에는 제나라 재상이었다. 齊王田榮始 故齊相
		제북 濟北	전안 5월 五

		교동 膠東	전불 24월. 전영이 전불을 쳐서 살해했다. 二十四 田榮擊殺市
	한漢	한漢	고조 원년 6월 六月
		옹雍	장함 5월 五
		새塞	사마흔 5월 五
		적翟	동예 5월 五
	연燕	연燕	장도 5월 五
		요동 遼東	한광 35월 三十五
	위魏	서위 西魏	위표 23월 二十三
		은殷	사마앙 5월 五
	한韓	한韓	한성 26월 二十六
		하남 河南	신양 5월 五
7월	의제 義帝		의제 7월 七
	초楚	서초 西楚	서초패왕 6월 六
		형산 衡山	오예 6월 六

	임강 臨江	공오 6월 六	
	구강 九江	영포 6월 六	
조趙	**상산** 常山	장이 6월 六	
	대代	조헐 32월 三十二	
제齊	**임치** 臨菑	전영 2월 二	
	제북 濟北	전안 6월. 전영이 전안을 쳐서 살해했다. 六 田榮擊殺安	
	교동 膠東	제나라에 귀속되었다. 屬齊	
한漢	**한**漢	고조 원년 7월 七月	
	옹雍	장함 6월 六	
	새塞	사마흔 6월 六	
	적翟	동예 6월 六	
연燕	**연**燕	장도 6월 六	
	요동 遼東	한광 36월 三十六	
위魏	**서위** 西魏	위표 24월 二十四	
	은殷	사마앙 6월 六	

	한韓	한韓	한성 27월. 항우가 한성을 죽였다. 二十七 項羽誅成
		하남 河南	신양 6월 六
8월	의제 義帝		의제 8월 八
	초楚	서초 西楚	서초패왕 7월 七
		형산 衡山	오예 7월 七
		임강 臨江	공오 7월 七
		구강 九江	영포 7월 七
	조趙	상산 常山	장이 7월 七
		대代	조헐 33월 三十三
	제齊	임치 臨菑	전영 3월 三
		제북 濟北	제나라에 귀속되었다. 屬齊
	한漢	한漢	고조 원년 8월 八月
		옹雍	장함 7월. 장함이 폐구廢丘를 지켰는데 한漢이 그를 포위했다. 七 邯守廢丘 漢圍之
		새塞	사마흔 7월. 사마흔이 한漢에 항복하여 봉국이 없어졌다. 七 欣降漢 國除

		적적翟	동예 7월. 동예가 한漢에 항복하여 봉국이 없어졌다. 七 翳降漢 國除
	연燕	연燕	장도 7월 七
		요동 遼東	한광 37월. 장도가 한광을 무종에서 쳐서 멸했다. 三十七 臧荼擊廣無終 滅之
			신주 한광은 연왕으로 있다가 항우가 장도를 연왕에 봉하자 쫓겨나다시피 요동왕이 되었다. 만약 고대 요동이 오늘날 요동이라면 굳이 서쪽 끝에 연나라 가까이 도읍할 필요가 없고, 장도가 그 넓고 좋은 요동왕 자리를 버리고 연왕이 되려고 하지도 않았을 것이다. 더구나 당시에 중국 천진에서 압록강에 이를 정도로 큰 영토를 가진 제후왕이 존재할 수도 없었다. 또 그런 영토를 가진 군주를 하북성 북단의 연나라가 단번에 제압한다는 것은 거의 불가능한 일이다. 이 요동국은 하북성 북단의 연나라보다 보잘 것 없는 나라였을 것이고, 따라서 위치는 현재 북경의 동쪽으로 장성 이남의 천진시 일부 당산시 등 난하유역 주변까지로 본다.
	위魏	서위 西魏	위표 25월 二十五
		은殷	사마앙 7월 七
	한韓	한韓	한왕 정창이 다스리기 시작했는데 항우가 세웠다. 韓王鄭昌始 項羽立之
		하남 河南	신양 7월 七
9월	의제 義帝		의제 9월 九
	초楚	서초 西楚	서초패왕 8월 八
		형산 衡山	오예 8월 八

		임강 臨江	공오 8월 八
		구강 九江	영포 8월 八
	조趙	**상산** 常山	장이 8월 八
		대代	조헐 34월 三十四
	제齊	**임치** 臨菑	전영 4월 四
	한漢	**한漢**	고조 원년 9월 九月
		옹雍	장함 8월 八
		새塞	한에 귀속되어 위남군과 하상군이 되었다. 屬漢 爲渭南河上郡
		적翟	한에 귀속되어 상군이 되었다. 屬漢爲上郡
	연燕	**연燕**	장도 8월 八
		요동 遼東	연나라에 귀속되었다. 屬燕
	위魏	**서위** 西魏	위표 26월 二十六
		은殷	사마앙 8월 八
	한韓	**한韓**	정창 2월 二
		하남 河南	신양 8월 八

한왕제패표

서기전 205년(고조 2년)

10월	의제 義帝		의제 10월. 항우가 의제를 멸했다. 十 項羽滅義帝
	초楚	서초 西楚	서초패왕 9월 九
		형산 衡山	오예 9월 九
		임강 臨江	공오 9월 九
		구강 九江	영포 9월 九
	조趙	상산 常山	장이 9월. 장이가 한漢에 항복했다. 九 耳降漢
		대代	조헐 35월. 조헐이 다시 조나라 왕으로 복귀했다. 三十五 歇復王趙
	제齊	임치 臨菑	전영 5월 五
	한漢	한漢	고조 2년 10월. 왕이 섬에 이르렀다. 十月 王至陝 집해 서광이 말했다. "홍농군 섬현이다." 徐廣曰 弘農陝縣

		옹雍	장함 9월 九
	연燕	연燕	장도 9월 九
	위魏	서위 西魏	위표 27월 二十七
		은殷	사마앙 9월 九
	한韓	한韓	정창 3월 三
		하남 河南	신양 9월 九
11월	초楚	서초 西楚	서초패왕 10월 十
		형산 衡山	오예 10월 十
		임강 臨江	공오 10월 十
		구강 九江	영포 10월 十
	조趙	상산 常山	
		대代	조헐 36월 三十六
	제齊	임치 臨菑	전영 6월 六
	한漢	한漢	고조 2년 11월 十一月

		옹雍	장함 10월. 한漢이 옹국 농서를 함락했다. 十 漢拔我隴西
	연燕	연燕	장도 10월 十
	위魏	서위 西魏	위표 28월 二十八
		은殷	사마앙 10월 十
	한韓	한韓	한韓 왕 신信이 다스리기 시작했는데 한漢나라가 그를 세웠다. 韓王信始 漢立之
		하남 河南	한漢에 귀속되어 하남군이 되었다. 屬漢 爲河南郡
12월	초楚	서초 西楚	서초패왕 11월 十一
		형산 衡山	오예 11월 十一
		임강 臨江	공오 11월 十一
		구강 九江	영포 11월 十一
	조趙	상산 常山	조헐이 진여를 대왕으로 삼았는데 이전의 성안군이다. 歇以陳餘爲代王 故成安君 신주 진여는 봉국에 가지 않고 조헐을 보좌했다.
		대代	조헐 37월 三十七
	제齊	임치 臨菑	전영 7월 七

	한漢	한漢	고조 2년 12월 十二月
		옹雍	장함 11월 十一
	연燕	연燕	장도 11월 十一
	위魏	서위 西魏	위표 29월 二十九
		은殷	사마앙 11월 十一
	한韓	한韓	한韓왕 신 2월 二
정월	초楚	서초 西楚	서초패왕 12월 十二
		형산 衡山	오예 12월 十二
		임강 臨江	공오 12월 十二
		구강 九江	영포 12월 十二
	조趙	상산 常山	진여 2월 二
		대代	조헐 38월 三十八
	제齊	임치 臨菑	전영 8월. 항적이 전영을 치자 전영은 평원으로 달아났는데 평원 백성들이 그를 죽였다. 八 項籍擊榮 走平原 平原民殺之
	한漢	한漢	고조 2년 정월 正月

		옹雍	장함 12월. 한漢이 옹국 북지를 함락했다. 十二 漢拔我北地
	연燕	연燕	장도 12월 十二
	위魏	서위 西魏	위표 30월 三十
		은殷	사마앙 12월 十二
	한韓	한韓	한韓 왕 신 3월 三
2월	초楚	서초 西楚	서초패왕 2년 1월 二年一月
		형산 衡山	오예 2년 1월 二年一月
		임강 臨江	공오 13월 十三
		구강 九江	영포 2년 1월 二年一月
	조趙	상산 常山	진여 3월 三
		대代	조헐 39월 三十九
	제齊	제齊	항적이 옛 제왕 전가를 제왕으로 세웠다. 項籍立故齊王田假爲齊王
	한漢	한漢	고조 2년 2월 二月
		옹雍	장함 2년 1월 二年一月

	연燕	연燕	장도 2년 1월 二年一月
	위魏	서위 西魏	위표 31월 三十一
		은殷	사마앙 13월 十三
	한韓	한韓	한韓왕 신 4월 四
3월	초楚	서초 西楚	서초패왕 2년 2월 二
		형산 衡山	오예 2년 2월 二
		임강 臨江	공오 14월 十四
		구강 九江	영포 2년 2월 二
	조趙	상산 常山	진여 4월 四
		대代	조헐 40월 四十
	제齊	제齊	전가 2월. 전영의 아우 전횡이 성양에서 반란하여 전가를 치자 전가는 초나라로 달아났는데 초나라에서 전가를 죽였다. 二 田榮弟橫反城陽 擊假 走楚 楚殺假
	한漢	한漢	고조 2년 3월. 왕이 은나라를 쳤다. 三月 王擊殷
		옹雍	장함 2년 2월 二

	연燕	연燕	장도 2년 2월 二
	위魏	서위 西魏	위표 32월. 한漢에 항복했다. 三十二 降漢
		은殷	사마앙 14월. 한漢에 항복하고 사마앙은 폐위되었다. 十四 降漢 卬廢
	한韓	한韓	한韓왕 신 5월 五
4월	초楚	서초 西楚	서초패왕 2년 3월. 항우가 병력 3만으로 한왕 병력 56만을 깨뜨렸다. 三 項羽以兵三萬破漢兵五十六萬
		형산 衡山	오예 2년 3월 三
		임강 臨江	공오 15월 十五
		구강 九江	영포 2년 3월 三
	조趙	상산 常山	진여 5월 五
		대代	조헐 41월 四十一
	제齊	제齊	제왕 전광이 다스리기 시작했다. 전광은 전영의 아들로 전횡이 그를 세웠다. 齊王田廣始 廣 榮子 橫立之
	한漢	한漢	고조 2년 4월. 왕이 초나라를 쳐서 팽성에 이르렀다가 무너져 달아났다. 四月 王伐楚至彭城 壞走
		옹雍	장함 2년 3월 三

	연燕	연燕	장도 2년 3월 三
	위魏	서위 西魏	위표 33월. 한漢을 따라 초나라를 쳤다. 三十三 從漢伐楚
		은殷	하내군이 되어 한漢에 귀속되었다. 爲河內郡 屬漢
	한韓	한韓	한韓 왕 신 6월. 한漢나라를 따라 초나라를 쳤다. 六 從漢伐楚
5월	초楚	서초 西楚	서초패왕 2년 4월 四
		형산 衡山	오예 2년 4월 四
		임강 臨江	공오 16월 十六
		구강 九江	영포 2년 4월 四
	조趙	상산 常山	진여 6월 六
		대代	조헐 42월 四十二
	제齊	제齊	전광 2월 二
	한漢	한漢	고조 2년 5월. 왕이 형양으로 달아났다. 五月 王走滎陽
		옹雍	장함 2년 4월 四
	연燕	연燕	장도 2년 4월 四

	위魏	서위 西魏	위표 34월. 위표가 돌아와서 한漢나라를 배반했다. 三十四 豹歸 叛漢
	한韓	한韓	한韓왕 신 7월 七
6월	초楚	서초 西楚	서초패왕 2년 5월 五
		형산 衡山	오예 2년 5월 五
		임강 臨江	공오 17월 十七
		구강 九江	영포 2년 5월 五
	조趙	상산 常山	진여 7월 七
		대代	조헐 43월 四十三
	제齊	제齊	전광 3월 三
	한漢	한漢	고조 2년 6월. 왕이 관중으로 들어와 태자를 세웠다. 다시 형양으로 갔다. 六月 王入關 立太子 復如滎陽
		옹雍	장함 2년 5월. 한漢이 장함을 폐구에서 죽였다. 五 漢殺邯廢丘
	연燕	연燕	장도 2년 5월 五
	위魏	서위 西魏	위표 35월 三十五
	한韓	한韓	한韓왕 신 8월 八

7월	초楚	서초 西楚	서초패왕 2년 6월 六
		형산 衡山	오예 2년 6월 六
		임강 臨江	공오 18월 十八
		구강 九江	영포 2년 6월 六
	조趙	상산 常山	진여 8월 八
		대代	조헐 44월 四十四
	제齊	제齊	전광 4월 四
	한漢	한漢	고조 2년 7월 七月
		옹雍	한漢나라에 귀속되어 농서군, 북지군, 중지군이 되었다. 屬漢 爲隴西北地中地郡
	연燕	연燕	장도 2년 6월 六
	위魏	서위 西魏	위표 36월 三十六
	한韓	한韓	한韓왕 신 9월 九
8월	초楚	서초 西楚	서초패왕 2년 7월 七
		형산 衡山	오예 2년 7월 七

		임강 臨江	공오 19월 十九
		구강 九江	영포 2년 7월 七
	조趙	**상산** 常山	진여 9월 九
		대代	조헐 45월 四十五
	제齊	**제齊**	전광 5월 五
	한漢	**한漢**	고조 2년 8월 八月
	연燕	**연燕**	장도 2년 7월 七
	위魏	**서위** 西魏	위표 37월 三十七
	한韓	**한韓**	한韓왕 신 10월 十
9월	초楚	**서초** 西楚	서초패왕 2년 8월 八
		형산 衡山	오예 2년 8월 八
		임강 臨江	공오 20월 二十
		구강 九江	영포 2년 8월 八
	조趙	**상산** 常山	진여 10월 十

		대代	조헐 46월 四十六
	제齊	제齊	전광 6월 六
	한漢	한漢	고조 2년 9월 九月
	연燕	연燕	장도 2년 8월 八
	위魏	서위 西魏	위표 38월. 한漢나라 장수 한신이 위표를 사로잡았다. 三十八 漢將信虜豹 신주 〈고조본기〉에는 3년이라고 나오지만 〈회음후전〉과 《한서》〈고제기〉에는 2년 9월이라고 나온다.
	한韓	한韓	한韓왕 신 11월 十一
후9월 後九月	초楚	서초 西楚	서초패왕 2년 9월 九
		형산 衡山	오예 2년 9월 九
		임강 臨江	공오 21월 二十一
		구강 九江	영포 2년 9월 九
	조趙	상산 常山	진여 11월 十一
		대代	조헐 47월 四十七
	제齊	제齊	전광 7월 七

한漢	한漢	고조 2년 후9월 後九月 집해 서광이 말했다. "윤달 건사 4월이어야 마땅하다." 徐廣曰 應閏建巳
연燕	연燕	장도 2년 9월 九
위魏	서위 西魏	한漢나라에 귀속되어 하동군과 상당군이 되었다. 屬漢 爲河東上黨郡
한韓	한韓	한韓왕 신 12월 十二

서기전 204년(고조 3년)

10월	초楚	서초 西楚	서초패왕 2년 10월 十
		형산 衡山	오예 2년 10월 十
		임강 臨江	공오 22월 二十二
		구강 九江	영포 2년 10월 十
	조趙	상산 常山	진여 12월. 한漢 장수 한신이 진여를 베었다. 十二 漢將韓信斬陳餘
		대代	조헐 48월. 한나라가 조헐을 멸했다. 四十八 漢滅歇
	제齊	제齊	전광 8월 八
	한漢	한漢	고조 3년 10월 三年十月

	연燕	연燕	장도 2년 10월 十
	한韓	한韓	한韓왕 신 2년 1월 二年一月
11월	초楚	서초 西楚	서초패왕 2년 11월 十一
		형산 衡山	오예 2년 11월 十一
		임강 臨江	공오 23월 二十三
		구강 九江	영포 2년 11월 十一
	조趙	상산 常山	한漢나라에 귀속되어 태원군이 되었다. 屬漢 爲太原郡 신주 연나라 강역의 크기는 한국고대사에도 중요하다. 고조선과 국경을 맞대고 있기 때문이다. 중국에서는 현재 연나라가 하북성에서 압록강까지 걸쳐져 있었다고 주장하지만 이는 고대 요동을 지금의 요동으로 잘못 인식한 데서 나온 인식이다. 한신은 군사를 동원해 위·대·조 나라를 제압하면서 연나라에는 사자를 보내 굴복시켰다. 연나라는 한신의 사자에게 굴복할 정도로 작은 나라로서 지금의 북경 및 하북성 북부 일부를 차지했을 뿐인데, 후대의 역사학자들이 크게 확대해 놓은 것이 현재 통설처럼 통용되고 있다.
		대代	한漢나라에 귀속되어 대代군이 되었다. 屬漢 爲郡
	제齊	제齊	전광 9월 九
	한漢	한漢	고조 3년 11월 十一月

	연燕	연燕	장도 2년 11월 十一
	한韓	한韓	한韓왕 신 2년 2월 二
12월	초楚	서초 西楚	서초패왕 2년 12월 十二
		형산 衡山	오예 2년 12월 十二
		임강 臨江	공오 24월 二十四
		구강 九江	영포 2년 12월. 영포 자신은 한漢에 항복했으나 땅은 항적에게 귀속되었다. 十二 布身降漢 地屬項籍
	제齊	제齊	전광 10월 十
	한漢	한漢	고조 3년 12월 十二月
	연燕	연燕	장도 2년 12월 十二
	한韓	한韓	한韓왕 신 2년 3월 三
정월	초楚	서초 西楚	서초패왕 3년 1월 三年一月
		형산 衡山	오예 3년 1월 三年一月
		임강 臨江	공오 25월 二十五
	제齊	제齊	전광 11월 十一

	한漢	한漢	고조 3년 정월 正月
	연燕	연燕	장도 3년 1월 三年一月
	한韓	한韓	한韓왕 신 2년 4월 四
2월	초楚	서초 西楚	서초패왕 3년 2월 二
		형산 衡山	오예 3년 2월 二
		임강 臨江	공오 26월 二十六
	제齊	제齊	전광 12월 十二
	한漢	한漢	고조 3년 2월 二月
	연燕	연燕	장도 3년 2월 二
	한韓	한韓	한韓왕 신 2년 5월 五
3월	초楚	서초 西楚	서초패왕 3년 3월 三
		형산 衡山	오예 3년 3월 三
		임강 臨江	공오 27월 二十七
	제齊	제齊	전광 13월 十三

	한漢	한漢	고조 3년 3월 三月
	연燕	연燕	장도 3년 3월 三
	한韓	한韓	한韓왕 신 2년 6월 六
4월	초楚	서초 西楚	서초패왕 3년 4월 四
		형산 衡山	오예 3년 4월 四
		임강 臨江	공오 28월 二十八
	제齊	제齊	전광 14월 十四
	한漢	한漢	고조 3년 4월. 초나라가 왕을 형양에서 포위했다. 四月 楚圍王滎陽
	연燕	연燕	장도 3년 4월 四
	한韓	한韓	한韓왕 신 2년 7월 七
5월	초楚	서초 西楚	서초패왕 3년 5월 五
		형산 衡山	오예 3년 5월 五
		임강 臨江	공오 29월 二十九
	제齊	제齊	전광 15월 十五

	한漢	한漢	고조 3년 5월 五月
	연燕	연燕	장도 3년 5월 五
	한韓	한韓	한韓왕 신 2년 8월 八
6월	초楚	서초 西楚	서초패왕 3년 6월 六
		형산 衡山	오예 3년 6월 六
		임강 臨江	공오 30월 三十
	제齊	제齊	전광 16월 十六
	한漢	한漢	고조 3년 6월 六月
	연燕	연燕	장도 3년 6월 六
	한韓	한韓	한韓왕 신 2년 9월 九
7월	초楚	서초 西楚	서초패왕 3년 7월 七
		형산 衡山	오예 3년 7월 七
		임강 臨江	공오 31월. 왕 공오共敖가 죽었다. 三十一 王敖薨
	제齊	제齊	전광 17월 十七

	한漢	한漢	고조 3년 7월. 왕이 형양에서 탈출했다. 七月 王出滎陽 집해 서광이 말했다. "〈항우본기〉와 〈고조본기〉에 7월에 형양에서 탈출했다고 한다." 徐廣曰 項羽高紀七月出滎陽 신주 서광이 말한 내용은 양 본기에 없다. 《사기지의》에 따르면 《한기漢紀》에는 5월이라고 한다.
	연燕	연燕	장도 3년 7월 七
	한韓	한韓	한韓왕 신 2년 10월 十
8월	초楚	서초 西楚	서초패왕 3년 8월 八
		형산 衡山	오예 3년 8월 八
		임강 臨江	왕 공환共驩이 다스리기 시작했는데 공오의 아들이다. 臨江王驩始 敖子 색은 공오의 아들이며 한나라가 그를 사로잡았는데 또한 (한나라 태초력으로 따져) 4년 12월에 있었던 일이다. 共敖之子 漢虜之 亦在四年十二月
	제齊	제齊	전광 18월 十八
	한漢	한漢	고조 3년 8월. 주가와 종공이 위표를 죽였다. 八月 周苛樅公殺魏豹
	연燕	연燕	장도 3년 8월 八
	한韓	한韓	한韓왕 신 2년 11월 十一

9월	초楚	서초 西楚	서초패왕 3년 9월 九
		형산 衡山	오예 3년 9월 九
		임강 臨江	공환 2월 二
	제齊	제齊	전광 19월 十九
	한漢	한漢	고조 3년 9월 九月
	연燕	연燕	장도 3년 9월 九
	한韓	한韓	한韓왕 신 2년 12월 十二

서기전 203년(고조 4년)

10월	초楚	서초 西楚	서초패왕 3년 10월 十
		형산 衡山	오예 3년 10월 十
		임강 臨江	공환 3월 三
	제齊	제齊	전광 20월 二十
	한漢	한漢	고조 4년 10월 四年十月

	연燕	연燕	장도 3년 10월 十
	한韓	한韓	한韓왕 신 3년 1월 三年一月
11월	초楚	서초 西楚	서초패왕 3년 11월. 한 장수 한신이 용저龍且를 깨뜨리고 죽였다. 十一 漢將韓信破殺龍且
		형산 衡山	오예 3년 11월 十一
		임강 臨江	공환 4월 四
	조趙	조趙	조왕 장이가 다스리기 시작했는데, 한나라가 그를 세웠다. 趙王張耳始 漢立之
	제齊	제齊	전광 21월. 한漢 장수 한신이 전광을 쳐서 죽였다. 二十一 漢將韓信擊殺廣
	한漢	한漢	고조 4년 11월 十一月
	연燕	연燕	장도 3년 11월 十一
	한韓	한韓	한韓왕 신 3년 2월 二
12월	초楚	서초 西楚	서초패왕 3년 12월 十二
		형산 衡山	오예 3년 12월 十二
		임강 臨江	공환 5월 五
	조趙	조趙	장이 2월 二

	제齊	제齊	한漢에 귀속되어 군이 되었다. 屬漢 爲郡
	한漢	한漢	고조 4년 12월 十二月
	연燕	연燕	장도 3년 12월 十二
	한韓	한韓	한韓왕 신 3년 3월 三
정월	초楚	서초 西楚	서초패왕 4년 1월 四年一月
		형산 衡山	오예 4년 1월 四年一月
		임강 臨江	공환 6월 六
	조趙	조趙	장이 3월 三
	한漢	한漢	고조 4년 정월 正月
	연燕	연燕	장도 4년 1월 四年一月
	한韓	한韓	한韓왕 신 3년 4월 四
2월	초楚	서초 西楚	서초패왕 4년 2월 二
		형산 衡山	오예 4년 2월 二
		임강 臨江	공환 7월 七

	조趙	조趙	장이 4월 四
	제齊	제齊	제왕 한신이 다스리기 시작했다. 한나라가 그를 세웠다. 齊王韓信始 漢立之
	한漢	한漢	고조 4년 2월. 한신韓信을 세워 제나라 왕으로 삼았다. 二月 立信王齊
	연燕	연燕	장도 4년 2월 二
	한韓	한韓	한韓왕 신 3년 5월 五
3월	초楚	서초 西楚	서초패왕 4년 3월. 한나라 어사 주가가 초나라로 잡혀 들어와서 죽었다. 三 漢御史周苛入楚 死
		형산 衡山	오예 4년 3월 三
		임강 臨江	공환 8월 八
	조趙	조趙	장이 5월 五
	제齊	제齊	한신 2월 二
	한漢	한漢	고조 4년 3월. 주가가 초나라에 잡혀 들어갔다. 三月 周苛入楚
	연燕	연燕	장도 4년 3월 三
	한韓	한韓	한韓왕 신 3년 6월 六
4월	초楚	서초 西楚	서초패왕 4년 4월 四

		형산 衡山	오예 4년 4월 四
		임강 臨江	공환 9월 九
	조趙	**조**趙	장이 6월 六
	제齊	**제**齊	한신 3월 三
	한漢	**한**漢	고조 4년 4월. 왕이 형양에서 탈출했다. 위표가 죽었다. 四月 王出滎陽 豹死 집해 서광이 말했다. "〈항우본기〉에는 한왕이 성고成皐에서 탈출했다고 한다." 徐廣曰 項羽紀曰王出成皐 신주 형양 탈출과 위표 죽음은 이미 전에 있었으므로, 이 기사는 잘못 덧붙여진 글자로 보인다.
	연燕	**연**燕	장도 4년 4월 四
	한韓	**한**韓	한韓 왕 신 3년 7월 七
5월	**초**楚	**서초** 西楚	서초패왕 4년 5월 五
		형산 衡山	오예 4년 5월 五
		임강 臨江	공환 10월 十
	조趙	**조**趙	장이 7월 七
	제齊	**제**齊	한신 4월 四

	한漢	한漢	고조 4년 5월 五月
	연燕	연燕	장도 4년 5월 五
	한韓	한韓	한韓왕 신 3년 8월 八
6월	초楚	서초 西楚	서초패왕 4년 6월 六
		형산 衡山	오예 4년 6월 六
		임강 臨江	공환 11월 十一
	조趙	조趙	장이 8월 八
	제齊	제齊	한신 5월 五
	한漢	한漢	고조 4년 6월 六月
	연燕	연燕	장도 4년 6월 六
	한韓	한韓	한韓왕 신 3년 9월 九
7월	초楚	서초 西楚	서초패왕 4년 7월 七
		형산 衡山	오예 4년 7월 七
		임강 臨江	공환 12월 十二

		회남 淮南	회남왕 영포가 다스리기 시작했는데, 한나라가 그를 세 웠다. 淮南王英布始 漢立之
	조趙	조趙	장이 9월 九
	제齊	제齊	한신 6월 六
	한漢	한漢	고조 4년 7월. 영포를 회남왕으로 세웠다. 七月 立布爲淮南王
	연燕	연燕	장도 4년 7월 七
	한韓	한韓	한韓왕 신 3년 10월 十
8월	초楚	서초 西楚	서초패왕 4년 8월 八
		형산 衡山	오예 4년 8월 八
		임강 臨江	공환 13월 十三
		회남 淮南	영포 2월 二
	조趙	조趙	장이 10월 十
	제齊	제齊	한신 7월 七
	한漢	한漢	고조 4년 8월 八月
	연燕	연燕	장도 4년 8월 八

	한韓	한韓	한韓왕 신 3년 11월 十一
9월	초楚	서초 西楚	서초패왕 4년 9월 九
		형산 衡山	오예 4년 9월 九
		임강 臨江	공환 14월 十四
		회남 淮南	영포 3월 三
	조趙	조趙	장이 11월 十一
	제齊	제齊	한신 8월 八
	한漢	한漢	고조 4년 9월. 태공과 여후가 초나라에서 돌아왔다. 九月 太公呂后歸自楚
	연燕	연燕	장도 4년 9월 九
	한韓	한韓	한韓왕 신 3년 12월 十二

서기전 202년(고조 5년)

10월	초楚	서초 西楚	서초패왕 4년 10월 十
		형산 衡山	오예 4년 10월 十

		임강 臨江	공환 15월 十五
		회남 淮南	영포 4월 四
	조趙	조趙	장이 12월 十二
	제齊	제齊	한신 9월 九
	한漢	한漢	고조 5년 10월 五年十月
	연燕	연燕	장도 4년 10월 十
	한韓	한韓	한韓왕 신 4년 1월 四年一月
11월	초楚	서초 西楚	서초패왕 4년 11월 十一
		형산 衡山	오예 4년 11월 十一
		임강 臨江	공환 16월 十六
		회남 淮南	영포 5월 五
	조趙	조趙	장이 2년 1월 二年一月
	제齊	제齊	한신 10월 十
	한漢	한漢	고조 5년 11월 十一月

	연燕	연燕	장도 4년 11월 十一
	한韓	한韓	한韓왕 신 4년 2월 二
12월	초楚	서초 西楚	서초패왕 4년 12월. 항적을 주살했다. 十二 誅籍 색은 한나라가 항적을 죽인 것은 (한나라 태초력으로 따져) 4년 12월이다. 漢誅項籍在四年十二月
		형산 衡山	오예 4년 12월 十二
		임강 臨江	공환 17월. 한나라가 공환共驩을 사로잡았다. 十七 漢虜驩
		회남 淮南	영포 6월 六
	조趙	조趙	장이 2년 2월 二
	제齊	제齊	한신 11월 十一
	한漢	한漢	고조 5년 12월 十二月
	연燕	연燕	장도 4년 12월 十二
	한韓	한韓	한韓왕 신 4년 3월 三
정월	초楚	서초 西楚	제왕 한신을 초왕으로 옮겼다. 齊王韓信徙楚王
		형산 衡山	오예 4년 13월. 왕을 장사로 옮겼다. 十三 徙王長沙

		임강 臨江	한에 귀속되어 남군을 만들었다. 屬漢 爲南郡
		회남 淮南	영포 7월. 회남국을 그대로 두었다. 七 淮南國
	조趙	조趙	장이 2년 3월. 조국을 그대로 두었다. 三 趙國
	제齊	제齊	한신 12월. 왕을 초왕으로 옮기고 땅은 한나라에 귀속시켜 4군을 만들었다. 十二 徙王楚 屬漢 爲四郡
	한漢	한漢	고조 5년 정월. 항적을 죽이자 천하는 평정되었으며 제후들은 한나라에 신하로 속하게 되었다. 正月 殺項籍 天下平 諸侯臣屬漢 [색은] 한왕이 황제로 호칭을 고치고 정도定陶에서 즉위했다. 漢王更號皇帝 即位於定陶也
	연燕	연燕	장도 5년 1월. 연국을 그대로 두었다. 五年一月 燕國
	위魏	양梁	다시 양梁국을 두었다. 復置梁國
	한韓	한韓	한韓왕 신 4년 4월. 한왕 신을 대왕으로 옮겨 마읍에 도읍하게 했다. 四 韓王信徙王代 都馬邑 [신주] 〈한왕신전〉과 〈고조본기〉에는 6년에 태원으로 옮긴 것으로 나온다. 이때는 한왕으로 영천潁川 양적陽翟에 도읍한다. 그리고 대왕代王이란 표현도 잘못이다. 신은 그대로 한왕이었다.
		장사 長沙	임강을 나누어 장사국을 만들었다. 分臨江爲長沙國
2월	초楚	서초 西楚	한신 2월 二
		형산 衡山	회남국에 귀속되었다. 屬淮南國

		회남 淮南	영포 8월 八
	조趙	조趙	장이 2년 4월 四
	한漢	한漢	고조 5년 2월. 갑오일, 왕의 호칭을 고쳐 황제로 정도에서 즉위했다. 二月 甲午 王更號 即皇帝位於定陶
	연燕	연燕	장도 5년 2월 二
	위魏	양梁	양왕 팽월이 다스리기 시작했다. 梁王彭越始
	한韓	한韓	한韓왕 신 4년 5월 五
		장사 長沙	형산왕 오예를 장사왕으로 삼았다. 衡山王吳芮爲爲長沙王 색은 오예가 다스리기 시작했는데 봉국을 바꾼 것이다. 吳芮始 改封也
3월	초楚	서초 西楚	한신 3월 三
		회남 淮南	영포 9월 九
	조趙	조趙	장이 2년 5월 五
	한漢	한漢	고조 5년 3월 三月
	연燕	연燕	장도 5년 3월 三
	위魏	양梁	팽월 2월 二

	한韓	한韓	한韓왕 신 4년 6월 六
		장사 長沙	오예 2월 二
4월	초楚	서초 西楚	한신 4월 四
		회남 淮南	영포 10월 十
	조趙	조趙	장이 2년 6월 六
	한漢	한漢	고조 5년 4월 四月
	연燕	연燕	장도 5년 4월 四
	위魏	양梁	팽월 3월 三
	한韓	한韓	한韓왕 신 4년 7월 七
		장사 長沙	오예 3월 三
5월	초楚	서초 西楚	한신 5월 五
		회남 淮南	영포 11월 十一
	조趙	조趙	장이 2년 7월 七
	한漢	한漢	고조 5년 5월 五月

	연燕	연燕	장도 5년 5월 五
	위魏	양梁	팽월 4월 四
	한韓	한韓	한韓왕 신 4년 8월 八
		장사 長沙	오예 4월 四
6월	초楚	서초 西楚	한신 6월 六
		회남 淮南	영포 12월 十二
	조趙	조趙	장이 2년 8월 八
	한漢	한漢	고조 5년 6월. 고조가 관중으로 들어갔다. 六月 帝入關
	연燕	연燕	장도 5년 6월 六
	위魏	양梁	팽월 5월 五
	한韓	한韓	한韓왕 신 4년 9월 九
		장사 長沙	오예 5월 五
7월	초楚	서초 西楚	한신 7월 七
		회남 淮南	영포 2년 1월 二年一月

	조趙	조趙	장이 2년 9월. 장이가 죽자 경왕이라 시호했다. 九 耳薨 謚景王
	한漢	한漢	고조 5년 7월 七月
	연燕	연燕	장도 5년 7월 七
	위魏	양梁	팽월 6월 六
	한韓	한韓	한韓왕 신 4년 10월 十
		장사 長沙	6월. 오예가 죽어서 문왕이라 시호했다. 六 薨 謚文王
8월	초楚	서초 西楚	한신 8월 八
		회남 淮南	영포 2년 2월 二
	조趙	조趙	조왕 장오가 다스리기 시작했는데, 장이의 아들이다. 趙王張敖始 耳子
	한漢	한漢	고조 5년 8월. 고조 스스로 군사를 거느리고 연나라를 주벌했다. 八月 帝自將誅燕 **신주** 연왕 장도가 7월에 반란하여 대代를 공격했기 때문이다. 《사기》에는 연왕의 반란을 10월이라 했으나, 당시 10월이 정월이고 《한서》〈고제기〉나 이 표의 9월 기록에 '장도를 잡았다'고 한 기록으로 보아 '七'을 잘못하여 '十'으로 쓴 것으로 보인다. 고조가 가는 데 한 달 걸렸다.
	연燕	연燕	장도 5년 8월 八
	위魏	양梁	팽월 7월 七

	한韓	한韓	한韓왕 신 4년 11월 十一
		장사 長沙	장사성왕 오신吳臣이 다스리기 시작했는데, 오예의 아들이다. 長沙成王臣始 芮子
9월	초楚	서초 西楚	한신 9월. 초왕이 옛 항우의 장수 종리말(종리매)을 잡고 그를 참수했다는 소문이 났다. 九 王得故項羽將鍾離眛 斬之以聞
		회남 淮南	영포 2년 3월 三
	조趙	조趙	장오 2월 二
	한漢	한漢	고조 5년 9월 九月
	연燕	연燕	장도 5년 9월. 한나라를 배반한 장도를 잡았다. 九 反漢 虜荼 색은 장도臧荼를 사로잡았다. 《한서》〈이성제후표〉에는 고조 4년 9월이라 했는데 잘못이다. 虜臧荼 漢書作四年九月 誤也
	위魏	양梁	팽월 8월 八
	한韓	한韓	한韓왕 신 4년 12월 十二
		장사 長沙	오신 2월 二
후9월	초楚	서초 西楚	한신 10월 十
		회남 淮南	영포 2년 4월 四

조趙	조趙	장오 3월 三
한漢	한漢	고조 5년 후9월 後九月 집해 서광이 말했다. "윤달 건인(1월)이어야 마땅하다." 徐廣曰 應閏建寅
연燕	연燕	연왕 노관이 다스리기 시작했는데 한나라 태위다. 燕王盧綰始 漢太尉
위魏	양梁	팽월 9월 九
한韓	한韓	한韓왕 신 5년 1월 五年一月
	장사 長沙	오신 3월 三

색은술찬 사마정이 펼쳐서 밝히다.

진秦이 그 사슴을 잃자 많은 군웅들이 다투어 쫓았다. 여우가 초사楚祠에서 울고 용이 패곡沛谷에서 일어났다. 무신武臣은 스스로 왕이 되고 위표魏豹는 틀림없이 배반했다. 전담田儋은 제나라에 자리 잡고 영포英布는 육六에 거처했다. 항왕이 명령을 주관하자 의제義帝는 죽임을 당했다. 달로 해를 엮으니 정도正道는 멀지만 운수는 재빨랐다. 흉흉한 천하이니 오합지졸 백성은 뉘 둥지를 쳐다볼꼬? 진인眞人이 패상霸上에 있어 끝내 하늘이 준 복을 누리는구나.

秦失其鹿 羣雄競逐 狐鳴楚祠 龍興沛谷 武臣自王 魏豹必復 田儋據齊 英布居六 項王主命 義帝見戮 以月系年 道悠運速 洶洶天下 瞻烏誰屋 眞人霸上 卒享天祿

[지도 3] 진승陳勝의 봉기(서기전 209년 7~12월)

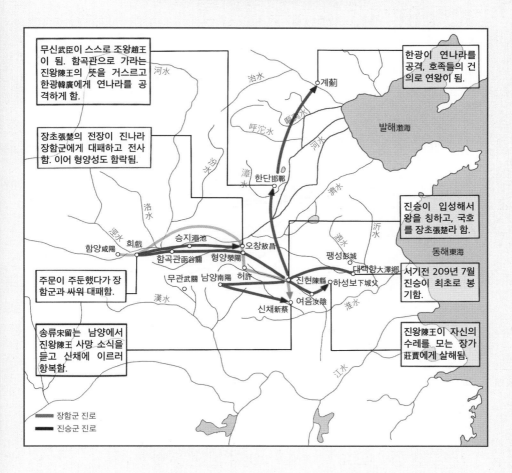

무신武臣이 스스로 조왕趙王이 됨. 함곡관으로 가라는 진왕陳王의 뜻을 거스르고 한광韓廣에게 연나라를 공격하게 함.

장초張楚의 전장이 진나라 장함군에게 대패하고 전사함. 이어 형양성도 함락됨.

주문이 주둔했다가 장함군과 싸워 대패함.

송류宋留는 남양에서 진왕陳王 사망 소식을 듣고 신채에 이르러 항복함.

한광이 연나라를 공격, 호족들의 건의로 연왕이 됨.

진승이 입성해서 왕을 칭하고, 국호를 장초張楚라 함.

서기전 209년 7월 진승이 최초로 봉기함.

진왕陳王이 자신의 수레를 모는 장가莊賈에게 살해됨.

河水
治水
呼沱水
順平水
河水
漳水
汾水
洛水
渭水
濟水
沂水
泗水
淮水
漢水
江水

계薊
발해渤海
한단邯鄲
동해東海
오창敖倉
팽성彭城
함양咸陽
희戱
승지澠池
함곡관函谷關
형양滎陽
대택향大澤鄉
진현陳縣
하성보下城父
무관武關
남양南陽
허許
신채新蔡
여음汝陰

장함군 진로
진승군 진로

【참고문헌】

司馬遷, 《史記》〈陳涉世家〉
譚其驤, 中國歷史地圖集 第二冊, 1982, 中國社會科學院

[지도 4] 초·한 전투

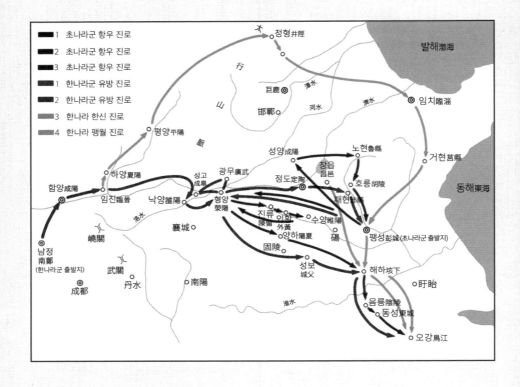

【참고문헌】
司馬遷,《史記》〈項羽本紀〉〈高祖本紀〉
譚其驤, 中國歷史地圖集 第二冊, 1982, 中國社會科學院

[지도 5] 진말秦末·한초漢初의 연국과 요동국

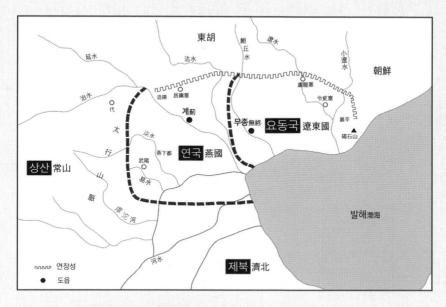

당시 요동국의 도읍은 무종無終으로 현재 당산시 옥전玉田이다. 요동국의 강역은 현재의 천진시와 당산시 인근으로 난하 유역의 갈석산까지로 비정된다. 만약 요동국을 현재의 요동 지역까지로 본다면 연나라의 도읍(북경 서남)과 가까운 요동국 도읍지를 무종으로 할 것이 아니라 현재의 요녕성 지역인 요양遼陽 등으로 해야 마땅할 것이다. 또한 연국의 강역(역수에서 북경 인근)과 비교할 때 요동국이 현재의 요동 지역까지 수천 리 강역을 가진다면 상식적으로 맞지 않고, 연왕에서 요동왕으로 옮겨 봉한 한광이 불만을 가질 리도 없다.

진秦의 공격으로 연나라 도읍 계蓟성이 열 달 만에 함락되자 연왕 희는 요동으로 도망친다. 그때 대왕代王 가嘉는 "진秦이 특별히 연왕을 추격하는 까닭은 태자 단丹이 형가를 시켜 진왕을 암살하려다가 실패하자 노하여 연나라를 치는 것이니, 태자를 죽여 바치면 될 것"이라고 계책을 내어 요동에 있는 연왕 희에게 서신을 보낸다. 이를 통해 볼 때 당시의 대代는 현재 하북성 울현蔚縣으로, 요동과 대는 가까이 있어야만 서신을 주고받기가 가능한 것이다. 따라서 연나라 말기 연왕이 도망친 요동은 멀리 잡아야 현재 하북성의 장성 이남과 난하 주변으로 비정된다. 또한 《한서》〈지리지〉에 "상곡에서 요동에 이르기까지 땅은 넓은데 백성은 희박하여 여러 번 오랑캐의 침구를 당했다. 풍속은 조趙·대代와 서로 비슷하다."라고 하였으므로 현재의 요동에 있는 고구려의 풍속이 조·대의 풍속과 같을 수 없으므로 당시의 요동은 현재의 요동이 될 수 없다.

【참고문헌】
司馬遷, 《史記》〈項羽本紀〉〈高祖本紀〉〈刺客列傳〉
譚其驤, 中國歷史地圖集 第二冊, 1982, 中國社會科學院

사기 제17권 史記卷十七

한흥이래제후왕연표 漢興以來諸侯王年表

한흥이래제후왕연표 들어가기

이 표는 고조 원년(서기전 206)부터 무제 태초 4년(서기전 101)까지 105년간 한 왕조 내의 국내 제후왕국들의 상황에 대해서 서술했다. 제후국은 유방 때 10개, 여후 때 14개, 경제 때는 23개 왕국에 달했다가 무제 때 25개에 이르렀다. 이 왕국들은 한조漢朝의 큰 부담이 될 수밖에 없어서 유방 때부터 세력을 약화시키기 위한 여러 조치가 취해졌다. 유방 때는 유씨劉氏와 성이 다른 이성제후異姓諸侯를 모두 제거하고 자신의 형제나 자제를 대신 임명했다. 그러나 경제 때는 이들 동성제후同姓諸侯도 왕조에 위협이 되었다. 중앙에서 이들의 세력을 약화시키는 삭번정책削藩政策을 실시하자 경제 3년(서기전 154) 오왕吳王 유비劉濞, 초왕楚王 유무劉戊를 필두로 모두 일곱 제후왕이 반기를 드는 오초칠국吳楚七國의 난이 일어났다. 이 봉기가 두영竇嬰, 주아부周亞夫에 의해 진압된 후 제후왕들은 자기 나라를 자치적으로 다스리는 것이 불가능해졌고 국상國相이 다스리는 체제가 되었다.

이런 중앙권력의 강화와 제후국의 약화는 크게 두 가지 형태로 진행되었다. 하나는 중앙에서 제후국에 제재를 가하는 것이었고, 하나는 오초칠국의 난처럼 반란을 일으키거나 반란을 모의했다가 발각되는 경우에 제후국을 제거하는 것이었다.

제후국들은 오초칠국의 난을 거쳐 입지가 크게 줄어들었고 무제 때 이후로 제후왕을 견제하는 3법이 정해진 후로는 명목만 제후국일 뿐이었다. 제후왕을 견제하는 3법에 대해《이십이사차기》는 이렇게 적고 있다.

첫째는 좌관지율左官之律인데, 좌관이란 제후왕들의 벼슬아치를 뜻한다. 중앙관리는 '우관右官'이므로 좌관이 되면 강등된 것이나 마찬가지였다. 그래서 '좌천左遷'이란 말이 생겨났다. 무제 때 제정한 법으로 초기에 제후왕이 임명했던 벼슬아치를 중앙에서 임명하는 조치였다.《한서》〈제후왕표〉에 다음과 같은 주석이 있다.

"복건이 말했다. '좌관이 되어 제후에게 벼슬하면, 끊어져 왕후王侯에게 벼슬하지 못한다.' 응소가 말했다. '사람의 도는 우右를 높이는데, 이제 천자를 버리고 제후에게 벼슬하므로 좌관이라 한다.' 안사고가 말했다. '좌관은 좌도左道라는 말과 같다. 모두 좌를 피하고 바르지 않다 하므로 응소의 설이 옳다. 한나라 때 상고의 법에 의거하여 조정의 반열은 오른쪽을 높였으므로 내리는 질서를 일컬어 좌천左遷이라 하여 제후에게 벼슬하는 것을 좌관이라 한다.'"

둘째는 부익법附益法인데 경제적 이득을 덧붙이는 부익附益을 방지하는 법이다. 역시 무제 때 제정한 것으로 이미 정해진 경제 활동 외에 다른 방법이나 중앙 벼슬아치에 붙어 이익을 취하는 것을 제한하는 것이다. 나중에는 제후끼리 교류하여 이익을 취하는 것도 금했다고 한다.

셋째는 아당지법阿黨之法으로 제후왕에게 아부하여 무리 짓는 것을 규제하는 법이다. 제후왕의 불법행위를 눈감아주는 제후국의 부傅와 상相을 처벌하고, 이후에는 관리들이 서로 불법을 묵인하는 경우에도 적용했는데 역시 무제 때 제정했다.

이를 통해 결국 모든 제후국들은 유명무실해졌음을 이 표를 통해 확인할 수 있다.

사기 제17권 한흥이래제후왕연표 제5

史記卷十七 漢興以來諸侯王年表第五

[색은] 응소가 말했다. "비록 명칭은 왕이라고 했으나 그 실상은 옛날의 제후와 같은 것이다."

應劭云 雖名爲王 其實如古之諸侯

제
一
장

태사공이 말한다

태사공은 말한다.

은나라와 그 이전의 역사는 오래 되었다. 주나라에는 다섯 등급의 봉
작封爵이 있었다. 공작, 후작, 백작, 자작, 남작이다. 그래서 백금伯禽을
노나라에 봉하고 강숙康叔을 위衛나라에 봉했는데 땅이 사방으로 각
각 400리였다. 이는 친족을 친애하는 의리이며 덕이 있는 이를 기린
것이다. 태공太公을 제齊나라에 봉하고 다섯 제후의 땅을 겸하게 했으
니 부지런히 애쓴 공로를 높이 산 것이다.

무왕, 성왕, 강왕 때 수백 명의 제후들을 봉했는데 왕실과 같은 성씨
는 55명이었다.① 그들의 땅은 위로 100리를 넘지 않았고 아래로 30리
였으며, 왕실을 보위하도록 했다. 관숙, 채숙, 강숙, 조曹, 정鄭은 혹 강
역이 그것을 넘는 나라도 있었고 혹은 모자란 나라도 있었다. 여왕과
유왕 이후로 왕실이 기울어지자 후작과 백작 들이 강성한 나라로 일
어나니 천자는 미약해져 능히 바로잡지 못했다. 이것은 덕이 순일하지
못해서가 아니라 형세가 허약했기 때문이다.②

太史公曰 殷以前尙矣 周封五等 公侯伯子男 然封伯禽康叔於魯衛 地各
四百里 親親之義 襃有德也 太公於齊 兼五侯地 尊勤勞也
武王成康所封數百 而同姓五十五^① 地上不過百里 下三十里 以輔衛王室
管蔡康叔曹鄭 或過或損 厲幽之後 王室缺 侯伯彊國興焉 天子微 弗能正
非德不純 形勢弱也^②

① 同姓五十五동성오십오

색은 살피건대, 《한서》에는 봉국이 800인데 동성은 50여 국이라 했다. 고
씨는 《좌전》에 근거하여 위자魏子가 성부成鱄에게 말한 '무왕이 상나라를
정벌해 천하를 널리 차지했으니, 형제에서 나라를 가진 자는 15명이고 희성
姬姓으로 나라를 가진 자는 40명이다.'라고 한 것이 이것이라고 했다.

案 漢書封國八百 同姓五十餘 顧氏據左傳魏子謂成鱄云 武王克商 光有天下 兄
弟之國十有五人 姬姓之國四十人 是也

② 非德不純 形勢弱也비덕불순 형세약야

색은 純은 선善이다. 또한 '순일純―'이라고 이른다. 주왕의 덕이 순일하
지 못한 것이 아니라 형세가 허약한 것을 말한다.

純 善也 亦云純一 言周王非德不純一 形勢弱也

한나라가 일어난 이후 2개 등급으로 서열을 지었다.[1] 고조 말년에는 유씨가 아닌 자가 왕을 하거나, 만약 공로가 없어 봉하지 않았는데도[2] 후侯가 되었다면 천하가 함께 처벌했다. 고조의 자제들로 동성이 왕이 된 경우는 9개국이었다.[3] 오직 홀로 장사왕(오예吳芮) 만이 성씨가 달랐다. 공신으로 제후가 된 자는 100여 명이었다.

漢興 序二等[1] 高祖末年 非劉氏而王者 若無功上所不置[2]而侯者 天下共誅之 高祖子弟同姓爲王者九國[3] 唯獨長沙異姓 而功臣侯者百有餘人

[1] 序二等 서이등

[집해] 위소가 말했다. "한나라에서 공신을 봉하는데, 공로가 큰 자는 왕이 되고 공로가 작은 자는 후가 되었다."

韋昭曰 漢封功臣 大者王 小者侯也

[2] 無功上所不置 무공상소불치

[집해] 서광이 말했다. "일설에는 '비유공상소치非有功上所置'라고 한다."

徐廣曰 一云非有功上所置

[3] 同姓爲王者九國 동성위왕자구국

[집해] 서광이 말했다. "제, 초, 형, 회남, 연, 조, 양, 대, 회양이다."

徐廣曰 齊楚荊淮南燕趙梁代淮陽

[색은] 서광은 9개국에서 오吳를 세지 않았다. 대개 형荊은 끊어지고 오吳에 봉했기 때문이다. 거듭하여 회양까지 9개국이다. 지금 살피건대, 아래 나열된 문장에는 10개국이 있는데, 장사는 다른 성씨이기 때문에 9개국이라

고 말한 것이다.

徐氏九國不數吳 蓋以荊絕乃封吳故也 仍以淮陽爲九 今案 下文所列有十國者
以長沙異姓 故言九國也

안문과 태원에서부터 동쪽으로 요양遼陽^①까지 연나라와 대나라가 된
다. 상산의 남쪽부터 태항산을 왼쪽으로 돌아 하수와 제수를 건너 동
아東阿와 견甄을 지나 동쪽으로 바다에 이르기까지 제나라와 조나라
가 된다. 진陳 서쪽부터 남쪽의 구의산까지, 동쪽으로는 강수와 회수와
곡수穀水^②와 사수泗水를 두르고 회계에 이르기까지 양, 초, 회남, 장사
국이 된다. 모두 밖으로는 호胡와 월越에 접해 있다. 그리고 내지內地 북
쪽의 산 동쪽은 여러 제후국의 땅이었다.

自鴈門太原以東至遼陽^① 爲燕代國 常山以南 大行左轉 度河濟 阿甄以東
薄海 爲齊趙國 自陳以西 南至九疑 東帶江淮穀^②泗 薄會稽 爲梁楚淮南長
沙國 皆外接於胡越 而內地北距山以東盡諸侯地

① 遼陽요양

집해 위소가 말했다. "요동군 요양현이다."

韋昭曰 遼東遼陽縣

신주 '안문과 태원을 거쳐 요양에 이르기까지'라고 하여 모두 대국과 연
국이라고 했다. 여기에 요양은 현재의 요녕성 요양이 아니라 현재 하북성 일
대에 있었던 고대 요동의 한 지명이다. 대국은 오늘날 산서성 북쪽을 넘지
못했고 연국도 현재의 북경에서 크게 벗어나지 못했다. 현재 만리장성 이남

인 하북성 북부부터 갈석산 정도를 차지했을 것이다.

② 穀곡

[집해] 서광이 말했다. "곡수는 패군에 있다."

徐廣曰 穀水在沛

큰 제후국 중 어떤 곳은 5~6개의 군으로 수십 개의 성이 연이어 있고 백관과 궁관을 설치하여 천자에 대한 도를 넘었다. 한나라는 다만 삼하三河(하내·하동·하남)와 동군, 영천, 남양, 그리고 강릉江陵부터 서쪽의 촉까지, 북쪽으로는 운중부터 농서까지 소유하여 내사內史①와 더불어 무릇 15개 군이었다. 그런데 그 중에 공주나 열후에게 주는 식읍도 자못 들어 있었다. 어째서인가? 천하가 처음으로 평정되자 골육의 동성이 적었기 때문이다. 그러므로 일부러 널리 서자들도 힘을 쓰게 하여 천하를 진무하고 천자를 받들어 호위하도록 등용했던 것이다.

大者或五六郡 連城數十 置百官宮觀 僭於天子 漢獨有三河東郡潁川南陽 自江陵以西至蜀 北自雲中至隴西 與內史①凡十五郡 而公主列侯頗食邑其中 何者 天下初定 骨肉同姓少 故廣彊庶孼 以鎭撫四海 用承衛天子也

① 內史내사

[정의] 경조(장안)이다.

京兆也

한나라가 안정된 100년 사이에 친척들은 더욱 소원해졌다. 제후들 중에 어떤 이는 교만하고 사치하며 사특한 신하의 계략에 빠져서① 음란함을 일삼았다. 그리고 크게는 반역을 일으키고 작게는 법을 따르지 않았으며 자신의 운명을 위태롭게 했으니 자신도 죽고 국가도 망한 것이다. 천자는 상고시대를 관찰한 연후에 혜택을 더해주고, 제후들에게 은혜를 미루어 자제들에게도 국읍國邑을 나누어 주게 했다.②

漢定百年之閒 親屬益疏 諸侯或驕奢 忕邪臣①計謀爲淫亂 大者叛逆 小者 不軌于法 以危其命 殞身亡國 天子觀於上古 然後加惠 使諸侯得推恩分子 弟②國邑

① 忕邪臣세사신

[색은] 忕는 발음이 '서誓'이고 뜻은 '익히다'이다. 사특한 신하의 계략에 익숙한 것을 말한다. 그러므로 《이아》에서 '忕는 유狃(익히다)와 같다.'라고 했다. 狃 또한 '습習'과 같은 뜻이다.

忕音誓 忕訓習 言習於邪臣之謀計 故爾雅云 忕猶狃也 狃亦訓習

② 推恩分子弟추은분자제

[색은] 살피건대, 무제가 주보언의 말을 사용해서 '추은지령推恩之令'을 내렸다.

案 武帝用主父偃言而下推恩之令也

[신주] 추은령의 근본 목적은 제후국의 세력을 약화시켜 끝내 소멸시키려는 것이다. 사실 대부분 그렇게 되었다. 은혜를 미룬다는 것은 핑계에 불과했다.

그러므로 제나라는 나누어져 7개국이 되었고[1] 조나라는 나누어져 6개국이 되었으며[2] 양나라는 나누어져 5개국이 되었고[3] 회남은 나누어져 3개국이 되었다.[4] 천자의 지자와 서자庶子로 왕이 되고, 왕자의 지자와 서자로 후가 된 자는 100여 명이었다.

故齊分爲七[1] 趙分爲六[2] 梁分爲五[3] 淮南分三[4] 及天子支庶子爲王 王子支庶爲侯 百有餘焉

[1] 齊分爲七제분위칠

집해 서광이 말했다. "성양, 제북, 제남, 치천, 교서, 교동으로 나누어 (제와 합쳐) 7개국이 되었다."

徐廣曰 城陽濟北濟南菑川膠西膠東 是分爲七

[2] 趙分爲六조분위육

집해 서광이 말했다. "하간, 광천, 중산, 상산, 청하이다."

徐廣曰 河間廣川中山常山清河

[3] 梁分爲五양분위오

집해 서광이 말했다. "제음, 제천, 제동, 산양이다."

徐廣曰 濟陰濟川濟東山陽也

[4] 淮南分三회남분삼

집해 서광이 말했다. "여강, 형산이다."

徐廣曰 廬江衡山

오와 초의 반란이 일어난 앞뒤로 제후들은 더러 영지를 삭감당하기도
했다.① 이 때문에 연과 대는 북쪽 변방의 군이 없어졌다.② 오, 회남, 장
사국은 남쪽 변방의 군이 없어졌다. 제, 조, 양, 초는 딸린 군의 명산,
연못, 바다를 모두 한나라에 바치게 되었다. 제후들은 점점 미약해져
서 큰 나라도 10여 개의 성에 지나지 않았고 작은 제후국은 수십 리
에 불과했다. 위로는 공물을 바치는 직분에 만족했고, 아래로는 제사
를 공양하는 데 만족했으며, 번국으로서 경사를 보조해야만 했다.
吳楚時 前後諸侯或以適削地① 是以燕代無北邊郡② 吳淮南長沙無南邊郡
齊趙梁楚支郡名山陂海鹹納於漢 諸侯稍微 大國不過十餘城 小侯不過數
十里 上足以奉貢職 下足以供養祭祀 以蕃輔京師

① 適削地적삭지

[색은] 適은 '택宅'으로 발음한다. 어떤 곳에는 '과過'로 쓰여 있다.

適音宅 或作過

② 燕代無北邊郡연대무북변군

[집해] 여순이 말했다. "장사의 남쪽에 다시 군을 설치하고 연燕과 대代의
북쪽에는 다시 변방의 군을 설치해 군사와 병기계들을 이롭고 넉넉하게 두
었는데도 3개국을 모두 잃어버렸다."

如淳曰 長沙之南更置郡 燕代以北更置緣邊郡 其所有饒利兵馬器械 三國皆失
之也

[정의] 경제 때 한나라의 국경은 북쪽으로 연과 대에 이르렀으나 연과 대의
북쪽에는 군을 만들어 배치하지 않았다. 오와 장사의 나라들은 남쪽으로는

영남에 이르렀지만, 영남과 월越이 평정되지 않아서 또한 남쪽 변방의 군은 없었다.

景帝時 漢境北至燕代 燕代之北未列爲郡 吳長沙之國 南至嶺南 嶺南越未平 亦無南邊郡

한나라의 군은 80~90여 개이며 그 형태가 제후국들 간에 개이빨 맞물린듯 들쭉날쭉한데,[①] 그 험준한 지세의 이로움을 장악해서 근본이 되는 줄기는 강하게 하고 가지나 잎사귀는 약하게 하는 형세이니, 높고 낮은 지위가 명백하여 온갖 일들이 각각 그 마땅한 자리를 얻게 되었다.

而漢郡八九十 形錯諸侯間 犬牙相臨[①] 秉其阨塞地利 彊本幹 弱枝葉之勢 尊卑明而萬事各得其所矣

---

① 錯諸侯間 犬牙相臨 착제후간 견아상림

[색은] 錯은 '착[七各反]'으로 발음하고 서로 엇갈리는 것을 이른다. 서로 머금은 것이 개의 이빨과 같으므로, 개의 이빨이 서로 제재하는 것을 일컬으며, 견아犬牙가 들쭉날쭉한 것을 말한다.

錯音七各反 錯謂交錯 相銜如犬牙 故云犬牙相制 言犬牙參差也

신 사마천은 삼가 고조 이래부터 태초까지의 제후들을 기록했는데, 그 아래의 표에 늘고 줄어든 시기를 계보화해서 후세로 하여금 열람할 수 있게 했다. 이에 형세는 비록 강할지라도 인의仁義로써 근본을 삼는 것이 요긴하다 할 것이다.

臣遷謹記高祖以來至太初諸侯 譜其下益損之時 令後世得覽 形勢雖彊 要之以仁義爲本

제
二
장

고조 시대 표

서기전 **206** 고조 원년 高祖元年	초楚	색은 고조 5년, 한신을 봉했다. 6년, 왕의 아우 유교劉交를 봉했다. 高祖五年 封韓信 六年 王弟交也
	제齊	색은 고조 4년, 한신을 봉했다. 6년, 아들 유비劉肥를 봉했다. 四年 封韓信 六年 封子肥
	형荊	색은 고조 6년, 유가劉賈를 봉했다. 11년, 유가는 영포에게 살해되었다. 그 해에 오국을 세워 형의 아들 유비劉濞를 봉했다. 六年 封劉賈 十一年 賈爲英布所殺 其年立吳國 封兄子濞也
	회남 淮南	색은 고조 4년, 영포를 봉했다. 11년, 반란하다 주살되었다. 고조의 아들 유장劉長을 세웠다. 四年 封英布 十一年反 誅 立子長
	연燕	색은 고조 5년, 노관을 봉했다. 11년, 도망쳐 흉노로 들어갔다. 12년, 고조의 아들 유건劉建을 세웠다. 五年 封盧綰 十一年 亡入匈奴 十二年 立子建也 신주 노관을 봉한 것은 고조가 연왕 장도를 죽인 다음이다. 압록강까지 연 나라 땅이었다면 노관이 흉노로 도망칠 이유가 없다.
	조趙	색은 고조 4년, 장이를 봉했다. 그해에 죽었다. 다음해, 아들 장오가 섰다. 8년, 폐위하고 선평후로 삼았다. 9년, 고조의 아들 유여의劉如意를 세웠다. 四年 封張耳 其年薨 明年 子敖立 八年 廢爲宣平侯 九年 立子如意也
	양梁	색은 고조 5년, 팽월을 봉했다. 11년, 반란하다 주살되었다. 12년, 고조의 아들 유회劉恢를 세웠다. 五年 封彭越 十一年反 誅 十二年 立子恢 신주 유회가 양왕이 된 것은 11년이다.

	회양 淮陽	색은 고조 11년, 아들 유우劉友를 봉했다. 2년 뒤에 군을 만들었다. 고후 원년, 다시 봉국을 만들어 혜제의 아들 유강劉彊을 봉했다. 十一年 封子友 後二年 爲郡 高后元年 復爲國 封惠帝子彊
	대代	색은 고조 2년, 한왕 신을 봉했다. 5년, 흉노에 항복했다. 11년, 고조의 아들 유항劉恆을 세웠다. 二年 封韓王信 五年 降匈奴 十一年 立子恆也 신주 신은 2년에 한왕이 되고, 5년에 한왕으로 양적에 도읍하고, 6년에 옮겨 태원에 도읍한다. 그리고 도읍을 마읍으로 옮기고 9월에 흉노에 투항한다. 그 신분은 계속해서 한왕이었지 대왕이 아니었다. 대왕으로는 고조의 형 유중劉仲(유희)이 6년에 임명된다.
	장사 長沙	색은 고조 5년, 오예가 죽었다. 6년, 아들 성왕 오신이 즉위했다. 五年 吳芮薨 六年 子成王臣立
서기전 **205** 고조 2년	초楚	팽성에 도읍했다. 都彭城 신주 원래 팽성이었는데 5년에 한신이 봉해지면서 동쪽 하비下邳(오늘날 서주)로 옮긴다.
	제齊	임치에 도읍했다. 都臨菑
	형荊	오에 도읍했다. 都吳 신주 《사기지의》에 따르면, 도읍지는 광릉廣陵 동양東陽(회양)이다.
	회남 淮南	수춘에 도읍했다. 都壽春 신주 《사기지의》에 따르면, 영포의 도읍지는 육六이며 그가 주살된 다음에 수춘으로 옮겼다.
	연燕	계에 도읍했다. 都薊
	조趙	한단에 도읍했다. 都邯鄲

	양梁	회양에 도읍했다. 都淮陽
	회양 淮陽	진陳에 도읍했다. 都陳
	대代	11월, 첫 왕 한신韓信 원년. 마읍에 도읍했다. 十一月 初王韓信元年 都馬邑 집해 서광이 말했다. 〈고조본기〉와 〈제후왕표〉에 고조가 일어나고 5년에 비로소 신信을 (대代로) 옮겼다고 한다. 옛 한왕의 후손이다. 徐廣曰 本紀及表高祖起五年始徙信 故韓王孫 신주 〈진초지제월표〉에서는 서기전 205년 11월 한韓왕으로 처음 봉하고 그 뒤 서기전 202년 1월에 대代왕으로 옮겨 봉한다.
	장사 長沙	
서기전 **204** 고조 3년	초楚	
	제齊	
	형荊	
	회남 淮南	
	연燕	
	조趙	
	양梁	
	회양 淮陽	
	대代	한왕 신 2년 二
	장사 長沙	

서기전 **203** 고조 4년	초楚	
	제齊	첫 왕 한신 원년. 옛 상국이다. 初王信元年 故相國 **신주** 《이십이사차기》에 따르면, 한나라 초기 왕국들은 독자 연도로 기록했다. 예컨대 '무슨 왕 몇 년' 하는 식이다. 〈양효왕세가〉에서 14년 입조하고, 22년 문제가 붕어하고, 하는 식이다.
	형荊	
	회남 淮南	10월 을축일, 첫 왕 영포英布 원년. 十月乙丑 初王英布元年 **신주** 《사기지의》에 따르면, 10월이 아니라 7월이라고 한다. '七'을 잘못하여 '十'으로 썼다고 여긴 것이다.
	연燕	
	조趙	첫 왕 장이張耳 원년. 장이가 죽었다. 初王張耳元年 薨
	양梁	
	회양 淮陽	
	대代	한왕 신 3년 三
	장사 長沙	
서기전 **202** 고조 5년	초楚	제왕 한신이 옮겨 초왕이 된 원년. 모반하여 폐위되었다. 齊王信徙爲楚王元年 反 廢 **신주** 6년 겨울 12월이 맞는데, 아마 사마천이 1월을 정월로 환원한 태초력에 맞추지 않았나 싶다.
	제齊	한신 2년. 초국으로 옮겼다. 二 徙楚
	형荊	

회남 淮南	영포 2년 二	
연燕	후9월 임자일, 첫 왕 노관盧綰 원년. 後九月壬子 初王盧綰元年	
조趙	왕 장오張敖 원년. 장오는 장이의 아들이다. 王敖元年 敖 耳子	
양梁	첫 왕 팽월彭越 원년 初王彭越元年	
회양 淮陽		
대代	한왕 신 4년. 한왕 신이 흉노에 항복하여 봉국을 없애고 군을 만들었다. 四 降匈奴 國除爲郡	
장사 長沙	2월 을미일, 첫 왕 문왕 오예吳芮 원년. 오예가 죽었다. 二月乙未 初王文王吳芮元年 薨 신주 임상臨湘에 도읍한다.	
서기전 **201** 고조 6년	초楚	정월 병오일, 첫 왕 유교劉交 원년. 유교는 고조의 아우다. 正月丙午 初王交元年 交 高祖弟 신주 시호는 원왕元王이다. 〈초원왕세가〉에 자세하다.
	제齊	정월 갑자일, 첫 왕 도혜왕 유비劉肥 원년. 비는 고조의 아들이다. 正月甲子 初王悼惠王肥元年 肥 高祖子
	형荊	정월 병오일, 첫 왕 유가劉賈 원년. 正月丙午 初王劉賈元年
	회남 淮南	영포 3년 三
	연燕	노관 2년 二
	조趙	장오 2년 二

	양梁	팽월 2년 二
	회양 淮陽	
	대代	
	장사 長沙	성왕 오신吳臣 원년 成王臣元年

서기전 **200** 고조 7년	초楚	유교 2년 二
	제齊	유비劉肥 2년 二
	형荊	유가 2년 二
	회남 淮南	영포 4년 四
	연燕	노관 3년 三
	조趙	장오 3년 三
	양梁	팽월 3년 三
	회양 淮陽	
	대代	
	장사 長沙	오신 2년 二
		신주 〈고조본기〉에는 7년 겨울(12월)에 형 유중劉仲을 대왕으로 봉했는데, 8년에 나라를 버리고 도망오자 폐하여 합양후로 삼았다고 한다. 반면 《한서》 〈제후왕표〉에는 6년 정월에 유희劉喜를 봉했는데, 7년에 흉노의 공격을 받아

		도망쳐 와서 합양후로 삼았다고 한다. 《한서》〈고제기〉에는 7년 12월에 유희가 도망치자 합양후로 삼고 유여의를 대왕으로 삼았고 9년에 조왕으로 옮겼다고 하는데 〈제후왕표〉와 또 약간 다르다. 종합하면, 6년 9월에 한왕 신은 흉노에 투항하고 대왕 유희는 흉노가 두려워 7년 초에 도망친 것이다.
서기전 **199** 고조 8년	초楚	유교 3년 三
	제齊	유비劉肥 3년 三
	형荊	유가 3년 三
	회남 淮南	영포 5년 五
	연燕	노관 4년 四
	조趙	장오 4년. 장오가 폐위되었다. 四 廢 신주 국상 관고貫高 사건 때문이다. 관고(?~서기전 198)는 한나라 초기 조趙의 상국相國이었는데, 고조가 재위 7년(서기전 200) 평성에서 조나라를 지날 때 조왕 장오張敖가 예의를 갖췄음에도 고조가 꾸짖었다. 관고가 이에 분개해 보복하려다가 발각되어 옥에 갇혔다. 그런데 그 상황에서도 관고가 조왕을 변호하자 감동한 고조가 조왕과 관고를 모두 석방했다. 관고는 조왕을 구한 것으로 임무를 완수했다면서 목을 찔러 자살했다.
	양梁	팽월 4년 四
	회양 淮陽	
	대代	
	장사 長沙	오신 3년 三

서기전 **198** 고조 9년	초楚	유교 4년. 조회하러 왔다. 四 來朝
	제齊	유비劉肥 4년. 조회하러 왔다. 四 來朝
	형荊	유가 4년 四
	회남淮南	영포 6년. 조회하러 왔다. 六 來朝
	연燕	노관 5년 五
	조趙	첫 왕 은왕 유여의劉如意 원년. 여의는 고조의 아들이다. 初王隱王如意元年 如意 高祖子 **신주** 고조 유방의 3남으로 척부인의 소생인 유여의는 고조 7년(서기전 200)에 대왕代王이 되었다가 고조 9년(서기전 198)에 조왕으로 옮겨졌다. 혜제 원년(서기전 194) 여후가 보낸 인물에게 독살당했다.
	양梁	팽월 5년. 조회하러 왔다. 五 來朝
	회양淮陽	
	대代	
	장사長沙	오신 4년 四
서기전 **197** 고조 10년	초楚	유교 5년. 조회하러 왔다. 五 來朝
	제齊	유비劉肥 5년. 조회하러 왔다. 五 來朝
	형荊	유가 5년. 조회하러 왔다. 五 來朝

회남 淮南	영포 7년. 조회하러 왔다. 모반하다 주살되었다. 七 來朝 反 誅	
	신주 모반은 11년이며, 12년에 주살되었다는 견해도 있다.	
연燕	노관 6년. 조회하러 왔다. 六 來朝	
조趙	유여의 2년 二	
양梁	팽월 6년. 조회하러 왔다. 모반하다 주살되었다. 六 來朝 反 誅	
	신주 모반과 주살은 모두 11년으로 보는 견해도 있다.	
회양 淮陽		
대代	다시 대代를 두고 중도에 도읍했다. 復置代 都中都	
장사 長沙	오신 5년. 조회하러 왔다. 五 來朝	

서기전
196
고조
11년

초楚	유교 6년 六	
제齊	유비劉肥 6년 六	
형荊	유가 6년. 왕 유가가 영포에게 살해되자 봉국이 없어지고 군이 되 었다. 六 爲英布所殺 國除爲郡	
회남 淮南	12월 경오일, 여왕 유장劉長 원년. 장은 고조의 아들이다. 十二月庚午 厲王長元年 長 高祖子	
	신주 《사기지의》에 따르면, 《사기》와 《한서》의 고조 본기에는 7월이 맞다 고 한다. 그리고 《사기》 〈회남전〉과 《한서》 〈제후왕표〉에 모두 10월이라 한 것 은 잘못이라 한다.	

	연燕	노관 7년 七 집해 서광이 말했다. "일설에는 10월에 도망쳐 흉노로 들어갔다고 한다." 徐廣曰 一云十月亡入於匈奴 신주 12년 봄 2월에 노관을 치게 하고, 2월에 유건을 연왕으로 임명하며, 노관은 고조 12년에 흉노로 도망쳤다고 보는 견해도 있다.
	조趙	유여의 3년 三
	양梁	2월 병오일, 첫 왕 유회劉恢 원년. 회는 고조의 아들이다. 二月丙午 初王恢元年 恢 高祖子 신주 《한서》에는 시호를 '공共'이라 한다.
	회양 淮陽	3월 병인일, 첫 왕 유우劉友 원년. 우는 고조의 아들이다. 三月丙寅 初王友元年 友 高祖子
	대代	정월 병자일, 첫 왕 (유항劉恒) 원년. 正月丙子初王元年
	장사 長沙	오신 6년 六
서기전 **195** 고조 12년	초楚	유교 7년 七
	제齊	유비劉肥 7년 七
	오吳	다시 오국을 만들었다. 10월 신축일, 첫 왕 유비劉濞 원년. 비는 고조 형(중仲)의 아들로 옛 패후이다. 更爲吳國 十月辛丑 初王濞元年 濞 高祖兄仲子 故沛侯 신주 《한서》를 참조하면 유중의 이름은 희喜다.
	회남 淮南	유장 2년 二
	연燕	2월 갑오일, 첫 왕 영왕 유건劉建 원년. 건은 고조의 아들이다. 二月甲午 初王靈王建元年 建 高祖子

조趙	유여의 4년. 왕 유의여가 죽었다. 四 死 신주 당시 달력으로는 혜제 원년이다.
양梁	유회 2년 二
회양 淮陽	유우 2년 二
대代	유항 2년 二
장사 長沙	오신 7년 七

효혜 시대 표

서기전 **194** 효혜 원년 孝惠元年	초楚	유교 8년 八
	제齊	유비劉肥 8년 八
	오吳	유비劉濞 2년 二
	회남 淮南	유장 3년 三
	연燕	유건 2년 二
	조趙	회양왕이 조나라로 옮겼다. 이름은 유우劉友이다. 유우 원년. 이 사람이 유왕幽王이다. 淮陽王徙於趙 名友 元年 是爲幽王
	양梁	유회 3년 三
	회양 淮陽	군을 만들었다. 爲郡
	대代	유항 3년 三
	장사 長沙	오신 8년 八

서기전 **193** 효혜 2년	초楚	유교 9년. 조회하러 왔다. 九 來朝
	제齊	유비劉肥 9년. 조회하러 왔다. 九 來朝
	오吳	유비劉濞 3년 三
	회남 淮南	유장 4년 四
	연燕	유건 3년 三
	조趙	유우 2년 二
	양梁	유회 4년 四
	회양 淮陽	
	대代	유항 4년 四
	장사 長沙	애왕 오회吳回 원년 哀王回元年
서기전 **192** 효혜 3년	초楚	유교 10년 十
	제齊	유비劉肥 10년 十
	오吳	유비劉濞 4년 四
	회남 淮南	유장 5년 五

연燕	유건 4년 四	
조趙	유우 3년 三	
양梁	유회 5년 五	
회양 淮陽		
대代	유항 5년 五	
장사 長沙	오회 2년 二	
서기전 **191** 효혜 4년	초楚	유교 11년. 조회하러 왔다. 十一 來朝
	제齊	유비劉肥 11년. 조회하러 왔다. 十一 來朝
	오吳	유비劉濞 5년 五
	회남 淮南	유장 6년. 조회하러 왔다. 六 來朝
	연燕	유건 5년 五
	조趙	유우 4년. 조회하러 왔다. 四 來朝
	양梁	유회 6년 六
	회양 淮陽	

	대代	유항 6년 六
	장사 長沙	오회 3년 三
서기전 **190** 효혜 5년	초楚	유교 12년 十二
	제齊	유비劉肥 12년 十二
	오吳	유비劉濞 6년. 조회하러 왔다. 六 來朝
	회남 淮南	유장 7년 七
	연燕	유건 6년. 조회하러 왔다. 六 來朝
	조趙	유우 5년 五
	양梁	유회 7년 七
	회양 淮陽	
	대代	유항 7년 七
	장사 長沙	오회 4년 四
서기전 **189** 효혜 6년	초楚	유교 13년 十三
	제齊	유비劉肥 13년. 도혜왕 유비가 죽었다. 十三 薨

	오吳	유비劉濞 7년 七
	회남 淮南	유장 8년 八
	연燕	유건 7년 七
	조趙	유우 6년 六
	양梁	유회 8년 八
	회양 淮陽	
	대代	유항 8년 八
	장사 長沙	오회 5년 五
서기전 **188** 효혜 7년	**초**楚	유교 14년. 조회하러 왔다. 十四 來朝
	노魯	처음 노국을 두었다. 初置魯國
	제齊	애왕 유양劉襄 원년 哀王襄元年
	오吳	유비劉濞 8년. 조회하러 왔다. 八 來朝
	회남 淮南	유장 9년. 조회하러 왔다. 九 來朝
	연燕	유건 8년. 조회하러 왔다. 八 來朝

조趙	유우 7년. 조회하러 왔다. 七 來朝	
상산 常山	처음 상산국을 두었다. 初置常山國	
양梁	유회 9년. 조회하러 왔다. 九 來朝	
여呂	처음 여국을 두었다. 初置呂國 신주 《사기지의》에 따르면, 제나라 제남군을 나누어 두었다.	
회양 淮陽	다시 회양국을 두었다. 復置淮陽國	
대代	유항 9년 九	
장사 長沙	오회 6년 六	

고후 시대 표

서기전 **187** 고후 원년 高后元年	초楚	유교 15년 十五
	노魯	4월, 첫 왕 장언張偃 원년. 언은 고후의 외손으로 옛 조왕 장오의 아들이다. 四月初王張偃元年 偃 高后外孫 故趙王敖子
	제齊	유양 2년 二
	오吳	유비劉濞 9년 九
	회남 淮南	유장 10년 十
	연燕	유건 9년 九
	조趙	유우 8년 八
	상산 常山	4월 신묘일, 애왕 유불의劉不疑 원년. 유불의가 죽었다. 四月辛卯 哀王不疑元年 薨 **신주** 〈고후기〉나 《한서》 〈표〉에 모두 고후 2년에 죽었다고 나온다.
	양梁	유회 10년 十
	여呂	4월 신묘일, 여왕(숙왕肅王) 여태呂台 원년. 여태가 죽었다. 四月辛卯 呂王台元年 薨

		신주 《사기지의》에 따르면, 여태 사망은 〈고후기〉에는 2년 11월, 〈한흥이래장상명신연표〉에는 2년 12월이라고 한다.
	회양 淮陽	4월 신묘, 첫 왕 회왕 유강劉強 원년. 강은 혜제의 아들이다. 四月辛卯 初王懷王強元年 強 惠帝子
	대代	유항 10년 十
	장사 長沙	오회 7년 七
서기전 **186** 고후 2년	초楚	유교 16년 十六
	노魯	장언 2년 二
	제齊	유양 3년 三
	오吳	유비劉濞 10년 十
	회남 淮南	유장 11년 十一
	연燕	유건 10년 十
	조趙	유우 9년 九
	상산 常山	7월 계사일, 새 왕 유의劉義 원년. 애왕 유불의의 아우이다. 유의는 혜제의 아들로 옛 양성후이며 황제(소제小帝)가 되었다. 七月癸巳 初王義元年 哀王弟 義 孝惠子 故襄城侯 立爲帝 신주 《사기지의》에 따르면, 《한서》 〈표〉에는 10월 계축이라 하여 《사기》 〈고조본기〉와 부합한다고 한다. 소제 홍弘으로 명목상 서기전 185~180년까지 재위한다.

	양梁	유회 11년 十一	
	여呂	11월 계해일, 왕 여가呂嘉 원년. 여가는 숙왕 여태의 아들이다. 十一月癸亥 王呂嘉元年 嘉 肅王子	
	회양 淮陽	유강 2년 二	
	대代	유항 11년 十一	
	장사 長沙	공왕 오우吳右 원년 恭王右元年	
서기전 **185** 고후 3년	초楚	유교 17년 十七	
	노魯	장언 3년 三	
	제齊	유양 4년. 조회하러 왔다. 四 來朝	
	오吳	유비劉濞 11년 十一	
	회남 淮南	유장 12년 十二	
	연燕	유건 11년 十一	
	조趙	유우 10년 十	
	상산 常山	유의 2년 二	
	양梁	유회 12년 十二	

여呂	여가 2년 二	
회양 淮陽	유강 3년 三	
대代	유항 12년 十二	
장사 長沙	오우 2년. 조회하러 왔다. 二 來朝	

서기전 **184** 고후 4년	**초**楚	유교 18년 十八
	노魯	장언 4년 四
	제齊	유양 5년 五
	오吳	유비劉濞 12년 十二
	회남 淮南	유장 13년 十三
	연燕	유건 12년 十二
	조趙	유우 11년 十一
	상산 常山	5월 병진일, 새 왕 유조劉朝 원년. 유조는 혜제의 아들로 옛 지후 이다. 五月丙辰 初王朝元年 朝 惠帝子 故軹侯 색은 軹의 발음은 '지[章是反]'다. 지현은 하내군에 있다. 뒤에 문제가 외숙 박소薄昭를 봉했다. 軹音章是反 軹縣在河內 後文帝以封舅薄昭

	양梁	유회 13년 十三	
	여呂	여가 3년 三	
	회양 淮陽	유강 4년 四	
	대代	유항 13년 十三	
	장사 長沙	오우 3년 三	
서기전 **183** 고후 5년	초楚	유교 19년 十九	
	노魯	장언 5년 五	
	제齊	유양 6년 六	
	오吳	유비劉濞 13년 十三	
	회남 淮南	유장 14년. 조회하러 왔다. 十四 來朝	
	연燕	유건 13년 十三	
	조趙	유우 12년 十二	
	상산 常山	유조 2년 二	
	양梁	유회 14년 十四	

	여呂	여가 4년 四
	회양 淮陽	유강 5년. 유강의 후계자가 없었다. 五 無嗣
	대代	유항 14년 十四
	장사 長沙	오우 4년 四
서기전 182 고후 **6년**	**초**楚	유교 20년 二十
	노魯	장언 6년 六
	제齊	유양 7년 七
	낭야琅邪	처음 낭야국을 두었다. 初置琅邪國
	오吳	유비劉濞 14년 十四
	회남 淮南	유장 15년 十五
	연燕	유건 14년 十四
	조趙	유우 13년 十三
	상산 常山	유조 3년 三
	양梁	유회 15년 十五

	여 呂	여가가 폐위되었다. 7월 병진일, 여산呂産 원년. 여산은 숙왕의 아우로 옛 교후이다. 嘉廢 七月丙辰 呂産元年 産 肅王弟 故洨侯 색은 洨의 발음은 '교交'다. 교수가 나오는 곳이고 현 이름으로 패군에 있다. 또 발음은 ■이다. 洨音交 洨水所出 縣名 在沛 又音■也 신주 〈고후기〉에 따르면, 여산이 임명된 것은 10월이다. 〈혜경간후자연표〉에는 洨를 '교郊'라 했는데 같은 것이다. 신주 색은 주석의 ■는 원문과 백납본에서도 안 보이는 글자이다.
	회양 淮陽	첫 왕 유무劉武 원년. 유무는 혜제의 아들로 옛 호관후이다. 初王武元年 武 孝惠帝子 故壺關侯
	대代	유항 15년 十五
	장사 長沙	오우 5년 五
서기전 **181** 고후 7년	초楚	유교 21년 二十一
	노魯	장언7년 七
	제齊	유양 8년 八
	낭야 琅邪	왕 유택劉澤 원년. 옛 영릉후이다. 王澤元年 故營陵侯 색은 영릉은 현 이름으로 북해군에 속한다. 營陵 縣名 屬北海 신주 〈고후기〉에 따르면, 고후의 여동생 여수呂嬃의 딸이 유택의 부인이 되었다.
	오吳	유비劉濞 15년 十五

회남 淮南	유장 16년 十六	
연燕	유건 15년. 세습이 끊어졌다. 十五 絕	
조趙	(유우 14년. 초나라의 여산을 양나라로 옮겼다. 여산 원년이다.) (十四 楚呂產徙梁元年) 신주 〈고후기〉에 따르면, 조왕 유우가 유폐되었다가 죽는다.	
상산 常山	유조 4년 四	
양梁	유회 16년. 왕(유회)을 조나라로 옮겼는데 자살했다. 왕 여산 원년. (十六) 徙王趙 自殺 王呂產元年	
여呂	여산을 양梁나라로 옮겼다. 2월 정사일, 왕 유태劉太 원년. 혜제의 아들이다. 呂產徙王梁 二月丁巳 王太元年 惠帝子 색은 여태呂太는 옛 창평후이다. 현 이름으로 상곡군에 속한다. 呂太 故昌平侯 縣名 屬上谷也 신주 색은 주석은 태太를 유씨가 아닌 여씨로 인정하고 있다.	
회양 淮陽	유무 2년 二	
대代	유항 16년 十六	
장사 長沙	오우 6년 六	
서기전 **180** 고후 8년	초楚	유교 22년 二十二
	노魯	장언 8년 八
	제齊	유양 9년 九

낭야 琅邪	유택 2년 二	
오吳	유비劉濞 16년 十六	
회남 淮南	유장 17년 十七	
연燕	10월 신축일, 첫 왕 여통呂通 원년. 숙왕의 아들로 옛 동평후이다. 9월, 주살당하고 봉국이 없어졌다. 十月辛丑 初王呂通元年 肅王子 故東平侯 九月誅 國除 색은 동평은 현으로 양나라에 속한다. 東平 縣 屬梁國	
조趙	첫 왕 여록呂祿 원년. 여후 오라버니의 아들이며 호릉후이다. 주살당하고 봉국이 없어졌다. 初王呂祿元年 呂后兄子 胡陵侯 誅 國除 색은 호릉은 현 이름으로 산양군에 속한다. 胡陵 縣名 屬山陽也	
상산 常山	유조 5년. 유조는 혜제의 아들이 아니라고 하여 주살되었으며 봉국이 없어지고 군이 되었다. 五 非子 誅 國除爲郡	
양梁	여산 2년. 죄를 지어 주살되자 군을 만들었다. 二 有罪 誅 爲郡	
여呂	유태 2년 二	
회양 淮陽	유무 3년. 유무가 주살되고 봉국이 없어졌다. 三 武誅 國除	
대代	유항 17년 十七	
장사 長沙	오우 7년 七	

효문 시대 표

서기전 **179** 효문 전원년 孝文前元年	**초**楚	유교 23년 二十三
	노魯	장언 9년. 장언이 폐위되어 후侯가 되었다. 九 廢爲侯 **신주** 〈고후기〉에 따르면, 이미 전년 여씨들이 주살당할 때 폐위되었으므로 9년이 없다.
	제齊	유양 10년. 유양이 죽었다. 十 薨
	성양 城陽	제나라를 나누어 처음 성양군을 두었다. 初置城陽郡 **신주** 성양국이며 도읍은 거莒이다.
	제북 濟北	제나라를 나누어 처음 제북을 두었다. 初置濟北 **신주** 제북국이며 도읍은 로盧이다.
	낭야 琅邪	유택 3년. 유택을 연왕으로 옮겼다. 三 徙燕
	오吳	유비劉濞 17년 十七
	회남 淮南	유장 18년 十八

	연燕	10월 경술일, 낭야왕 유택을 연으로 옮긴 원년. 이 사람이 경왕이다. 十月庚戌 琅邪王澤徙燕元年 是爲敬王
	조趙	10월 경술일, 조왕 유수劉遂 원년. 유왕 유우의 아들이다. 十月庚戌 趙王遂元年 幽王子
	하간 河間	조나라를 나누어 하간을 만들고 낙성에 도읍했다. 分爲河間 都樂成
	태원 太原	처음 태원을 두고 진양에 도읍했다. 初置太原 都晉陽
	양梁	다시 양국을 두었다. 復置梁國
	대代	유항 18년. 대왕은 문제가 되었다. 十八 爲文帝
	장사 長沙	오우 8년 八
서기전 **178** 효문 전2년	초楚	이왕 유영劉郢 원년 夷王郢元年 신주 《사기지의》에 따르면, 이름을 영객郢客이라 하는데, 이 표와 〈문제기〉와 〈초원왕세가〉 및 《한서》 〈유림전〉에 잘못하여 '客' 자를 빠뜨렸으나 나머지 저작에서는 모두 '영객郢客'이라 썼다.
	노魯	
	제齊	문왕 유칙劉則 원년 文王則元年
	성양 城陽	2월 을묘일, 경왕 유장劉章 원년. 장은 제도혜왕의 아들로 옛 주허후이다. 二月乙卯景王章元年 章 悼惠王子 故朱虛侯 색은 주허는 현 이름으로 낭야군에 속한다. 朱虛 縣名 屬琅邪

제북 濟北	2월 을묘일, 왕 유흥거劉興居 원년. 흥거는 제도혜왕의 아들로 옛 동모후이다. 二月乙卯 王興居元年 興居 悼惠王子 故東牟侯 색은 동모는 현 이름으로 동래군에 속한다. 縣名 屬東萊
낭야 琅琊	봉국이 없어지고 군이 되었다. 國除爲郡 신주 실제 없어진 것은 유택이 연왕으로 옮긴 문제 원년이다.
오吳	유비劉濞 18년 十八
회남 淮南	유장 19년 十九
연燕	유택 2년. 왕 유택이 죽었다. 二 薨
조趙	유수 2년 二
하간 河間	2월 을묘일, 첫 왕 문왕 유벽강劉辟強 원년. 유벽강은 조유왕 유우劉友의 아들이다. 二月乙卯 初王文王辟強元年 辟強 趙幽王子 색은 辟의 발음은 '벽璧'이다. 辟音璧
태원 太原	2월 을묘일, 첫 왕 유참劉參 원년. 유참은 문제의 아들이다. 二月乙卯 初王參元年 參 文帝子
양梁	2월 을묘일, 첫 왕 회왕 유승劉勝 원년. 유승은 문제의 아들이다. 二月乙卯 初王懷王勝元年 勝 文帝子 신주 《한서》〈문제기〉에 따르면, 이름은 읍揖이다.
대代	2월 을묘일, 첫 왕 유무劉武 원년. 유무는 문제의 아들이다. 二月乙卯 初王武元年 武 文帝子

	장사 長沙	오우 9년 九
서기전 **177** 효문 전3년	초楚	유영 2년 二
	제齊	유칙 2년 二
	성양 城陽	유장 2년 二
	제북 濟北	군을 만들었다. 爲郡 　**신주**　제북왕 유흥거가 반란하다 제거되었다.
	오吳	유비劉濞 19년. 조회하러 왔다. 十九 來朝
	회남 淮南	유장 20년. 조회하러 왔다. 二十 來朝
	연燕	강왕 유가劉嘉 원년 康王嘉元年
	조趙	유수 3년 三
	하간 河間	유벽강 2년 二
	태원 太原	유참 2년 二
	양梁	유승 2년 二
	회양 淮陽	다시 회양국을 두었다. 復置淮陽國
	대代	유무 2년. 유무를 회양왕으로 옮겼다. 二 徙淮陽

	장사 長沙	정왕 오저吳著 원년 靖王著元年	
		신주 《한서》〈표〉에는 이름은 '산産'이고 원년은 문제 전2년이라고 한다.	
서기전 **176** 효문 전4년	초楚	유영 3년 三	
	제齊	유칙 3년 三	
	성양 城陽	공왕 유희劉喜 원년 共王喜元年	
	오吳	유비劉濞 20년 二十	
	회남 淮南	유장 21년 二十一	
	연燕	유가 2년 二	
	조趙	유수 4년 四	
	하간 河間	유벽강 3년 三	
	태원 太原	유참 3년. 대왕으로 호칭을 고쳤다. 三 更爲代王	
	양梁	유승 3년 三	
	회양 淮陽	대왕 유무劉武가 회양으로 옮겨서 재위 3년째다. 代王武徙淮陽三年	
	대代	유참 3년. 태원왕 유참劉參이 대왕으로 호칭을 고쳤으며 재위 3년째다. 실제는 태원에 거처했는데 이 사람이 효왕이다. 三 太原王參更號爲代王三年 實居太原 是爲孝王	

	장사 長沙	오저 2년 二	
서기전 **175** 효문 전5년	초楚	유영 4년. 유영(郢)이 죽었다. 四 薨	
	제齊	유칙 4년 四	
	성양 城陽	유희 2년 二	
	오吳	유비劉濞 21년 二十一	
	회남 淮南	유장 22년 二十二	
	연燕	유가 3년 三	
	조趙	유수 5년 五	
	하간 河間	유벽강 4년 四	
	양梁	유승 4년 四	
	회양 淮陽	유무劉武 4년 四	
	대代	유참 4년 四	
	장사 長沙	오저 3년 三	
서기전 **174** 효문 전6년	초楚	왕 유무劉戊 원년 王戊元年	

	제齊	유칙 5년 五
	성양 城陽	유희 3년 三
	오吳	유비劉濞 22년 二十二
	회남 淮南	유장 23년. 왕(유장)이 무도하여 촉으로 옮기는 도중에 옹에서 죽었고 군을 만들었다. 二十三 王無道 遷蜀 死雍 爲郡
	연燕	유가 4년 四
	조趙	유수 6년 六
	하간 河間	유벽강 5년 五
	양梁	유승 5년 五
	회양 淮陽	유무劉武 5년 五
	대代	유참 5년 五
	장사 長沙	오저 4년 四
서기전 **173** 효문 전7년	초楚	유무劉戊 2년 二
	제齊	유칙 6년 六
	성양 城陽	유희 4년 四

	오**吳**	유비劉濞 23년	
		二十三	
	연**燕**	유가 5년	
		五	
	조**趙**	유수 7년. 조회하러 왔다.	
		七 來朝	
	하간 河間	유벽강 6년	
		六	
	양**梁**	유승 6년. 조회하러 왔다.	
		六 來朝	
	회양 淮陽	유무劉武 6년. 조회하러 왔다.	
		六 來朝	
	대**代**	유참 6년. 조회하러 왔다.	
		六 來朝	
	장사 長沙	오저 5년	
		五	
서기전 **172** 효문 전8년	초**楚**	유무劉戊 3년	
		三	
	제**齊**	유칙 7년. 조회하러 왔다.	
		七 來朝	
	성양 城陽	유희 5년	
		五	
	오**吳**	유비劉濞 24년	
		二十四	
	연**燕**	유가 6년. 조회하러 왔다.	
		六 來朝	
	조**趙**	유수 8년	
		八	

	하간 河間	유벽강 7년. 조회하러 왔다. 七 來朝
	양梁	유승 7년 七
	회양 淮陽	유무劉武 7년 七
	대代	유참 7년 七
	장사 長沙	오저 6년 六
서기전 **171** 효문 전9년	초楚	유무劉戊 4년 四
	제齊	유칙 8년 八
	성양 城陽	유희 6년. 조회하러 왔다. 六 來朝
	오吳	유비劉濞 25년 二十五
	연燕	유가 7년 七
	조趙	유수 9년 九
	하간 河間	유벽강 8년 八
	양梁	유승 8년 八
	회양 淮陽	유무劉武 8년. 조회하러 왔다. 八 來朝

	대代	유참 8년 八
	장사 長沙	오저 7년 七
서기전 **170** 효문 전10년	초楚	유무劉戊 5년 五
	제齊	유칙 9년 九
	성양 城陽	유희 7년 七
	오吳	유비劉濞 26년 二十六
	연燕	유가 8년 八
	조趙	유수 10년 十
	하간 河間	유벽강 9년 九
	양梁	유승 9년 九
	회양 淮陽	유무劉武 9년 九
	대代	유참 9년 九
	장사 長沙	오저 8년. 오저가 조회하러 왔다. 八 來朝
서기전 **169** 효문 전11년	초楚	유무劉戊 6년 六

제齊	유칙 10년 十	
성양 城陽	유희 8년. 회남으로 옮겼다. 군을 만들어 제에 속하게 했다. 八 徙淮南 爲郡 屬齊	
오吳	유비劉濞 27년 二十七	
연燕	유가 9년 九	
조趙	유수 11년 十一	
하간 河間	유벽강 10년 十	
양梁	유승 10년. 조회하러 왔다. 죽었는데 후사가 없었다. 十 來朝 薨 無後	
회양 淮陽	유무劉武 10년. 조회하러 왔다. 양으로 옮기고 군을 만들었다. 十 來朝 徙梁 爲郡	
대代	유참 10년. 조회하러 왔다. 十 來朝	
장사 長沙	오저 9년 九	
서기전 **168** 효문 전12년	초楚	유무劉戊 7년 七
	제齊	유칙 11년. 조회하러 왔다. 十一 來朝
	오吳	유비劉濞 28년 二十八
	회남 淮南	성양왕 유희가 회남왕으로 옮긴 원년이다. 城陽王喜徙淮南元年

	연燕	유가 10년 十
	조趙	유수 12년. 조회하러 왔다. 十二 來朝
	하간 河間	유벽강 11년. 조회하러 왔다. 十一 來朝
	양梁	유무劉武 11년. 회양왕 유무가 양으로 옮긴 해로 재위 11년째다. 이 사람이 효왕이다. 十一 淮陽王武徙梁年 是爲孝王
	대代	유참 11년 十一
	장사 長沙	오저 10년 十
서기전 **167** 효문 전13년	초楚	유무劉戊 8년. 조회하러 왔다. 八 來朝
	제齊	유칙 12년 十二
	오吳	유비劉濞 29년 二十九
	회남 淮南	유희 2년 二
	연燕	유가 11년 十一
	조趙	유수 13년 十三
	하간 河間	유벽강 12년 十二
	양梁	유무劉武 12년 十二

	대代	유참 12년 十二
	장사 長沙	오저 11년 十一
서기전 **166** 효문 전14년	초楚	유무劉戊 9년 九
	제齊	유칙 13년 十三
	오吳	유비劉濞 30년 三十
	회남 淮南	유희 3년 三
	연燕	유가 12년. 조회하러 왔다. 十二 來朝
	조趙	유수 14년 十四
	하간 河間	유벽강 13년. 유벽강이 죽었다. 十三 薨
	양梁	유무劉武 13년 十三
	대代	유참 13년 十三
	장사 長沙	오저 12년 十二
서기전 **165** 효문 전15년	초楚	유무劉戊 10년 十
	형산 衡山	처음 형산을 두었다. 初置衡山

제齊	유칙 14년. 문왕 유칙이 죽었다. 후사가 없었다. 十四 薨 無後	
성양 城陽	다시 성양국을 두었다. 復置城陽國	
제북 濟北	다시 제북국을 두었다. 復置濟北國	
제남 濟南	제나라를 나누어 제남국을 만들었다. 分爲濟南國	
치천 菑川	제나라를 나누어 치천을 만들었고 극劇에 도읍했다. 分爲菑川 都劇	
교서 膠西	제나라를 나누어 교서를 만들었고 완宛에 도읍했다. 分爲膠西 都宛 집해 서광이 말했다. "낙안군에 완현이 있다." 徐廣曰 樂安有宛縣	
교동 膠東	제나라를 나누어 교동을 만들었고 즉묵即墨에 도읍했다. 分爲膠東 都即墨	
오吳	유비劉濞 31년 三十一	
회남 淮南	유희 4년. 성양으로 옮겼다. 四 徙城陽	
연燕	유가 13년. 조회하러 왔다. 十三 來朝	
조趙	유수 15년 十五	
하간 河間	애왕 유복劉福 원년. 유복이 죽고 후사가 없어서 봉국이 없어지고 군이 되었다. 哀王福元年 薨 無後 國除爲郡	
여강 廬江	처음 여강국을 두었다. 初置廬江國	

양梁	유무劉武 14년. 조회하러 왔다. 十四 來朝	
대代	유참 14년 十四	
장사 長沙	오저 13년 十三	
서기전 **164** 효문 전16년	**초**楚	유무劉戊 11년 十一
	형산 衡山	4월 병인일, 왕 유발劉勃 원년. 회남여왕(유장劉長)의 아들로 옛 안양후이다. 四月丙寅 王勃元年 淮南厲王子 故安陽侯
	제齊	4월 병인일, 효왕 유장려劉將閭 원년. 제도혜왕(유비劉肥)의 아들로 옛 양허후이다. 四月丙寅 孝王將閭元年 齊悼惠王子 故陽虛侯
	성양 城陽	회남왕 유희가 원래 봉국인 성양으로 옮겨서 재위 13년째다. 淮南王喜徙城陽十三年
	제북 濟北	4월 병인일, 첫 왕 유지劉志 원년. 제도혜왕의 아들로 옛 안도후이다. 四月丙寅 初王志元年 齊悼惠王子 故安都侯
	제남 濟南	4월 병인일, 첫 왕 유벽광劉辟光 원년. 제도혜왕의 아들로 옛 늑후扐侯이다. 四月丙寅 初王辟光元年 齊悼惠王子 故扐侯 신주 늑후가 아니라 역후扐侯이다.
	치천 菑川	4월 병인일, 첫 왕 유현劉賢 원년. 제도혜왕의 아들로 옛 무성후이다. 四月丙寅 初王賢元年 齊悼惠王子 故武城侯
	교서 膠西	4월 병인일, 첫 왕 유앙劉卬 원년. 제도혜왕의 아들로 옛 평창후이다. 四月丙寅 初王卬元年 齊悼惠王子 故平昌侯

	교동膠東	4월 병인, 첫 왕 유웅거劉雄渠 원년. 제도혜왕의 아들로 옛 백석후이다. 四月丙寅 初王雄渠元年 齊悼惠王子 故白石侯
	오吳	유비劉濞 32년 三十二
	회남淮南	4월 병인, 왕 유안劉安 원년. 회남여왕의 아들로 옛 부릉후이다. 四月丙寅 王安元年 淮南厲王子 故阜陵侯
	연燕	유가 14년 十四
	조趙	유수 16년 十六
	여강廬江	4월 병인일, 왕 유사劉賜 원년. 회남여왕의 아들로 옛 양주후이다. 四月丙寅 王賜元年 淮南厲王子 故陽周侯
	양梁	유무劉武 15년 十五
	대代	유참 15년 十五
	장사長沙	오저 14년 十四
서기전 **163** 효문 후원년 孝文後元年	초楚	유무劉戊 12년 十二
	형산衡山	유발 2년 二
	제齊	유장려 2년 二
	성양城陽	유희 14년 十四
	제북濟北	유지 2년 二

제남 濟南	유벽광 2년 二	
치천 菑川	유현 2년 二	
교서 膠西	유앙 2년 二	
교동 膠東	유웅거 2년 二	
오吳	유비劉濞 33년 三十三	
회남 淮南	유안 2년 二	
연燕	유가 15년 十五	
조趙	유수 17년 十七	
여강 廬江	유사 2년 二	
양梁	유무劉武 16년 十六	
대代	유참 16년 十六	
장사 長沙	오저 15년 十五	
서기전 **162** 효문 후2년	**초**楚	유무劉戊 13년 十三
	형산 衡山	유발 3년 三

제齊	유장려 3년 三	
성양 城陽	유희 15년 十五	
제북 濟北	유지 3년 三	
제남 濟南	유벽광 3년 三	
치천 菑川	유현 3년 三	
교서 膠西	유앙 3년 三	
교동 膠東	유웅거 3년 三	
오吳	유비劉濞 34년 三十四	
회남 淮南	유안 3년 三	
연燕	유가 16년 十六	
조趙	유수 18년 十八	
여강 廬江	유사 3년 三	
양梁	유무劉武 17년 十七	
대代	유참 17년. 유참이 죽었다. 十七 薨	

	장사 長沙	오저 16년 十六
서기전 **161** 효문 후3년	초楚	유무劉戊 14년 十四
	형산 衡山	유발 4년 四
	제齊	유장려 4년. 조회하러 왔다. 四 來朝
	성양 城陽	유희 16년 十六
	제북 濟北	유지 4년. 조회하러 왔다. 四 來朝
	제남 濟南	유벽광 4년. 조회하러 왔다. 四 來朝
	치천 菑川	유현 4년 四
	교서 膠西	유앙 4년 四
	교동 膠東	유웅거 4년 四
	오吳	유비劉濞 35년 三十五
	회남 淮南	유안 4년 四
	연燕	유가 17년 十七
	조趙	유수 19년 十九

	여강 廬江	유사 4년 四	
	양梁	유무劉武 18년. 조회하러 왔다. 十八 來朝	
	대代	공왕 유등劉登 원년 恭王登元年	
	장사 長沙	오저 17년 十七	
서기전 **160** 효문 후4년	초楚	유무劉戊 15년 十五	
	형산 衡山	유발 5년 五	
	제齊	유장려 5년 五	
	성양 城陽	유희 17년 十七	
	제북 濟北	유지 5년. 조회하러 왔다. 五 來朝	
	제남 濟南	유벽광 5년 五	
	치천 菑川	유현 5년 五	
	교서 膠西	유앙 5년 五	
	교동 膠東	유웅거 5년 五	
	오吳	유비劉濞 36년 三十六	

	회남 淮南	유안 5년 五	
	연燕	유가 18년. 조회하러 왔다. 十八 來朝	
	조趙	유수 20년. 조회하러 왔다. 二十 來朝	
	여강 廬江	유사 5년 五	
	양梁	유무劉武 19년 十九	
	대代	유등 2년 二	
	장사 長沙	오저 18년 十八	
서기전 **159** 효문 후5년	**초**楚	유무劉戊 16년. 조회하러 왔다. 十六 來朝	
	형산 衡山	유발 6년 六	
	제齊	유장려 6년 六	
	성양 城陽	유희 18년. 조회하러 왔다. 十八 來朝	
	제북 濟北	유지 6년 六	
	제남 濟南	유벽광 6년. 조회하러 왔다. 六 來朝	
	치천 菑川	유현 6년 六	

	교서 膠西	유앙 6년. 조회하러 왔다. 六 來朝
	교동 膠東	유웅거 6년 六
	오吳	유비劉濞 37년 三十七
	회남 淮南	유안 6년 六
	연燕	유가 19년 十九
	조趙	유수 21년 二十一
	여강 廬江	유사 6년 六
	양梁	유무劉武 20년 二十
	대代	유등 3년 三
	장사 長沙	오저 19년 十九
서기전 **158** 효문 후6년	초楚	유무劉戊 17년 十七
	형산 衡山	유발 7년 七
	제齊	유장려 7년 七
	성양 城陽	유희 19년 十九

	제북 濟北	유지 7년 七	
	제남 濟南	유벽광 7년 七	
	치천 菑川	유현 7년 七	
	교서 膠西	유앙 7년 七	
	교동 膠東	유웅거 7년 七	
	오吳	유비劉濞 38년 三十八	
	회남 淮南	유안 7년. 조회하러 왔다. 七 來朝	
	연燕	유가 20년 二十	
	조趙	유수 22년 二十二	
	여강 廬江	유사 7년 七	
	양梁	유무劉武 21년. 조회하러 왔다. 二十一 來朝	
	대代	유등 4년 四	
	장사 長沙	오저 20년. 조회하러 왔다. 二十 來朝	
서기전 **157** 효문 후7년	**초**楚	유무劉戊 18년 十八	
	형산 衡山	유발 8년 八	

제齊	유장려 8년	
	八	
성양 城陽	유희 20년	
	二十	
제북 濟北	유지 8년	
	八	
제남 濟南	유벽광 8년	
	八	
치천 菑川	유현 8년	
	八	
교서 膠西	유앙 8년	
	八	
교동 膠東	유웅거 8년	
	八	
오吳	유비劉濞 39년	
	三十九	
회남 淮南	유안 8년	
	八	
연燕	유가 21년	
	二十一	
조趙	유수 23년	
	二十三	
여강 廬江	유사 8년	
	八	
양梁	유무劉武 22년	
	二十二	
대代	유등 5년	
	五	
장사 長沙	오저 21년. 조회하러 왔다. 죽고 후사가 없어서 봉국이 없어졌다.	
	二十一 來朝 薨 無後 國除	

효경 시대 표

서기전 **156** 효경 전원년 孝景 前元年	초楚	유무 戊19년 十九
	형산 衡山	유발 9년 九
	제齊	유장려 9년 九
	성양 城陽	유희 21년 二十一
	제북 濟北	유지 9년 九
	제남 濟南	유벽광 9년 九
	치천 菑川	유현 9년 九
	교서 膠西	유앙 9년 九
	교동 膠東	유웅거 9년 九
	오吳	유비劉濞 40년 四十
	회남 淮南	유안 9년 九

연燕	유가 22년 二十二	
조趙	유수 24년 二十四	
하간 河間	다시 하간국을 두었다. 復置河閒國	
광천 廣川	처음 광천을 두고 신도에 도읍했다. 初置廣川 都信都	
여강 廬江	유사 9년 九	
양梁	유무劉武 23년 二十三	
임강 臨江	처음 임강을 두고 강릉에 도읍했다. 初置臨江 都江陵	
여남 汝南	처음 여남국을 두었다. 初置汝南國	
회양 淮陽	다시 회양국을 두었다. 復置淮陽國	
대代	유등 6년 六	
장사 長沙	다시 장사국을 두었다. 復置長沙國	
서기전 **155** 효경 전2년	**초**楚	유무劉戊 20년. 조회하러 왔다. 二十 來朝
	노魯	초국을 나누어 다시 노국을 두었다. 分楚復置魯國
	형산 衡山	유발 10년 十

제齊	유장려 10년 十	
성양 城陽	유희 22년 二十二	
제북 濟北	유지 10년. 조회하러 왔다. 十 來朝	
제남 濟南	유벽광 10년 十	
치천 菑川	유현 10년 十	
교서 膠西	유앙 10년 十	
교동 膠東	유웅거 10년 十	
오吳	유비劉濞 41년 四十一	
회남 淮南	유안 10년 十	
연燕	유가 23년 二十三	
조趙	유수 25년. 조회하러 왔다. 二十五 來朝	
하간 河間	3월 갑인일, 첫 왕 헌왕 유덕劉德 원년. 경제의 아들이다. 三月甲寅 初王獻王德元年 景帝子	
광천 廣川	3월 갑인일, 왕 유팽조劉彭祖 원년. 경제의 아들이다. 三月甲寅 王彭祖元年 景帝子	
중산 中山	처음 중산을 두고 노노에 도읍했다. 初置中山 都盧奴	

여강 廬江	유사 10년 十	
양梁	유무劉武 24년. 조회하러 왔다. 二十四 來朝	
임강 臨江	3월 갑인일, 첫 왕 유알우劉閼于 원년. 경제의 아들이다. 三月甲寅 初王閼于元年 景帝子 색은 閼의 발음은 '알遏'이다. 閼音遏 신주 〈한흥이래장상명신연표〉에는 유알劉閼로 나온다.	
여남 汝南	3월 갑인일, 첫 왕 유비劉非 원년. 경제의 아들이다. 三月甲寅 初王非元年 景帝子	
회양 淮陽	3월 갑인일, 첫 왕 유여劉餘 원년. 경제의 아들이다. 三月甲寅 初王餘元年 景帝子	
대代	유등 7년 七	
장사 長沙	3월 갑인일, 정왕 유발劉發 원년. 경제의 아들이다. 三月甲寅 定王發元年 景帝子	
서기전 **154** 효경 전3년	**초**楚	유무劉戊 21년. 반란하여 주살되었다. 二十一 反 誅
	노魯	6월 을해일, 회양왕 유여가 노魯로 옮긴 원년. 이 사람이 공왕이다. 六月乙亥淮陽王徙魯元年 是爲恭王
	형산 衡山	유발 11년 十一
	제齊	유장려 11년 十一
	성양 城陽	유희 23년 二十三
	제북 濟北	유지 11년. 치천으로 옮겼다. 十一 徙菑川

제남 濟南	유벽광 11년. 반란하여 주살되었다. 군이 되었다. 十一 反 誅 爲郡	
치천 菑川	유현 11년. 반란하여 주살되었다. 제북왕 유지劉志가 치천으로 옮겨 재위 11년째다. 이 사람이 의왕이다. 十一 反 誅 濟北王志徙菑川十一年 是爲懿王	
교서 膠西	유앙 11년. 반란하여 주살되었다. 6월 을해일, 우왕 유단劉端 원 년. 경제의 아들이다. 十一 反 誅 六月乙亥 于王端元年 景帝子 색은 《시법》에 하는 짓이 그 덕을 넘는 것을 우于라 한다. 謚法能優其德曰于	
교동 膠東	유웅거 11년. 반란하여 주살되었다. 十一 反 誅	
오吳	유비劉濞 42년. 반란하여 주살되었다. 四十二 反 誅	
회남 淮南	유안 11년 十一	
연燕	유가 24년 二十四	
조趙	유수 26년. 반란하여 주살되었다. 군이 되었다. 二十六 反 誅 爲郡	
하간 河間	유덕 2년. 조회하러 왔다. 二 來朝	
광천 廣川	유팽조 2년. 조회하러 왔다. 二 來朝	
중산 中山	6월 을해일, 정왕 유승劉勝 원년. 경제의 아들이다. 六月乙亥 靖王勝元年 景帝子	
여강 廬江	유사 11년 十一	

	양梁	유무劉武 25년. 조회하러 왔다. 二十五 來朝
	임강 臨江	유알우 2년 二
	여남 汝南	유비劉非 2년 二
	회양 淮陽	유여를 노국으로 옮겼다. 군이 되었다. 徙魯 爲郡
	대代	유등 8년 八
	장사 長沙	유발 2년 二
서기전 **153** 효경 전4년 4월 기사일, 태자를 세웠다. 四月己巳 立太子	초楚	문왕 유례劉禮 원년. 원왕의 아들로 옛 평륙후이다. 文王禮元年 元王子 故平陸侯 신주 〈초원왕세가〉에는 '禮'대신 '찰札'로 나온다. 약자 '礼'를 잘못 썼을 것으로 추정한다.
	노魯	유여 2년. 조회하러 왔다. 二 來朝
	형산 衡山	유발 12년. 유발이 제북으로 옮겼다. 여강왕 유사가 형산으로 옮 긴 원년. 十二 徙濟北 廬江王賜徙衡山元年 신주 〈회남형산전〉에 유발이 입조하자 경제가 칠국의 난에 가담하지 않 고 한나라에 충성한 포상으로 제북으로 옮겨주었다고 한다.
	제齊	의왕 유수劉壽 원년 懿王壽元年
	성양 城陽	유희 24년 二十四
	제북 濟北	형산왕 유발이 제북으로 옮겨 재위 12년째다. 이 사람이 정왕이다. 衡山王勃徙濟北十二年 是爲貞王

치천 菑川	유지 12년 十二
교서 膠西	유단劉端 2년 二
교동 膠東	4월 기사일, 첫 왕(유철劉徹) 원년. 이 사람이 효무제가 되었다. 四月己巳 初王元年 是爲孝武帝
강도 江都	처음 강도를 두었다. 6월 을해일, 여남왕 유비劉非가 강도왕이 된 원년이다. 이 사람이 역왕이다. 初置江都 六月乙亥 汝南王非爲江都王元年 是爲易王 색은 《시법》에 고치는 것을 좋아하여 옛 것을 바꾸는 것을 역易이라 한다. 謚法好更故舊爲易也 신주 《한서》〈경제기〉에 따르면, 노공왕이나 치천의왕과 같이 전년에 있 어야 한다. 《사기지의》에도 그래야 한다고 했다.
회남 淮南	유안 12년 十二
연燕	유가 25년 二十五
하간 河間	유덕 3년 三
광천 廣川	유팽조 3년 三
중산 中山	유승劉勝 2년 二
여강 廬江	유사 12년. 형산으로 옮겨 봉국이 없어지고 군이 되었다. 十二 徙衡山 國除爲郡
양梁	유무劉武 26년 二十六
임강 臨江	유알우 3년. 죽고 후사가 없어서 봉국이 없어지고 군이 되었다. 三 薨 無後 國除爲郡

여남 汝南	유비劉非 3년. 강도로 옮겼다. (여남은 군이 된다.) 三 徙江都	
대代	유등 9년 九	
장사 長沙	유발 3년 三	
서기전 **152** 효경 전5년	**초**楚	유례 2년 二
	노魯	유여 3년 三
	형산 衡山	유사 2년 二
	제齊	유수 2년. 조회하러 왔다. 二 來朝
	성양 城陽	유희 25년 二十五
	제북 濟北	유발 13년. 유발이 죽었다. 十三 薨
	치천 菑川	유지 13년 十三
	교서 膠西	유단劉端 3년 三
	교동 膠東	유철 2년 二
	강도 江都	유비劉非 2년 二
	회남 淮南	유안 13년. 조회하러 왔다. 十三 來朝

연燕	유가 26년. 유가가 죽었다. 二十六 薨	
	신주 《한서》〈경제기〉에는 3년에 죽었다고 했다.	
조趙	광천왕 유팽조가 조나라로 옮기고 재위 4년째다. 이 사람이 경숙왕이다. 廣川王彭祖徙趙四年 是爲敬肅王	
	신주 《사기지의》에 따르면, 《사기》가 지어졌을 때 아직 살아있어 시호를 일컫지 못하므로 시호는 후대인이 함부로 더한 것이라고 한다. 《한서》〈제후왕표〉에 따르면, 무려 63년 재위하고 무제 태시 4년(서기전 93)에 죽는다.	
하간 河間	유덕 4년 四	
광천 廣川	유팽조 4년. 조나라로 옮겨졌으며 봉국이 없어지고 신도군이 되었다. 四 徙趙 國除爲信都郡	
중산 中山	유승劉勝 3년 三	
양梁	유무劉武 27년 二十七	
대代	유등 10년 十	
장사 長沙	유발 4년 四	
서기전 **151** 효경 전6년	**초楚**	유례 3년. 조회하러 왔다. 유례가 죽었다 三 來朝 薨
	노魯	유여 4년 四
	형산 衡山	유사 3년 三
	제齊	유수 3년 三

성양 城陽	유희 26년 二十六	
제북 濟北	무왕 유호劉胡 원년 武王胡元年	
	신주 역시 《사기지의》에 따르면, 《사기》가 지어졌을 때 아직 살아있어 후대인이 함부로 시호를 더한 것이라고 한다.	
치천 菑川	유지 14년 十四	
교서 膠西	유단劉端 4년 四	
교동 膠東	유철 3년 三	
강도 江都	유비劉非 3년 三	
회남 淮南	유안 14년 十四	
연燕	왕 유정국劉定國 원년 王定國元年	
조趙	유팽조 5년 五	
하간 河間	유덕 5년 五	
중산 中山	유승劉勝 4년 四	
양梁	유무劉武 28년 二十八	
임강 臨江	다시 임강국을 두었다. 復置臨江國	

	대代	유등 11년 十一
	장사 長沙	유발 5년. 조회하러 왔다. 五 來朝

11월 을축일, 태자를 폐했다. ❶ 十一月 乙丑 太子 廢	초楚	안왕 유도劉道 원년 安王道元年
	노魯	유여 5년 五
	형산 衡山	유사 4년 四
	제齊	유수 4년 四
	성양 城陽	유희 27년 二十七
	제북 濟北	유호 2년 二
	치천 菑川	유지 15년 十五
	교서 膠西	유단劉端 5년 五
	교동 膠東	유철 4년. 4월 정사일, 유철이 태자가 되었다. 四 四月丁巳 爲太子
	강도 江都	유비劉非 4년 四
	회남 淮南	유안 15년 十五
	연燕	유정국 2년 二

	조趙	유팽조 6년 六
	하간 河間	유덕 6년 六
	중산 中山	유승劉勝 5년. 조회하러 왔다. 五 來朝
	양梁	유무劉武 29년. 조회하러 왔다. 二十九 來朝
	임강 臨江	11월 을축일, 첫 왕 민왕 유영劉榮 원년. 경제의 태자였다가 폐위되었다.[2] 十一月乙丑 初王閔王榮元年 景帝太子 廢
	대代	유등 12년 十二
	장사 長沙	유발 6년. 조회하러 왔다. 六 來朝
서기전 **149** 효경 중원년 中元年	초楚	유도 2년. 조회하러 왔다. 二 來朝
	노魯	유여 6년. 조회하러 왔다. 六 來朝
	형산 衡山	유사 5년 五
	제齊	유수 5년 五
	성양 城陽	유희 28년 二十八
	제북 濟北	유호 3년 三

치천 菑川	유지 16년. 조회하러 왔다. 十六 來朝
교서 膠西	유단劉端 6년. 조회하러 왔다. 六 來朝
교동 膠東	다시 교동국을 두었다. 復置膠東國
강도 江都	유비劉非 5년 五
회남 淮南	유안 16년 十六
연燕	유정국 3년 三
조趙	유팽조 7년 七
하간 河間	유덕 7년 七
광천 廣川	다시 광천국을 두었다. 復置廣川國
중산 中山	유승劉勝 6년 六
양梁	유무劉武 30년 三十
임강 臨江	유영 2년 二
대代	유등 13년 十三
장사 長沙	유발 7년 七

서기전 **148** 효경 중2년	초楚	유도 3년 三
	노魯	유여 7년 七
	형산 衡山	유사 6년 六
	제齊	유수 6년 六
	성양 城陽	유희 29년. 조회하러 왔다. 二十九 來朝
	제북 濟北	유호 4년 四
	치천 菑川	유지 17년. 조회하러 왔다. 十七 來朝
	교서 膠西	유단劉端 7년 七
	교동 膠東	4월 을사일, 첫 왕 강왕 유기劉寄 원년. 경제의 아들이다. 四月乙巳 初王康王寄元年 景帝子
	강도 江都	유비劉非 6년 六
	회남 淮南	유안 17년 十七
	연燕	유정국 4년 四
	조趙	유팽조 8년. 조회하러 왔다. 八 來朝
	하간 河間	유덕 8년. 조회하러 왔다. 八 來朝

	광천 廣川	4월 을사일, 혜왕 유월劉越 원년. 경제의 아들이다. 四月乙巳 惠王越元年 景帝子
	중산 中山	유승劉勝 7년 七
	청하 清河	처음 청하를 두고 청양에 도읍했다. 初置清河 都清陽.
	양梁	유무劉武 31년. 조회하러 왔다. 三十一 來朝
	임강 臨江	유영 3년 三
	대代	유등 14년 十四
	장사 長沙	유발 8년 八
서기전 **147** 효경 중3년	초楚	유도 4년 四
	노魯	유여 8년 八
	형산 衡山	유사 7년. 조회하러 왔다. 七 來朝
	제齊	유수 7년 七
	성양 城陽	유희 30년 三十
	제북 濟北	유호 5년 五
	치천 菑川	유지 18년 十八

교서 膠西	유단劉端 8년 八
교동 膠東	유기 2년 二
강도 江都	유비劉非 7년 七
회남 淮南	유안 18년 十八
연燕	유정국 5년. 조회하러 왔다. 五 來朝
조趙	유팽조 9년 九
하간 河間	유덕 9년 九
광천 廣川	유월 2년 二
중산 中山	유승劉勝 8년 八
청하 清河	3월 정사, 애왕 유승劉乘 원년. 경제의 아들이다. 三月丁巳 哀王乘元年 景帝子
양梁	유무劉武 32년 三十二
임강 臨江	유영 4년. 유영이 문제묘文帝廟 담장을 침범하여 궁을 만든 일에 걸려 자살했다. 봉국이 없어지고 남군이 되었다.[3] 四 坐侵廟壖垣爲宮 自殺 國除爲南郡 색은 壖의 발음은 '연[儒緣反]'이다. 연원壖垣은 사당 뜰 밖의 빈터이다. 연壖은 변두리란 뜻이다. 壖音儒緣反 壖垣 廟境外之壖 壖 邊也

	대代	유등 15년. 조회하러 왔다. 十五 來朝
	장사 長沙	유발 9년 九
서기전 **146** 효경 중4년	초楚	유도 5년 五
	노魯	유여 9년 九
	형산 衡山	유사 8년 八
	제齊	유수 8년 八
	성양 城陽	유희 31년 三十一
	제북 濟北	유호 6년 六
	치천 菑川	유지 19년 十九
	교서 膠西	유단劉端 9년 九
	교동 膠東	유기 3년 三
	강도 江都	유비劉非 8년 八
	회남 淮南	유안 19년. 조회하러 왔다. 十九 來朝
	연燕	유정국 6년 六

조趙	유팽조 10년 十	
하간 河間	유덕 10년 十	
광천 廣川	유월 3년 三	
중산 中山	유승劉勝 9년. 조회하러 왔다. 九 來朝	
청하 清河	유승劉乘 2년 二	
상산 常山	다시 상산국을 두었다. 復置常山國	
양梁	유무劉武 33년 三十三	
대代	유등 16년 十六	
장사 長沙	유발 10년. 조회하러 왔다. 十 來朝	
서기전 **145** 효경 중5년	**초**楚	유도 6년. 조회하러 왔다. 六 來朝
	노魯	유여 10년 十
	형산 衡山	유사 9년 九
	제齊	유수 9년 九
	성양 城陽	유희 32년 三十二

제북 濟北	유호 7년 七
치천 菑川	유지 20년 二十
교서 膠西	유단劉端 10년 十
교동 膠東	유기 4년. 조회하러 왔다. 四 來朝
강도 江都	유비劉非 9년 九
회남 淮南	유안 20년 二十
연燕	유정국 7년 七
조趙	유팽조 11년 十一
하간 河間	유덕 11년 十一
광천 廣川	유월 4년 四
중산 中山	유승劉勝 10년 十
청하 清河	유승劉乘 3년 三
상산 常山	4월 정사일, 첫 왕 헌왕 유순劉舜 원년. 경제의 아들이다. 四月丁巳 初王憲王舜元年 孝景子
양梁	유무劉武 34년 三十四

	제천 濟川	양국을 나누어 제천국을 만들었다. 分爲濟川國	
	제동 濟東	양국을 나누어 제동국을 만들었다. 分爲濟東國	
	산양 山陽	양국을 나누어 산양국을 만들었다. 分爲山陽國	
	제음 濟陰	양국을 나누어 제음국을 만들었다. 分爲濟陰國	
	대代	유등 17년 十七	
	장사 長沙	유발 11년. 조회하러 왔다. 十一 來朝	
서기전 **144** 효경 중6년	초楚	유도 7년 七	
	노魯	유여 11년 十一	
	형산 衡山	유사 10년 十	
	제齊	유수 10년 十	
	성양 城陽	유희 33년. 유희가 죽었다. 三十三 薨	
	제북 濟北	유호 8년 八	
	치천 菑川	유지 21년 二十一	
	교서 膠西	유단劉端 11년 十一	

교동 膠東	유기 5년 五	
강도 江都	유비劉非 10년 十	
회남 淮南	유안 21년 二十一	
연燕	유정국 8년 八	
조趙	유팽조 12년 十二	
하간 河間	유덕 12년 十二	
광천 廣川	유월 5년 五	
중산 中山	유승劉勝 11년 十一	
청하 清河	유승劉乘 4년 四	
상산 常山	유순 2년 二	
양梁	유무劉武 35년. 조회하러 왔다. 유무가 죽었다. 三十五 來朝 薨	
제천 濟川	5월 병오일, 첫 왕 유명劉明 원년. 양효왕의 아들이다. 五月丙戌 初王明元年 梁孝王子	
제동 濟東	5월 병오일, 첫 왕 유팽리劉彭離 원년. 양효왕의 아들이다. 五月丙戌 初王彭離元年 梁孝王子	
산양 山陽	5월 병오일, 첫 왕 유정劉定 원년. 양효왕의 아들이다. 五月丙戌 初王定元年 梁孝王子	

제음 濟陰	5월 병오일, 첫 왕 유불식劉不識 원년. 양효왕의 아들이다. 五月丙戌 初王不識元年 梁孝王子 [신주] 《사기지의》에 따르면, 산양왕 유정과 제음왕 유불식의 시호는 애왕 哀王이라 한다.	
대代	유등 18년 十八	
장사 長沙	유발 12년 十二	
서기전 **143** 효경 후원년 後元年	**초**楚	유도 8년 八
	노魯	유여 12년 十二
	형산 衡山	유사 11년 十一
	제齊	유수 11년 十一
	성양 城陽	경왕 유연劉延 원년 頃王延元年 [색은] 頃의 발음은 '경傾'이다. 성양왕의 아들이다. 頃音傾 城陽王子
	제북 濟北	유호 9년 九
	치천 菑川	유지 22년. 조회하러 왔다. 二十二 來朝
	교서 膠西	유단劉端 12년 十二
	교동 膠東	유기 6년 六

강도 江都	유비劉非 11년 十一
회남 淮南	유안 22년 二十二
연燕	유정국 9년. 조회하러 왔다. 九 來朝
조趙	유팽조 13년. 조회하러 왔다. 十三 來朝
하간 河間	유덕 13년. 조회하러 왔다. 十三 來朝
광천 廣川	유월 6년 六
중산 中山	유승劉勝 12년 十二
청하 清河	유승劉乘 5년 五
상산 常山	유순 3년 三
양梁	공왕 유매劉買 원년. 양효왕의 아들이다. 恭王買元年 孝王子
제천 濟川	유명 2년 二
제동 濟東	유팽리 2년 二
산양 山陽	유정 2년 二
제음 濟陰	유불식 2년. 유불식이 죽고 후사가 없어서 봉국이 없어졌다. 二 薨 無後 國除

	대代	유등 19년 十九	
	장사 長沙	유발 13년 十三	
서기전 **142** 효경 후2년	**초楚**	유도 9년 九	
	노魯	유여 13년 十三	
	형산 衡山	유사 12년 十二	
	제齊	유수 12년. 조회하러 왔다. 十二 來朝	
	성양 城陽	유연 2년 二	
	제북 濟北	유호 10년. 조회하러 왔다. 十 來朝	
	치천 菑川	유지 23년 二十三	
	교서 膠西	유단劉端 13년 十三	
	교동 膠東	유기 7년 七	
	강도 江都	유비劉非 12년 十二	
	회남 淮南	유안 23년 二十三	
	연燕	유정국 10년. 조회하러 왔다. 十 來朝	

	조趙	유팽조 14년 十四
	하간 河間	유덕 14년 十四
	광천 廣川	유월 7년 七
	중산 中山	유승劉勝 13년 十三
	청하 清河	유승劉乘 6년 六
	상산 常山	유순 4년 四
	양梁	유매 2년 二
	제천 濟川	유명 3년 三
	제동 濟東	유팽리 3년 三
	산양 山陽	유정 3년 三
	대代	유등 20년 二十
	장사 長沙	유발 14년 十四
서기전 **141** 효경 후3년	초楚	유도 10년 十
	노魯	유여 14년 十四

형산 衡山	유사 13년 十三	
제齊	유수 13년 十三	
성양 城陽	유연 3년 三	
제북 濟北	유호 11년 十一	
치천 菑川	유지 24년 二十四	
교서 膠西	유단劉端 14년 十四	
교동 膠東	유기 8년. 조회하러 왔다. 八 來朝	
강도 江都	유비劉非 13년 十三	
회남 淮南	유안 24년 二十四	
연燕	유정국 11년 十一	
조趙	유팽조 15년 十五	
하간 河間	유덕 15년 十五	
광천 廣川	유월 8년 八	
중산 中山	유승劉勝 14년 十四	

청하 清河	유승劉乘 7년 七
상산 常山	유순 5년 五
양梁	유매 3년 三
제천 濟川	유명 4년 四
제동 濟東	유팽리 4년 四
산양 山陽	유정 4년 四
대代	유등 21년 二十一
장사 長沙	유발 15년 十五

신주 경제 전7년 율태자 폐위 월일에 관한 기록(❶ 359쪽, ❷ 360쪽 참조)과 죽음에 관한 기록(❸ 364쪽 참조)에 관하여 양옥승은 《사기지의》에서 다음과 같이 말했다.

"살핀다. 율태자라 호칭함은 예의가 아니며, 당시 이런 호칭이 있었더라도 《사기》에서 마땅히 저술하지 않았어야 한다. 또 태자 폐위를, 여기(〈효경본기〉)에서는 겨울이라 말하고 〈한흥이래제후왕연표〉에 11월 을축이라 말하는데, 《한서》〈경제기〉에는 봄 정월(1월)이라 하고 〈제후왕표〉에는 11월 기유라고 한다. 기록한 월일이 각자 다른데, 나는 모두 잘못된 것이라고 여기며 마땅히 3월 을축이라 해야 한다.

어떻게 밝힐 수 있는가? 〈강후세가〉에 '경제가 율태자를 폐하자, 승상이 굳세게 간하여 못하게 했으므로 경제가 승상과 멀어졌다.'라고 한다. 승상은 주아부다. 주아부는 2월 을사에 승상이 되었으니, 만약 율태자 폐위가 정월 (1월) 이전이라면 통할 수 없는 말이다. 또 교동왕의 태후를 황후로 삼아 세운 것이 4월 을사에 있고 교동왕을 태자로 삼아 세운 것이 4월 정사에 있으니, 만약 율태자의 폐위가 정월(1월) 이전이라면 또 어찌 동궁을 비운 것이 5개월에 이르도록 오래일 수 있는가? 그 잘못을 의심할 것이 없다."

"살핀다. 임강왕 유영은 4년이 없다. 〈한흥이래제후왕연표〉와 〈오종세가〉에 유영이 4년에 자살했다고 하는데, 그릇된 것이다. 알아보건대, 《사기》〈효경본기〉에 '중2년 3월에 임강왕을 불러서 왔는데, 중위부중 안에서 죽었다.'라고 한다. 《한서》〈경제기〉에 '중2년 3월에 임강왕 유영이 태종묘太宗廟 (문제묘) 땅을 침범한 일에 걸려 소환되어 중위에 왔다가 자살했다.'라고 한다. 〈제후왕표〉에 '유영이 선 지 3년 만에 자살했다.'라고 한다. 〈경제13왕전〉에 '임강왕이 되어 3년 만에 자살했다.'라고 한다. 《한서》〈지리지〉에 '남군은 경제 중2년에 다시 예전대로 되돌렸다.'라고 한다."

효무 시대 표

서기전 **140** 효무 건원 원년 孝武 建元元年	초楚	유도 11년 十一
	노魯	유여 15년 十五
	형산 衡山	유사 14년 十四
	제齊	유수 14년 十四
	성양 城陽	유연 4년 四
	제북 濟北	유호 12년 十二
	치천 菑川	유지 25년 二十五
	교서 膠西	유단劉端 15년 十五
	교동 膠東	유기 9년 九
	강도 江都	유비劉非 14년 十四
	회남 淮南	유안 25년 二十五

	연燕	유정국 12년 十二	
	조趙	유팽조 16년 十六	
	하간 河間	유덕 16년 十六	
	광천 廣川	유월 9년 九	
	중산 中山	유승劉勝 15년 十五	
	청하 淸河	유승劉乘 8년 八	
	상산 常山	유순 6년 六	
	양梁	유매 4년 四	
	제천 濟川	유명 5년 五	
	제동 濟東	유팽리 5년 五	
	산양 山陽	유정 5년 五	
	대代	유등 22년 二十二	
	장사 長沙	유발 16년 十六	
서기전 **139** 효무 건원 2년	초楚	유도 12년. 조회하러 왔다. 十二 來朝	
	노魯	유여 16년. 조회하러 왔다. 十六 來朝	

형산 衡山	유사 15년 十五
제齊	유수 15년 十五
성양 城陽	유연 5년 五
제북 濟北	유호 13년 十三
치천 菑川	유지 26년 二十六
교서 膠西	유단劉端 16년 十六
교동 膠東	유기 10년 十
강도 江都	유비劉非 15년 十五
회남 淮南	유안 26년. 조회하러 왔다. 二十六 來朝
연燕	유정국 13년 十三
조趙	유팽조 17년 十七
하간 河間	유덕 17년 十七
광천 廣川	유월 10년 十
중산 中山	유승劉勝 16년 十六

		청하 清河	유승劉乘 9년. 조회하러 왔다. 九 來朝
		상산 常山	유순 7년 七
		양梁	유매 5년 五
		제천 濟川	유명 6년 六
		제동 濟東	유팽리 6년 六
		산양 山陽	유정 6년 六
		대代	유등 23년 二十三
		장사 長沙	유발 17년 十七
서기전 **138** 효무 건원 3년		초楚	유도 13년 十三
		노魯	유여 17년 十七
		형산 衡山	유사 16년 十六
		제齊	유수 16년 十六
		성양 城陽	유연 6년 六
		제북 濟北	유효 14년 十四

치천 菑川	유지 27년 二十七	
교서 膠西	유단劉端 17년 十七	
교동 膠東	유기 11년 十一	
강도 江都	유비劉非 16년 十六	
회남 淮南	유안 27년 二十七	
연燕	유정국 14년 十四	
조趙	유팽조 18년 十八	
하간 河間	유덕 18년 十八	
광천 廣川	유월 11년 十一	
중산 中山	유승劉勝 17년. 조회하러 왔다. 十七 來朝	
청하 淸河	유승劉乘 10년 十	
상산 常山	유순 8년 八	
양梁	유매 6년 六	
제천 濟川	유명 7년. 유명이 중부를 살해했다. 폐위되어 방릉으로 유배되었다. 七 明殺中傅 廢遷房陵	

		집해 서광이 말했다. "다른 판본에서는 (중부를) '태부太傅'라고 한다." 徐廣曰 一作太傅
	제동 濟東	유팽리 7년 七
	산양 山陽	유정 7년 七
	대代	유등 24년. 조회하러 왔다. 二十四 來朝
	장사 長沙	유발 18년. 조회하러 왔다. 十八 來朝
서기전 **137** 효무 건원 4년	초楚	유도 14년 十四
	노魯	유여 18년 十八
	형산 衡山	유사 17년 十七
	제齊	유수 17년 十七
	성양 城陽	유연 7년 七
	제북 濟北	유호 15년 十五
	치천 菑川	유지 28년 二十八
	교서 膠西	유단劉端 18년 十八
	교동 膠東	유기 12년 十二

강도 江都	유비劉非 17년. 조회하러 왔다. 十七 來朝
회남 淮南	유안 28년 二十八
연燕	유정국 15년 十五
조趙	유팽조 19년 十九
하간 河間	유덕 19년 十九
광천 廣川	유월 12년 十二
중산 中山	유승劉勝 18년 十八
청하 淸河	유승劉乘 11년 十一
상산 常山	유순 9년. 조회하러 왔다. 九 來朝
양梁	유매 7년. 유매가 죽었다. 七 薨
제천 濟川	군이 되었다. 爲郡
제동 濟東	유팽리 8년 八
산양 山陽	유정 8년 八
대代	유등 25년 二十五

	장사 長沙	유발 19년 十九
서기전 **136** 효무 건원 5년	초楚	유도 15년 十五
	노魯	유여 19년 十九
	형산 衡山	유사 18년 十八
	제齊	유수 18년 十八
	성양 城陽	유연 8년 八
	제북 濟北	유호 16년 十六
	치천 菑川	유지 29년 二十九
	교서 膠西	유단劉端 19년 十九
	교동 膠東	유기 13년 十三
	강도 江都	유비劉非 18년 十八
	회남 淮南	유안 29년 二十九
	연燕	유정국 16년 十六
	조趙	유팽조 20년 二十

하간 河間	유덕 20년 二十	
광천 廣川	목왕 (유제劉齊) 원년 繆王元年	
	집해 서광이 말했다. "유제가 즉위하고 45년, 정화 원년 을축일에 죄를 짓고 병으로 죽었는데, 시호를 무繆라 했다." 徐廣曰 齊立四十五年 以征和元年乙丑有罪病死 諡曰繆 색은 광천혜왕의 아들이다. 《시법》에 명성과 실제가 어긋난 것을 무繆라 한다. 廣川惠王子 諡法名與實乖曰繆	
중산 中山	유승劉勝 19년 十九	
청하 清河	유승劉乘 12년. 유승이 죽고 후사가 없어서 봉국이 없어지고 군이 되었다. 十二 薨 無後 國除爲郡	
상산 常山	유순 10년 十	
양梁	평왕 유양劉襄 원년 平王襄元年	
	신주 《사기》가 지어진 뒤에 죽었으므로 후대인이 시호를 더한 것이다.	
제동 清東	유팽리 9년 九	
산양 山陽	유정 9년. 유정이 죽고 후사가 없어서 봉국이 없어졌으며, 군이 되었다. 九 薨 無後 國除爲郡	
대代	유등 26년 二十六	
장사 長沙	유발 20년 二十	

서기전 **135** 효무 건원 6년	**초**楚	유도 16년 十六
	노魯	유여 20년 二十
	형산 衡山	유사 19년 十九
	제齊	유수 19년 十九
	성양 城陽	유연 9년 九
	제북 濟北	유호 17년 十七
	치천 菑川	유지 30년 三十
	교서 膠西	유단劉端 20년. 조회하러 왔다. 二十 來朝
	교동 膠東	유기 14년 十四
	강도 江都	유비劉非 19년 十九
	회남 淮南	유안 30년 三十
	연燕	유정국 17년 十七
	조趙	유팽조 21년. 조회하러 왔다. 二十一 來朝
	하간 河間	유덕 21년 二十一

	광천 廣川	유제 2년 二	
	중산 中山	유승劉勝 20년 二十	
	상산 常山	유순 11년 十一	
	양梁	유양 2년 二	
	제동 濟東	유팽리 10년 十	
	대代	유등 27년 二十七	
	장사 長沙	유발 21년 二十一	
서기전 **134** 효무 원광 원년 元光元年	**초**楚	유도 17년 十七	
	노魯	유여 21년 二十一	
	형산 衡山	유사 20년 二十	
	제齊	유수 20년 二十	
	성양 城陽	유연 10년. 조회하러 왔다. 十 來朝	
	제북 濟北	유호 18년 十八	
	치천 菑川	유지 31년 三十一	

교서 膠西	유단劉端 21년 二十一
교동 膠東	유기 15년. 조회하러 왔다. 十五 來朝
강도 江都	유비劉非 20년 二十
회남 淮南	유안 31년 三十一
연燕	유정국 18년. 조회하러 왔다. 十八 來朝
조趙	유팽조 22년 二十二
하간 河間	유덕 22년 二十二
광천 廣川	유제 3년 三
중산 中山	유승劉勝 21년 二十一
상산 常山	유순 12년 十二
양梁	유양 3년 三
제동 淸東	유팽리 11년 十一
대代	유등 28년 二十八
장사 長沙	유발 22년 二十二

서기전 **133** 효무 원광 2년	초楚	유도 18년. 조회하러 왔다. 十八 來朝
	노魯	유여 22년 二十二
	형산 衡山	유사 21년 二十一
	제齊	유수 21년 二十一
	성양 城陽	유연 11년 十一
	제북 濟北	유호 19년 十九
	치천 菑川	유지 32년 三十二
	교서 膠西	유단劉端 22년 二十二
	교동 膠東	유기 16년 十六
	강도 江都	유비劉非 21년 二十一
	회남 淮南	유안 32년 三十二
	연燕	유정국 19년 十九
	조趙	유팽조 23년 二十三
	하간 河間	유덕 23년 二十三

	광천 廣川	유제 4년 四
	중산 中山	유승劉勝 22년. 조회하러 왔다. 二十二 來朝
	상산 常山	유순 13년 十三
	양梁	유양 4년 四
	제동 濟東	유팽리 12년 十二
	대代	유등 29년 二十九
	장사 長沙	유발 23년. 조회하러 왔다. 二十三 來朝
서기전 **132** 효무 원광 3년	**초**楚	유도 19년. 조회하러 왔다. 十九 來朝
	노魯	유여 23년 二十三
	형산 衡山	유사 22년 二十二
	제齊	유수 22년. 유수가 죽었다. 二十二 卒
	성양 城陽	유연 12년 十二
	제북 濟北	유호 20년 二十
	치천 菑川	유지 33년 三十三

교서 膠西	유단劉端 23년 二十三	
교동 膠東	유기 17년 十七	
강도 江都	유비劉非 22년 二十二	
회남 淮南	유안 33년 三十三	
연燕	유정국 20년 二十	
조趙	유팽조 24년 二十四	
하간 河間	유덕 24년 二十四	
광천 廣川	유제 5년 五	
중산 中山	유승劉勝 23년. 조회하러 왔다. 二十三 來朝	
상산 常山	유순 14년 十四	
양梁	유양 5년 五	
제동 淸東	유팽리 13년 十三	
대代	왕 유의劉義 원년 王義元年	
장사 長沙	유발 24년. 조회하러 왔다. 二十四 來朝	

서기전 **131** 효무 원광 4년	초楚	유도 20년 二十
	노魯	유여 24년 二十四
	형산 衡山	유사 23년 二十三
	제齊	여왕 유차창劉次昌 원년 厲王次昌元年
	성양 城陽	유연 13년 十三
	제북 濟北	유호 21년 二十一
	치천 菑川	유지 34년 三十四
	교서 膠西	유단劉端 24년 二十四
	교동 膠東	유기 18년 十八
	강도 江都	유비劉非 23년 二十三
	회남 淮南	유안 34년 三十四
	연燕	유정국 21년 二十一
	조趙	유팽조 25년 二十五
	하간 河間	유덕 25년 二十五

	광천 廣川	유제 6년 六
	중산 中山	유승劉勝 24년 二十四
	상산 常山	유순 15년 十五
	양梁	유양 6년 六
	제동 濟東	유팽리 14년. 조회하러 왔다. 十四 來朝
	대代	유의 2년 二
	장사 長沙	유발 25년 二十五
서기전 **130** 효무 원광 5년	초楚	유도 21년 二十一
	노魯	유여 25년 二十五
	형산 衡山	유사 24년 二十四
	제齊	유차창 2년 二
	성양 城陽	유연 14년. 조회하러 왔다. 十四 來朝
	제북 濟北	유호 22년 二十二
	치천 菑川	유지 35년. 유지가 죽었다. 三十五 薨

교서 膠西	유단劉端 25년 二十五	
교동 膠東	유기 19년 十九	
강도 江都	유비劉非 24년 二十四	
회남 淮南	유안 35년 三十五	
연燕	유정국 22년 二十二	
조趙	유팽조 26년 二十六	
하간 河間	유덕 26년. 조회하러 왔다. 二十六 來朝	
광천 廣川	유제 7년 七	
중산 中山	유승劉勝 25년 二十五	
상산 常山	유순 16년 十六	
양梁	유양 7년 七	
제동 淸東	유팽리 15년 十五	
대代	유의 3년 三	
장사 長沙	유발 26년 二十六	

서기전 **129** 효무 원광 6년	**초**楚 .	유도 22년. 유도가 죽었다. 二十二 薨
	노魯	유여 26년. 유여가 죽었다. 二十六 薨
	형산 衡山	유사 25년 二十五
	제齊	유차창 3년 三
	성양 城陽	유연 15년 十五
	제북 濟北	유호 23년 二十三
	치천 菑川	정왕 유건劉建 원년 靖王建元年
	교서 膠西	유단劉端 26년 二十六
	교동 膠東	유기 20년 二十
	강도 江都	유비劉非 25년 二十五
	회남 淮南	유안 36년 三十六
	연燕	유정국 23년 二十三
	조趙	유팽조 27년. 조회하러 왔다. 二十七 來朝
	하간 河間	공왕 유불해劉不害 원년 恭王不害元年 신주 《사기지의》에 따르면, 《한서》〈제후왕표〉에 홀로 '불주不周'라 했는데 아마 잘못일 거라 한다.

광천 廣川	유제 8년 八	
중산 中山	유승劉勝 26년 二十六	
상산 常山	유순 17년 十七	
양梁	유양 8년 八	
제동 濟東	유팽리 16년 十六	
대代	유의 4년 四	
장사 長沙	유발 27년 二十七	
서기전 **128** 효무 원삭 원년 元朔元年	**초**楚	양왕 유주劉注 원년 襄王注元年 **신주** 《사기지의》에 따르면, 〈초원왕세가〉에는 '경經'이라고 했다.
	노魯	안왕 유광劉光 원년 安王光元年
	형산 衡山	유사 26년 二十六
	제齊	유차창 4년 四
	성양 城陽	유언 16년 十六
	제북 濟北	유호 24년. 조회하러 왔다. 二十四 來朝
	치천 菑川	유건劉建 2년 二

교서 膠西	유단劉端 27년 二十七
교동 膠東	유기 21년 二十一
강도 江都	유비劉非 26년 二十六
회남 淮南	유안 37년 三十七
연燕	유정국 24년. 유정국이 금수같은 행위에 걸려 자살했다. 봉국이 없어지고 군이 되었다. 二十四 坐禽獸行自殺 國除爲郡
조趙	유팽조 28년 二十八
하간 河間	유불해 2년 二
광천 廣川	유제 9년 九
중산 中山	유승劉勝 27년 二十七
상산 常山	유순 18년 十八
양梁	유양 9년 九
제동 濟東	유팽리 17년 十七
대代	유의 5년 五
장사 長沙	강왕 유용劉庸 원년 康王庸元年 신주 《사기지의》에 따르면, 《한서》에는 시호를 '대戴'라 한다고 한다.

서기전 **127** **효무** **원삭** **2년**	**초**楚	유주 2년 二
	노魯	유광 2년 二
	형산 衡山	유사 27년 二十七
	제齊	유차창 5년. 유차창이 죽고 후사가 없어서 봉국이 없어지고 군이 되었다. 五 薨 無後 國除爲郡
	성양 城陽	유연 17년 十七
	제북 濟北	유호 25년 二十五
	치천 菑川	유건劉建 3년 三
	교서 膠西	유단劉端 28년. 조회하러 왔다. 二十八 來朝
	교동 膠東	유기 22년 二十二
	강도 江都	왕 유건劉建 원년 王建元年
	회남 淮南	유안 38년 三十八
	조趙	유팽조 29년 二十九
	하간 河間	유불해 3년 三
	광천 廣川	유제 10년 十

중산 中山	유승劉勝 28년 二十八	
상산 常山	유순 19년 十九	
양梁	유양 10년. 조회하러 왔다. 十 來朝	
제동 濟東	유팽리 18년 十八	
대代	유의 6년 六	
장사 長沙	유용 2년 二	
서기전 **126** 효무 원삭 3년	**초**楚	유주 3년 三
	노魯	유광 3년 三
	형산 衡山	유사 28년 二十八
	성양 城陽	유연 18년 十八
	제북 濟北	유호 26년 二十六
	치천 菑川	유건劉建 4년 四
	교서 膠西	유단劉端 29년 二十九
	교동 膠東	유기 23년 二十三

		강도 江都	유건劉建 2년 二
		회남 淮南	유안 39년 三十九
		조趙	유팽조 30년 三十
		하간 河間	유불해 4년. 유불해가 죽었다. 四 薨
		광천 廣川	유제 11년 十一
		중산 中山	유승劉勝 29년. 조회하러 왔다. 二十九 來朝
		상산 常山	유순 20년 二十
		양梁	유양 11년 十一
		제동 濟東	유팽리 19년 十九
		대代	유의 7년 七
		장사 長沙	유용 3년 三
서기전 **125** 효무 원삭 4년		초楚	유주 4년. 조회하러 왔다. 四 來朝
		노魯	유광 4년 四
		형산 衡山	유사 29년 二十九

성양 城陽	유연 19년 十九
제북 濟北	유호 27년 二十七
치천 菑川	유건劉建 5년 五
교서 膠西	유단劉端 30년 三十
교동 膠東	유기 24년 二十四
강도 江都	유건劉建 3년 三
회남 淮南	유안 40년 四十
조趙	유팽조 31년 三十一
하간 河間	강왕 유감劉堪 원년 剛王堪元年 **신주** 〈오종세가〉에는 이름을 '기基'라 한다.
광천 廣川	유제 12년 十二
중산 中山	유승劉勝 30년 三十
상산 常山	유순 21년 二十一
양梁	유양 12년 十二
제동 濟東	유팽리 20년. 조회하러 왔다. 二十 來朝

	대代	유의 8년 八
	장사 長沙	유용 4년 四
서기전 **124** 효무 원삭 5년	초楚	유주 5년 五
	노魯	유광 5년 五
	형산 衡山	유사 30년 三十
	성양 城陽	유연 20년 二十
	제북 濟北	유호 28년 二十八
	치천 菑川	유건劉建 6년 六
	교서 膠西	유단劉端 31년 三十一
	교동 膠東	유기 25년. 조회하러 왔다. 二十五 來朝
	강도 江都	유건劉建 4년 四
	회남 淮南	유안 41년. 유안이 죄를 지어 봉국에서 두 현을 삭감했다. 四十一 安有罪 削國二縣
	조趙	유팽조 32년 三十二
	하간 河間	유감 2년 二

광천 廣川	유제 13년 十三	
중산 中山	유승劉勝 31년 三十一	
상산 常山	유순 22년. 조회하러 왔다. 二十二 來朝	
양梁	유양 13년 十三	
제동 濟東	유팽리 21년 二十一	
대代	유의 9년 九	
장사 長沙	유용 5년 五	
서기전 **123** 효무 원삭 6년	**초**楚	유주 6년 六
	노魯	유광 6년 六
	형산 衡山	유사 31년 三十一
	성양 城陽	유연 21년. 조회하러 왔다. 二十一 來朝
	제북 濟北	유호 29년 二十九
	치천 菑川	유건劉建 7년 七
	교서 膠西	유단劉端 32년 三十二

	교동 膠東	유기 26년 二十六	
	강도 江都	유건劉建 5년 五	
	회남 淮南	유안 42년 四十二	
	조趙	유팽조 33년 三十三	
	하간 河間	유감 3년 三	
	광천 廣川	유제 14년. 조회하러 왔다. 十四 來朝	
	중산 中山	유승劉勝 32년 三十二	
	상산 常山	유순 23년 二十三	
	양梁	유양 14년 十四	
	제동 濟東	유팽리 22년 二十二	
	대代	유의 10년 十	
	장사 長沙	유용 6년 六	
서기전 **122** 효무 원수 원년 元狩元年	초楚	유주 7년 七	
	노魯	유광 7년 七	

형산 衡山	유사 32년. 유사가 모반하다 자살하여 봉국이 없어졌다. 三十二 反 自殺 國除	
성양 城陽	유연 22년 二十二	
제북 濟北	유호 30년 三十	
치천 菑川	유건劉建 8년 八	
교서 膠西	유단劉端 33년 三十三	
교동 膠東	유기 27년 二十七	
강도 江都	유건劉建 6년 六	
회남 淮南	유안 43년. 유안이 모반하다 자살했다. 四十三 反 自殺	
조趙	유팽조 34년. 조회하러 왔다. 三十四 來朝	
하간 河間	유감 4년 四	
광천 廣川	유제 15년 十五	
중산 中山	유승劉勝 33년 三十三	
상산 常山	유순 24년 二十四	
양梁	유양 15년 十五	

	제동 濟東	유팽리 23년 二十三
	대代 	유의 11년 十一
	장사 長沙	유용 7년 七
서기전 **121** 효무 원수 2년	초楚 	유주 8년 八
	노魯 	유광 8년. 조회하러 왔다. 八 來朝
	성양 城陽	유연 23년 二十三
	제북 濟北	유호 31년 三十一
	치천 菑川	유건劉建 9년 九
	교서 膠西	유단劉端 34년 三十四
	교동 膠東	유기 28년 二十八
	강도 江都	유건劉建 7년. 유건이 모반하다 자살하여 봉국은 없어지고 광릉군이 되었다. 七 反 自殺 國除爲廣陵郡 신주 〈오종세가〉에 따르면, 회남왕 유안의 사건에 일부 연루되기는 했으나 패악한 짓거리를 많이 하여 추궁당하자 자살했다.
	육안 六安	육안국을 설치하고 옛 진현陳縣을 도읍으로 삼았다. 7월 병자일, 첫 왕 공왕 유경劉慶 원년. 교동강왕 유기劉寄의 아들이다. 置六安國 以故陳爲都 七月丙子 初王恭王慶元年 膠東王子 집해 서광이 말했다. "일설에는 (병자일을) 임자일이라 한다."

		徐廣曰 一云壬子 **신주** 《사기지의》에 따르면, 이는 형산국을 제거한 뒤에 설치한 것이므로 회남표가 아닌 형산표에 있어야 한다고 한다. 또 시호는 후대에 덧붙인 것이고 7월 초하루 기사일이므로 임자일은 없다고 한다.
	조趙	유팽조 35년 三十五
	하간 河間	유감 5년 五
	광천 廣川	유제 16년 十六
	중산 中山	유승劉勝 34년 三十四
	상산 常山	유순 25년 二十五
	양梁	유양 16년 十六
	제동 濟東	유팽리 24년 二十四
	대代	유의 12년. 조회하러 왔다. 十二 來朝
	장사 長沙	유용 8년. 조회하러 왔다. 八 來朝
서기전 **120** 효무 원수 3년	초楚	유주 9년 九
	노魯	유광 9년 九
	성양 城陽	유연 24년 二十四

제북 濟北	유호 32년. 조회하러 왔다. 三十二 來朝	
치천 菑川	유건劉建 10년 十	
교서 膠西	유단劉端 35년 三十五	
교동 膠東	애왕 유현劉賢 원년 哀王賢元年	
육안 六安	유경 2년 二	
조趙	유팽조 36년 三十六	
하간 河間	유감 6년 六	
광천 廣川	유제 17년 十七	
중산 中山	유승劉勝 35년. 조회하러 왔다. 三十五 來朝	
상산 常山	유순 26년 二十六	
양梁	유양 17년 十七	
제동 濟東	유팽리 25년 二十五	
대代	유의 13년 十三	
장사 長沙	유용 9년 九	

서기전 **119** 효무 원수 4년	초楚	유주 10년. 조회하러 왔다. 十 來朝
	노魯	유광 10년 十
	성양 城陽	유연 25년 二十五
	제북 濟北	유호 33년 三十三
	치천 菑川	유건劉建 11년 十一
	교서 膠西	유단劉端 36년 三十六
	교동 膠東	유현 2년 二
	육안 六安	유경 3년 三
	조趙	유팽조 37년 三十七
	하간 河間	유감 7년 七
	광천 廣川	유제 18년 十八
	중산 中山	유승劉勝 36년 三十六
	상산 常山	유순 27년 二十七
	양梁	유양 18년 十八

	제동 濟東	유팽리 26년. 조회하러 왔다. 二十六 來朝	
	대代	유의 14년 十四	
	장사 長沙	유용 10년 十	
서기전 **118** 효무 원수 5년	초楚	유주 11년 十一	
	노魯	유광 11년 十一	
	제齊	다시 제국을 두었다. 復置齊國	
	성양 城陽	유연 26년. 조회하러 왔다. 유연이 죽었다. 二十六 來朝 薨	
	제북 濟北	유호 34년 三十四	
	치천 菑川	유건劉建 12년. 조회하러 왔다. 十二 來朝	
	교서 膠西	유단劉端 37년 三十七	
	교동 膠東	유현 3년 三	
	광릉 廣陵	강도국을 고쳐 광릉국이라 했다. 更爲廣陵國	
	육안 六安	유경 4년 四	
	연燕	다시 연국을 두었다. 復置燕國	

조趙	유팽조 38년 三十八	
하간 河間	유감 8년 八	
광천 廣川	유제 19년 十九	
중산 中山	유승劉勝 37년 三十七	
상산 常山	유순 28년 二十八	
양梁	유양 19년 十九	
제동 濟東	유팽리 27년 二十七	
대代	유의 15년 十五	
장사 長沙	유용 11년 十一	
서기전 **117** 효무 원수 6년	초楚	유주 12년 十二
	노魯	유광 12년 十二
	제齊	4월 을사일, 첫 왕 회왕 유굉劉閎 원년. 무제의 아들이다. 四月乙巳 初王懷王閎元年 武帝子
	성양 城陽	경왕 유의劉義 원년 敬王義元年
	제북 濟北	유호 35년 三十五

치천 菑川	유건劉建 13년 十三	
교서 膠西	유단劉端 38년 三十八	
교동 膠東	유현 4년 四	
광릉 廣陵	4월 을사일, 첫 왕 유서劉胥 원년. 무제의 아들이다. 四月乙巳 初王胥元年 武帝子 〔**신주**〕 《한서》에 시호를 '여厲'라 한다.	
육안 六安	유경 5년 五	
연燕	4월 을사, 첫 왕 날왕 유단劉旦 원년. 무제의 아들이다. 四月乙巳 初王剌王旦元年 武帝子 〔**색은**〕 《시법》에 사납고 오만하며 친함이 없는 것을 날剌이라 한다. 謚法暴慢無親曰剌	
조趙	유팽조 39년 三十九	
하간 河間	유감 9년. 조회하러 왔다. 九 來朝	
광천 廣川	유제 20년 二十	
중산 中山	유승劉勝 38년 三十八	
상산 常山	유순 29년. 조회하러 왔다. 二十九 來朝	
양梁	유양 20년 二十	
제동 淸東	유팽리 28년 二十八	

	대代	유의 16년 十六
	장사 長沙	유용 12년 十二
서기전 **116** 효무 원정 원년 元鼎元年	초楚	유주 13년 十三
	노魯	유광 13년 十三
	제齊	유굉 2년 二
	성양 城陽	유의 2년 二
	제북 濟北	유호 36년 三十六
	치천 菑川	유건劉建 14년 十四
	교서 膠西	유단劉端 39년 三十九
	교동 膠東	유현 5년 五
	광릉 廣陵	유서 2년 二
	육안 六安	유경 6년 六
	연燕	유단劉旦 2년 二
	조趙	유팽조 40년 四十

하간 河間	유감 10년 十	
광천 廣川	유제 21년. 조회하러 왔다. 二十一 來朝	
중산 中山	유승劉勝 39년 三十九	
상산 常山	유순 30년 三十	
양梁	유양 21년 二十一	
제동 淸東	유팽리 29년. 유팽리가 겁박하고 공격하여 살인한 탓에 상용으 로 유배되고, 봉국은 대하군이 되었다. 二十九 剽攻殺人 遷上庸 國爲大河郡	
대代	유의 17년 十七	
장사 長沙	유용 13년 十三	
서기전 115 효무 원정 2년	**초**楚	유주 14년. 유주가 죽었다. 十四 薨
	노魯	유광 14년. 조회하러 왔다. 十四 來朝
	제齊	유굉 3년 三
	성양 城陽	유의 3년 三
	제북 濟北	유호 37년 三十七
	치천 菑川	유건劉建 15년 十五

	교서 膠西	유단劉端 40년 四十	
	교동 膠東	유현 6년 六	
	광릉 廣陵	유서 3년 三	
	육안 六安	유경 7년 七	
	연燕	유단劉旦 3년 三	
	조趙	유팽조 41년 四十一	
	하간 河間	유감 11년 十一	
	광천 廣川	유제 22년 二十二	
	중산 中山	유승劉勝 40년 四十	
	상산 常山	유순 31년 三十一	
	양梁	유양 22년 二十二	
	대代	유의 18년. 조회하러 왔다. 十八 來朝	
	장사 長沙	유용 14년 十四	
서기전 **114** 효무 원정 3년	초楚	절왕 유순劉純 원년 節王純元年 **신주** 《사기지의》에 따르면, 《한서》 〈제후왕표〉에는 원정 원년에 즉위했다 고 한다.	

노魯	유광 15년 十五
사수 泗水	처음 사수를 두고 담에 도읍했다. 初置泗水 都鄕 　집해　서광이 말했다. "사수는 동해군에 속한다." 徐廣曰 泗水屬東海 　신주　《사기지의》에 따르면, 담은 동해군 치소이므로 도읍은 릉凌일 것이 라고 한다.
제齊	유굉 4년 四
성양 城陽	유의 4년 四
제북 濟北	유호 38년 三十八
치천 菑川	유건劉建 16년 十六
교서 膠西	유단劉端 41년 四十一
교동 膠東	유현 7년 七
광릉 廣陵	유서 4년 四
육안 六安	유경 8년 八
연燕	유단劉旦 4년 四
조趙	유팽조 42년 四十二

	하간 河間	유감 12년. 유감(유기)이 죽었다. 十二 薨
	광천 廣川	유제 23년 二十三
	중산 中山	유승劉勝 41년. 조회하러 왔다. 四十一 來朝
	청하 淸河	다시 청하국을 두었다. 復置淸河國
	상산 常山	유순 32년. 유순이 죽고, 아들이 왕이 되었다. 三十二 薨 子爲王 [신주] 〈오종세가〉에 따르면, 아들 유발劉勃은 부친의 임종에 시중들지 않고 상중에도 무례한 탓에 몇 달 만에 폐위되어 방릉房陵으로 유배되었다. 나중에 무제가 헌왕의 두 아들을 사수와 진정왕으로 봉했다.
	양梁	유양 23년 二十三
	대代	유의 19년. 유의를 청하왕으로 옮겼다. (대는) 태원군이 되었다. 十九 徙淸河 爲太原郡
	장사 長沙	유용 15년. 조회하러 왔다. 十五 來朝
서기전 **113** 효무 원정 4년	초楚	유순 2년 二
	노魯	유광 16년 十六
	사수 泗水	사왕 유상劉商 원년. 상은 상산헌왕의 아들이다. 思王商元年 商 常山憲王子 [집해] 서광이 말했다. "일설에는 근왕 유상 원년이라 한다." 徐廣曰 一云勤王商元年
	제齊	유굉 5년 五

성양 城陽	유의 5년 五
제북 濟北	유호 39년 三十九
치천 菑川	유건劉建 17년 十七
교서 膠西	유단劉端 42년 四十二
교동 膠東	유현 8년 八
광릉 廣陵	유서 5년 五
육안 六安	유경 9년 九
연燕	유단劉旦 5년 五
조趙	유팽조 43년 四十三
하간 河間	경왕 유수劉授 원년 頃王授元年 **신주** 《사기지의》에 따르면, 《한서》 〈제후왕표〉에는 이름을 '수緩'라 하고 어떤 본에는 '수綏'라 하는데 모두 잘못 옮겨 전해진 것이라고 한다.
광천 廣川	유제 24년 二十四
중산 中山	유승劉勝 42년. 유승이 죽었다. 四十二 薨
청하 清河	유의 20년. 대왕 유의가 청하로 옮긴 해다. 이 사람이 강왕이다. 二十 代王義徙清河年 是爲剛王

진정 眞定	상산국을 진정국으로 고쳤다. 경왕 유평劉平 원년. 상산헌왕의 아들이다. 更爲眞定國 頃王平元年 常山憲王子	
양梁	유양 24년 二十四	
장사 長沙	유용 16년 十六	

서기전 **112** 효무 원정 5년	**초**楚	유순 3년 三
	노魯	유광 17년 十七
	사수 泗水	유상 2년 二
	제齊	유굉 6년 六
	성양 城陽	유의 6년 六
	제북 濟北	유호 40년 四十
	치천 菑川	유건劉建 18년 十八
	교서 膠西	유단劉端 43년 四十三
	교동 膠東	유현 9년 九
	광릉 廣陵	유서 6년 六
	육안 六安	유경 10년 十

	연燕	유단劉旦 6년 六
	조趙	유팽조 44년 四十四
	하간 河間	유수 2년 二
	광천 廣川	유제 25년. 조회하러 왔다. 二十五 來朝
	중산 中山	애왕 유창劉昌 원년. 즉위년에 죽었다. 哀王昌元年 即年薨
	청하 淸河	유의 21년 二十一
	진정 眞定	유평 2년 二
	양梁	유양 25년 二十五
	장사 長沙	유용 17년 十七
서기전 **111** 효무 원정 6년	초楚	유순 4년 四
	노魯	유광 18년 十八
	사수 泗水	유상 3년 三
	제齊	유굉 7년 七
	성양 城陽	유의 7년 七

제북 濟北	유호 41년. 조회하러 왔다. 四十一 來朝	
치천 菑川	유건劉建 19년 十九	
교서 膠西	유단劉端 44년 四十四	
교동 膠東	유현 10년 十	
광릉 廣陵	유서 7년 七	
육안 六安	유경 11년. 조회하러 왔다. 十一 來朝	
연燕	유단劉旦 7년 七	
조趙	유팽조 45년 四十五	
하간 河間	유수 3년 三	
광천 廣川	유제 26년 二十六	
중산 中山	강왕 유곤치劉昆侈 원년 康王昆侈元年 색은 살피건대, 소해는 《시법》에 향락을 좋아하고 정무에 게으른 것을 강康이라 한다고 했다. 《한서》에는 '강糠'이라 했다. 곤치는 이름이다. 按 蕭該云謚法好樂怠政曰康 漢書作糠 昆侈 名 신주 시호는 후대인이 덧붙인 것이다.	
청하 清河	유의 22년 二十二	
진정 真定	유평 3년 三	

	양梁	유양 26년 二十六
	장사 長沙	유용 18년 十八
서기전 **110** 효무 원봉 원년 元封元年	초楚	유순 5년 五
	노魯	유광 19년 十九
	사수 泗水	유상 4년 四
	제齊	유굉 8년. 유굉이 죽고 후사가 없어서 봉국이 없어지고 군이 되 었다. 八 薨 無後 國除爲郡
	성양 城陽	유의 8년. 조회하러 왔다. 八 來朝
	제북 濟北	유호 42년 四十二
	치천 菑川	유건劉建 20년 二十
	교서 膠西	유단劉端 45년 四十五
	교동 膠東	유헌 11년 十一
	광릉 廣陵	유서 8년 八
	육안 六安	유경 12년 十二
	연燕	유단劉旦 8년 八

	조趙	유팽조 46년 四十六
	하간 河間	유수 4년 四
	광천 廣川	유제 27년 二十七
	중산 中山	유곤치 2년 二
	청하 清河	유의 23년 二十三
	진정 真定	유평 4년. 조회하러 왔다. 四 來朝
	양梁	유양 27년 二十七
	장사 長沙	유용 19년 十九
서기전 **109** 효무 원봉 2년	초楚	유순 6년 六
	노魯	유광 20년 二十
	사수 泗水	유상 5년 五
	성양 城陽	유의 9년. 유의가 죽었다. 九 薨
	제북 濟北	유호 43년 四十三
	치천 菑川	경왕 유유劉遺 원년 頃王遺元年

		색은 제남왕 유벽광의 손자다.
		濟南王辟光之孫也
		신주 시호는 후대인이 덧붙인 것이다. 〈제도혜왕세가〉에는 전왕 유건의 아들이라 한다.
교서 膠西		유단劉端 46년 四十六
교동 膠東		유현 12년 十二
광릉 廣陵		유서 9년 九
육안 六安		유경 13년 十三
연燕		유단劉旦 9년 九
조趙		유팽조 47년 四十七
하간 河間		유수 5년 五
광천 廣川		유제 28년 二十八
중산 中山		유곤치 3년 三
청하 清河		유의 24년 二十四
진정 真定		유평 5년 五
양梁		유양 28년 二十八
장사 長沙		유용 20년 二十

서기전 **108** 효무 원봉 3년	초楚	유순 7년 七
	노魯	유광 21년. 조회하러 왔다. 二十一 來朝
	사수 泗水	유상 6년 六
	성양 城陽	혜왕 유무劉武 원년 慧王武元年 신주 시호는 후대인이 덧붙인 것이다.
	제북 濟北	유호 44년 四十四
	치천 菑川	유유 2년 二
	교서 膠西	유단劉端 47년. 유단이 죽고 후사가 없어서 봉국이 없어졌다. 四十七 薨 無後 國除 신주 〈오종세가〉에 따르면, 하는 짓이 천하에 망나니였고 고자로 후계자가 없었다고 한다.
	교동 膠東	유현 13년 十三
	광릉 廣陵	유서 10년 十
	육안 六安	유경 14년 十四
	연燕	유단劉旦 10년 十
	조趙	유팽조 48년 四十八
	하간 河間	유수 6년 六

	광천 廣川	유제 29년 二十九
	중산 中山	유곤치 4년 四
	청하 淸河	유의 25년. 조회하러 왔다. 二十五 來朝
	진정 眞定	유평 6년 六
	양 梁	유양 29년 二十九
	장사 長沙	유용 21년 二十一
서기전 **107** 효무 원봉 4년	초 楚	유순 8년 八
	노 魯	유광 22년 二十二
	사수 泗水	유상 7년 七
	성양 城陽	유무 2년 二
	제북 濟北	유호 45년 四十五
	치천 菑川	유유 3년 三
	교동 膠東	유현 14년 十四
	광릉 廣陵	유서 11년 十一

육안 六安	유경 15년 十五	
연燕	유단劉旦 11년 十一	
조趙	유팽조 49년 四十九	
하간 河間	유수 7년 七	
광천 廣川	유제 30년 三十	
중산 中山	유곤치 5년 五	
청하 清河	유의 26년 二十六	
진정 真定	유평 7년 七	
양梁	유양 30년 三十	
장사 長沙	유용 22년 二十二	
서기전 **106** 효무 원봉 5년	**초**楚	유순 9년 九
	노魯	유광 23년. 태산에서 조회했다. 二十三 朝泰山
	사수 泗水	유상 8년 八
	성양 城陽	유무 3년 三

제북 濟北	유호 46년. 태산에서 조회했다. 四十六 朝泰山	
치천 菑川	유유 4년 四	
교동 膠東	대왕 유통평劉通平 원년 戴王通平元年 **신주** 시호는 후대인이 덧붙인 것이다.	
광릉 廣陵	유서 12년 十二	
육안 六安	유경 16년 十六	
연燕	유단劉旦 12년 十二	
조趙	유팽조 50년 五十	
하간 河間	유수 8년 八	
광천 廣川	유제 31년 三十一	
중산 中山	유곤치 6년 六	
청하 清河	유의 27년 二十七	
진정 真定	유평 8년 八	
양梁	유양 31년 三十一	
장사 長沙	유용 23년 二十三	

서기전 **105** 효무 원봉 6년	초楚	유순 10년 十
	노魯	유광 24년 二十四
	사수 泗水	유상 9년 九
	성양 城陽	유무 4년 四
	제북 濟北	유호 47년 四十七
	치천 菑川	유유 5년 五
	교동 膠東	유통평 2년 二
	광릉 廣陵	유서 13년 十三
	육안 六安	유경 17년 十七
	연燕	유단劉旦 13년 十三
	조趙	유팽조 51년 五十一
	하간 河間	유수 9년 九
	광천 廣川	유제 32년 三十二
	중산 中山	유곤치 7년 七

	청하 清河	유의 28년 二十八
	진정 真定	유평 9년. 조회하러 왔다. 九 來朝
	양梁	유양 32년 三十二
	장사 長沙	유용 24년 二十四
서기전 **104** 효무 태초 원년 太初元年	초楚	유순 11년 十一
	노魯	유광 25년 二十五
	사수 泗水	유상 10년. 유상이 죽었다. 十 薨
	성양 城陽	유무 5년 五
	제북 濟北	유호 48년 四十八
	치천 菑川	유유 6년 六
	교동 膠東	유통평 3년 三
	광릉 廣陵	유서 14년 十四
	육안 六安	유경 18년. 조회하러 왔다. 十八 來朝
	연燕	유단劉旦 14년 十四

	조趙	유팽조 52년 五十二
	하간 河間	유수 10년 十
	광천 廣川	유제 33년 三十三
	중산 中山	유곤치 8년 八
	청하 清河	유의 29년 二十九
	진정 真定	유평 10년 十
	양梁	유양 33년 三十三
	장사 長沙	유용 25년 二十五
서기전 **103** 효무 태초 2년	초楚	유순 12년 十二
	노魯	유광 26년 二十六
	사수 泗水	애왕 유안세劉安世 원년. 곧바로 대왕 유하劉賀 원년. 안세의 아들 이다. 哀王安世元年 即戴王賀元年 安世子 색은 광천혜왕 유월劉越의 아들이다. 廣川惠王子也 신주 시호 '대戴'는 후대인이 덧붙인 것이다. 〈오종세가〉와 《한서》 〈경제13 왕전〉에 유하는 안세의 아우라고 나온다.
	성양 城陽	유무 6년 六

제북 濟北	유호 49년 四十九	
치천 菑川	유유 7년 七	
교동 膠東	유통평 4년 四	
광릉 廣陵	유서 15년 十五	
육안 六安	유경 19년 十九	
연燕	유단劉旦 15년 十五	
조趙	유팽조 53년 五十三	
하간 河間	유수 11년 十一	
광천 廣川	유제 34년 三十四	
중산 中山	유곤치 9년. 조회하러 왔다. 九 來朝	
청하 清河	유의 30년 三十	
진정 真定	유평 11년 十一	
양梁	유양 34년 三十四	
장사 長沙	유용 26년 二十六	

서기전 **102** 효무 태초 3년	초楚	유순 13년 十三
	노魯	유광 27년 二十七
	사수 泗水	유하賀 2년 二
	성양 城陽	유무 7년. 유무가 죽었다. 七 薨 신주 판본에 따라 혜왕이 이 해에 '훙薨'했다고 하기도 하는데, 〈제도혜왕 세가〉에 따르면 혜왕은 11년에 죽었다.
	제북 濟北	유호 50년 五十
	치천 菑川	유유 8년 八
	교동 膠東	유통평 5년 五
	광릉 廣陵	유서 16년 十六
	육안 六安	유경 20년 二十
	연燕	유단劉旦 16년 十六
	조趙	유팽조 54년 五十四
	하간 河間	유수 12년 十二
	광천 廣川	유제 35년 三十五

	중산 中山	유곤치 10년 十	
	청하 淸河	유의 31년 三十一	
	진정 眞定	유평 12년 十二	
	양梁	유양 35년 三十五	
	장사 長沙	유용 27년 二十七	
서기전 **101** 효무 태초 **4년**	**초**楚	유순 14년 十四	
	노魯	유광 28년 二十八	
	사수 泗水	유하賀 3년 三	
	성양 城陽	황왕 유하劉賀 원년 荒王賀 元年	
	제북 濟北	유호 51년 五十一	
	치천 菑川	유유 9년 九	
	교동 膠東	유통평 6년 六	
	광릉 廣陵	유서 17년 十七	
	육안 六安	유경 21년 二十一	

연燕	유단劉旦 17년 十七
조趙	유팽조 55년 五十五
하간 河間	유수 13년 十三
광천 廣川	유제 36년 三十六
중산 中山	유곤치 11년 十一
청하 清河	유의 32년 三十二
진정 真定	유평 13년 十三
양梁	유양 36년. 조회하러 왔다. 三十六 來朝
장사 長沙	유용 28년. 조회하러 왔다. 二十八 來朝

[집해] 서광이 말했다. 효무제 태시 2년, 광릉·중산·진정왕이 조회하러 왔다. 효선제 본시 원년, 조왕이 조회하러 왔다. 2년, 광천왕 유동劉東이 조회했다. 4년, 청하왕이 조회하러 왔다. 효선제 지절 원년, 양왕이 조회하러 왔다. 2년, 하간왕이 조회하러 왔다. 3년, 제북이 나누어져 평원과 태산, 두 군이 되었다.

徐廣曰 孝武太始二年 廣陵中山真定王來朝 孝宣本始元年 趙來朝 二年 廣川東朝 四年 清河來朝 孝宣地節元年 梁來朝 二年 河閒來朝 三年 濟北分平原太山二郡

색은술찬 사마정이 펼쳐서 밝히다.

한나라가 천하를 소유하자 이에 흥망의 이치를 살폈다. 하수와 태악에서 맹세를 시작으로, 말은 준엄했고 총애는 빛났다. 회음후는 초楚로 갔고 팽월은 양梁에 봉해졌다. 형荊과 연燕은 굳센 친척이었고 제齊와 조趙는 형제(체당棣棠)였다. 개의 이빨처럼 들쭉날쭉하게 경계를 하여 서로 견제하니 인지麟趾(훌륭한 자손)에 광명이 있게 되었다. 내려와 문제와 경제 시대에 이르니 대대로 아름다운 왕이 있었다. 노공왕·양효왕과 제북정왕·성양경왕이다. 어진 현인들이 족히 기록되었으니 충렬이 이렇게 드러났구나.

漢有天下 爰覽興亡 始誓河嶽 言峻寵章 淮陰就楚 彭越封梁 荊燕懿戚 齊趙棣棠 犬牙相制 麟趾*有光 降及文景 代有英王 魯恭梁孝 濟北城陽 仁賢足紀 忠烈斯彰

신주 '인지麟趾'는 《시경》〈주남〉의 마지막 장으로, 공후의 종족이 번성하는 것을 노래하는 것이라고 한다. 첫 장인 '관저關雎'에 이어진 학설로 지극히 유가적인 해설일 따름이다.

[지도 6] 전한초기의 이성제후異姓諸侯 봉국 지역

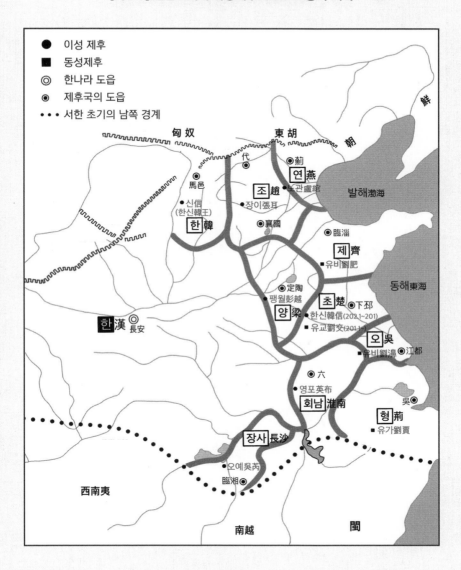

- ● 이성 제후
- ■ 동성제후
- ◎ 한나라 도읍
- ◉ 제후국의 도읍
- • • • 서한 초기의 남쪽 경계

匈奴

東胡

朝鮮

代

연燕
● 薊

조趙
● 노관盧綰

신信
(한신韓王)

한韓
● 장이張耳

◉ 襄國

馬邑

발해渤海

◉ 臨淄

제齊
● 유비劉肥

동해東海

◉ 定陶
● 팽월彭越

양梁

초楚
◉ 下邳
● 한신韓信(202.1~201)
● 유교劉交(201.1~)

한漢 ◎
長安

오吳
■ 유비劉濞 ◉ 江都

◉ 六
● 영포英布

회남淮南

吳 ◉

형荊
■ 유가劉賈

장사長沙
● 오예吳芮

西南夷

◉ 臨湘

南越

閩

【참고문헌】

司馬遷, 《史記》〈高祖本紀〉

譚其驤, 中國歷史地圖集 第二冊, 1982, 中國社會科學院

[지도 7] 효문제 시기 동성제후同姓諸侯 봉국 지역(서기전 178년 기준)

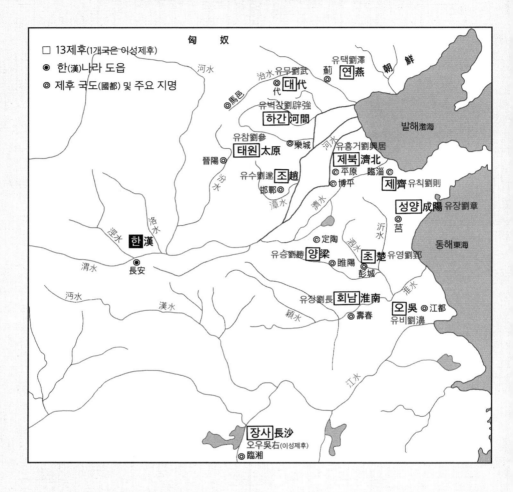

【참고문헌】

司馬遷, 《史記》〈孝文本紀〉

譚其驤, 中國歷史地圖集 第二冊, 1982, 中國社會科學院

《신주 사마천 사기》〈표〉를 만든 사람들

한가람역사문화연구소 사기연구실

이덕일(한가람역사문화연구소 소장, 문학박사)

김명옥(문학박사)

송기섭(문학박사)

이시율(고대사 및 역사고전 연구가)

정　암(지리학박사)

최원태(고대사 연구가)

한가람역사문화연구소는 1998년 창립된 이래 한국 사학계에 만연한 중화사대주의 사관과 일제식민 사관을 극복하고 한국의 주체적인 역사관을 세우려 노력하고 있는 학술연구소다.

독립운동가들의 역사관 계승 작업을 꾸준히 진행하는 한편《사기》 본문 및 '삼가주석'에 한국 고대사의 진실을 말해주는 수많은 기술이 있음을 알고 연구에 몰두했다.

지난 10여 년간 '《사기》 원전 및 삼가주석 강독(강사 이덕일)'을 진행하는 한편 사기연구실 소속 학자들과《사기》에 담긴 한중고대사의 진실을 찾기 위한 연구 및 답사도 계속했다.《신주 사마천 사기》는 원전 강독을 기초로 여러 연구자들이 그간 토론하고 연구한 결과의 집대성이라고 할 수 있다.

한가람역사문화연구소는《신주 사마천 사기》출간을 시작으로 역사를 바로세우기 위해 토대가 되는 문헌사료의 번역 및 주석 추가 작업을 꾸준히 이어갈 계획이다.

한문 번역 교정

이주은 김재철 정세라 김은경

《사기》를 지은 사람들

본문_ 사마천

사마천은 자가 자장子長으로 하양(지금 섬서성 한성시) 출신이다. 한 무제 때 태사공을 역임하다가 이릉 사건에 연루되어 궁형을 당했다. 기전체 사서이자 중국 25사의 첫머리인 《사기》를 집필해 역사서 저술의 신기원을 이룩했다. 후세 사람들이 태사공 또는 사천이라고 높여 불렀다. 《사기》는 한족의 시각으로 바라본 최초의 중국 민족사라고 할 수 있는데 여기서 사마천은 동이족의 역사를 삭제하거나 한족의 역사로 바꾸기도 했다.

삼가주석_ 배인·사마정·장수절

《집해》 편찬자 배인은 자가 용구龍駒이며 남북조시대 남조 송(420~479)의 하동 문희(현 산서성 문희현) 출신이다. 진수의 《삼국지》에 주석을 단 배송지의 아들로 《사기집해》 80권을 편찬했다.

《색은》 편찬자 사마정은 자가 자정子正으로 당나라 하내(지금 하남성 심양) 출신인데 굉문관 학사를 역임했다. 사마천이 삼황을 삭제한 것을 문제로 여겨서 〈삼황본기〉를 추가했으며 위소, 두예, 초주 등 여러 주석자의 주석을 폭넓게 모으고 자신의 견해를 덧붙여 《사기색은》 30권을 편찬했다.

《정의》 편찬자 장수절은 당나라의 저명한 학자로, 개원 24년(736) 《사기정의》 서문에 "30여 년 동안 학문을 섭렵했다"고 썼을 정도로 《사기》 연구에 몰두했다. 그가 편찬한 《사기정의》에는 특히 당나라 위왕 이태 등이 편찬한 《괄지지》를 폭넓게 인용한 것을 비롯해서 역사지리에 관한 내용이 풍부하다.